《中国式现代化的县域实践》研究丛书

中国式现代化的山阳实践

燕连福　牛刚刚　著

中国文联出版社

图书在版编目（CIP）数据

中国式现代化的山阳实践 / 燕连福，牛刚刚著．
北京 ：中国文联出版社，2024．8（2024.12 重印）．-- ISBN 978-7-5190-5568-4

Ⅰ．D674.14

中国国家版本馆 CIP 数据核字第 2024J2N387 号

著　　者　燕连福　牛刚刚
责任编辑　胡　笋
责任校对　秀点校对

出版发行　中国文联出版社有限公司
社　　址　北京市朝阳区农展馆南里 10 号　　邮编　100125
电　　话　010-85923025（发行部）　010-85923076（编辑部）
经　　销　全国新华书店等
印　　刷　天津和萱印刷有限公司

开　　本　710 毫米 ×1000 毫米　1/16
印　　张　24
字　　数　220 千字
版　　次　2024 年 8 月第 1 版第 1 次印刷　　2024 年 12 月第 2 次印刷
定　　价　68.00 元

编 委 会

本书协调组（按姓氏笔画排序）

王晓杨　邓　稳　冯有铭　邬　恒

米立功　关汉杰　陈立林　杨小平

本书编写组

燕连福　何佳琪　杨　珂　杜若旗

张明宇　牛刚刚　任艳桃　张皓凝

梅子钰

前　言

习近平总书记在党的二十大报告中指出："从现在起，中国共产党的中心任务就是团结带领全国各族人民全面建成社会主义现代化强国、实现第二个百年奋斗目标，以中国式现代化全面推进中华民族伟大复兴。"中国式现代化是中国共产党领导的社会主义现代化，既有各国现代化的共同特征，更有基于自己国情的中国特色。全面推进乡村振兴、实现农业农村现代化是中国式现代化的题中之义。习近平总书记指出："全面建设社会主义现代化国家，最艰巨最繁重的任务仍然在农村。"党的十八大以来，以习近平同志为核心的党中央围绕全面推进乡村振兴、加快农业农村现代化作出了一系列战略部署。党的十九大首次将乡村振兴写入党章，党的二十大提出"加快建设农业强国，扎实推动乡村产业、人才、文化、生态、组织振兴"。习近平总书记的一系列重要论述，深刻回答了推进乡村振兴的重大理论和实践问题，为实现中国式现代化建设、全面推进乡村振兴提供了方向指引和行动指南。

2023 年 5 月，习近平总书记来陕考察时指出："陕西在推进中国式现代化建设中要有勇立潮头、争当时代弄潮儿的志向和气魄，奋力追赶、敢于超越，在西部地区发挥示范作用。”其中，尤其强调要“发挥县城对县域经济发展的辐射带动作用”“构建以县城为枢纽、以小城镇为节点的县域经济体系”“增强农业农村发展活力”。近年来，山阳县始终牢记习近平总书记殷殷嘱托，以中国式现代化山阳建设为目标，着力发展壮大县域经济，扎实推进巩固拓展脱贫攻坚成果同乡村振兴有效衔接，深入实施宜居宜业和美乡村建设，着力打造中国式现代化建设的“山阳模板”。

本书立足中国式现代化研究视域，共分为七章和附录，通过梳理山阳县的基本概况、发展历程、脱贫攻坚成就和经验，调研山阳县发展县域经济推动乡村振兴的部署安排、特色做法和典型案例，总结归纳其生动实践、显著成就与宝贵经验，提出中国式现代化山阳实践的新展望，旨在从县域、“三农”领域层面深化中国式现代化的案例研究，为西部同类型地区提供重要启示和经验借鉴，为发展壮大县域经济、全面推进乡村振兴提供实践支撑和决策参考，为讲好中国发展故事提供丰富素材。

目 录

第一章 陕西山阳县的总体概况与发展历程

“人不负青山，青山定不负人。绿水青山既是自然财富，又是经济财富。”[①]2020 年 4 月 20 日至 23 日，习近平总书记到陕西考察，进深山、入乡村、登茶园、访农户，眺望绿水青山，惦念万家欢笑。考察期间，习近平总书记提出“奋力谱写陕西新时代追赶超越新篇章”总体目标，强调“推动经济高质量发展迈出更大步伐、打造内陆改革开放高地、推动生态环境质量持续好转、加强民生保障和社会建设、推动全面从严治党向纵深发展”五项要求，勉励新时代陕西要有勇立潮头、争当时代弄潮儿的志向和气魄，只争朝夕、真抓实干。[②]总书记的重要讲话重要指示高屋建瓴、内涵丰富，为做好陕西新时代工作指明了前进方向、提供了思想武器、注入了强大动力。

---

① 《习近平在考察调研安康市平利县女娲凤凰茶业现代示范园区时的讲话》,《人民日报》2020 年 4 月 22 日第 1 版。

② 参见《习近平在听取陕西省委和省政府工作汇报时的讲话》,《人民日报》2020 年 4 月 25 日第 1 版。

“秦岭最美是商洛，无限风光在山阳。”山阳县隶属陕西省商洛市，位于陕西省东南部、商洛市南部属陕南秦巴山区，是陕西省东南门户之一。东与丹凤、商南为邻，南与湖北省十堰市郧西县接壤，西与镇安、柞水交界，北与商州区接壤。北依流岭与商州区接壤；南抵郧岭与郧西县毗连，总面积 3535 平方公里。如何建设中国式现代化的山阳县，是新时代乡村振兴的重点所在。

一、秦岭深处无限风光——山阳县概况

山阳地处秦尾楚头，人杂南北数省。山阳县在秦岭东南腹地的商洛地区。古名丰阳县，置于西晋泰始二年（266），以治设丰阳川（今漫川）名。明成化十二年（1476）更置山阳县，以在商山之南名。2022 年，陕西省统计全县 18 个镇办（其中含 16 个镇，2 个街道办事处）198 个村民委员会，46 个居民委员会，共计 154727 户 462368 人。2022 年，山阳县生产总值 179.77 亿元，占商洛市总生产总值约 19.9%。①

（一）八山一水一分田

山阳县疆域面积 3535 平方公里，其中，山地占 83%，水面占 8%，耕地占 9%，故有“八山一水一分田”之说。境内群山林立，沟壑纵横。北部的流岭、中部的鹘岭和南部的郧岭皆呈东西走向，

① 数据来源：商洛市统计局。

构成"三山夹两川"的岭谷地貌。平均海拔1100米。最高的天竺山，海拔2074.4米；最低的漫川关，海拔294米。[①]

1. 山地地理类型复杂

一是大秦岭连接东西，和合南北。山阳县地处秦岭，群山林立，仅有山地、河谷两种地形。由于山体巍峨，习惯上分河川、低山、中山三类。河川分布于金钱河、银花河、谢家河两岸，海拔300—700米，总面积622平方公里，占全县总面积的17.6%。地形为河滩地和冲积扇形小土原，地势平缓，土层较厚，为本县粮油产区，也是人口居住最稠密的地方。低山分布于流岭、鹘岭、郧岭山麓，海拔700—1000米，总面积1941平方公里，占全县总面积的55.9%。地形为缓坡、洼地和梯田，多为疏林或荒坡，水土流失严重，为本县经济林产区。中山分布于流岭、鹘岭、郧岭上部，海拔1000米以上，总面积972平方公里，占全县总面积的27.5%，[②]地形为悬岩、陡坡、沟台地，山大林密，为本县用材林产区，人口居住分散。[③]

二是地形以山地为主，沟壑纵横岩石多样。山阳县地处秦岭腹地，境内群山绵亘，沟壑纵横，由流岭、鹘岭和郧岭构成"三山夹两川"的地貌格局。山地占全县总面积的83%，地形总体呈中北部高，东西南三面低的复杂地势，平均海拔1100米，最高点天竺山主峰海拔2074.4米，最低点漫川关镇小河口海拔294米。山阳县

① 资料来源：陕西省统计局。
② 资料来源：陕西省统计局。
③ 资料来源：陕西省统计局。

地质构造属秦祁地槽型东秦岭褶皱系，北部属华力西褶皱带，南部属印支褶皱带。地层主要为中上泥盆统和下石炭统，岩浆活动以燕山期为主，岩石多种多样。发现矿藏 49 种，已经开采的有钒、铜、锑、铅、锌、大理石等。

三是河流属长江水系汉江支流，山地河段不宜开发。由于地势复杂，水分东、西、南流，汇为金钱河、银花河、谢家河出境。境内各河均为山地河段，比降大，水流急，峡谷多，河网密度每平方公里 1.2 公里。水源主要靠降雨，有丰水期与枯水期之分，多数河冬春处于干涸状态，夏秋山洪暴发，常泛滥成灾。水能蕴藏量大，资源不易开发。

四是气候为季风性半湿润山地气候，四季分明，雨量充沛。年均气温 13.1℃。7 月最热，月均气温 25.4℃；1 月最冷，月均气温 0.4℃。日极端最高气温 39.8℃，日极端最低气温 −14.5℃。年平均降水量 709 毫米。最大年降水量 1131 毫米，最小年降水量 473 毫米；降水集中在 7、8、9 三个月。[①] 年日照时数 2134 小时，日照率为 48%。无霜期 207 天，基本可以满足农作物生长发育的需要。干旱、洪涝、风雹、霜冻等自然灾害，年年都有局部发生。[②]

2. 自然资源丰富多样

“青山碧水在丰阳，生态红利惠民生。”陕西秦岭绵延的峰峦如一道天然屏障，涵养着八百里秦川，具有调节气候、保持水土、涵养水源、维护生物多样性等诸多功能。山阳县地处秦岭，松涛阵

① 资料来源：陕西省统计局。

② 资料来源：陕西省统计局。

阵，百鸟鸣叫。巍巍秦岭，绵延起伏。茫茫林海，绿色屏障。山阳县不仅有着类型复杂的地理环境，受之影响也造就了丰富多样的自然资源。

一是动植物区系组成复杂。各大河谷既生长着许多南方型植物，也间杂生长着许多北方型植物，呈现南北过渡的植被景观。种子植物有四千多种，为全省的十分之八。药材资源十分丰富，已发掘利用的五百多种。一般说来，鹘岭以南多居东洋界动物，以北多居古北界动物，禽兽种多量广。列为国家保护的野生动物有豹、青羊、林麝、山猫、水獭、锦鸡、猫头鹰、娃娃鱼等二十多种。

二是矿藏类型多种多样。山阳地质岩性变化较大，地层出露较全，与成矿关系密切。长期沧桑变迁，地壳由海浸到海退，由凹陷到上升，东西向的断裂通道和断层交错地带，便于岩浆、热液活动的发育，形成多种多样的矿藏。据地质工作者多次普查、勘探，已发现境内有矿 49 种，其中有色金属矿 15 种，即铁、铜、铅、锌、钒、镍、金、银、钨、钛、钼、铀、锰、汞、锑；非金属矿 20 种，即煤、磷、硫、钾、砷、黄铁、水晶、重晶、大理石、石灰石、白云岩、雌黄、雄黄、云母、滑石、陶瓷、黏土、石棉、石膏、蛇纹石。在这些储量较大的矿点中，主要以铁矿、石灰岩矿、铜矿以及钒矿为主。

三是林木分布呈明显垂直差异。林地总量不少，分布不均，一般规律是东部多，西部少；高山多，低山少；流岭、鹘岭多，郧岭少；高寒区多，低热区少。现存用材林中，有 70% 分布在 35 度以上的陡坡地上。现存天然林中，有 85% 分布在海拔 1300 米以上的中高山区，交通不便，利用困难。林种分布情况大抵是：流岭南侧和鹘岭两侧的中高山地带，生长着以油松为主的新林，呈块状分布。其中，在流岭东北和鹘岭东段1300米以上的中高山区，保存有少量原始针阔混交林，呈条状分布。郧岭山地，集中生长着栎类。浅山地带，多有灌木、疏林。在流岭浅山干旱地带，集中生长着侧柏。县河、银花河两岸川道地区，分布着以核桃、苹果、柿子为主的果林和以杨柳为主的防护林。金钱河两岸川道地区，分布着以油桐、柑橘为主的亚热带经济林。

3. 开发立足秦岭生态

“绿水青山就是金山银山。”“两山论”是习近平生态文明思想的核心价值观，这是发展理念和方式的深刻转变，引领中国朝着绿色经济转型，也引领着中国发展迈向新境界。山阳县位于秦岭东段，拥有良好的自然生态资源，同时在生态文明建设重要性日益凸显的情况下，山阳县发展立足秦岭腹地的生态优势，坚持生态优先、保护优先的发展原则，构建以生态本体为主体的陕南生态网络，并在此基础上兑现生态价值，最终实现生态增值。山阳县把“生态立县”作为县域经济社会发展的基本战略，坚持以绿水青山为承载，以生态文明建设示范区创建工作为重要载体和平台，在提升创建水平上下足功夫，不断擦亮生态文明建设名片，立足于秦岭的生态地位，探索出了一条生态和经济可持续协调发展、人与自然和谐共生的绿色生态发展之路。

一是主动扛牢环境保护职责。山阳县坚持贯彻习近平生态文明思想，解决生态环保重大问题，以实际行动牢记“国之大者”，自党把加强生态环境保护、当好秦岭生态卫士、坚决打赢污染防治攻坚战作为自身增强“四个意识”、坚定“四个自信”、做到“两个维护”的具体举措和实际行动，大力实施“治污碧水、降尘护蓝、生态修复、农村清洁”四大工程，全力打好蓝天、碧水、净土“三大保卫战”，强化政治担当，守护碧水蓝天。新时代以来，山阳县前后制定了《山阳县“十三五”生态环境保护规划》《山阳县“十四五”生态环境保护规划》《山阳县农业农村污染治理攻坚战实施方案》等文件，细化生态环境保护责任清单，落实生态环境损害责任追究等制度，以最严格的管控坚守秦岭生态安全底线。

二是坚决当好秦岭生态卫士。山阳县常态化开展生态环境保护“查隐患、强短板、促提升”专项行动，加强秦岭生态环境保护，完成城区“两河十六沟”水系综合治理，严守生态环境底线，深入打好蓝天、碧水、净土保卫战。第一，注重恢复治理，改善矿山地质环境，夯实企业治理主体责任，指导辖区矿山企业加强生态修复，严格执行矿山开采利用方案，严守生态保护红线。第二，注重植绿护绿，修复自然生态环境，全面推进县域生态绿化保护和修复，大力实施重点区域绿化和古树名木保护项目。第三，注重问题整改，强化环境执法监管。全力推动中省生态环保督察反馈问题整改，做到源头管控、过程控制、末端治理，防范环境风险。

三是打造创建示范“新标杆”。山阳县创新“生态＋文旅”模式，依托农业、文旅产业优势，选优发展“菌药果畜茶”等特色产业，累计培育和引进市级以上龙头企业 31 家，建成和丰阳光、意发等现代农业园区 61 个；提升特色农业产品价值，打造生态产品价值典型案例5个，《牵住生态“牛鼻子” 厚植绿色“摇钱树”》被认定为国家典型案例；实施康养旅游项目23个；以循环低碳发展为方向，大力推动清洁能源产业集群建设，启动实施色河抽水蓄能电站、钒储能电站、光伏电站等能源产业项目11个，绿色循环发展不断提质，生态空间格局不断优化，为创建工作丰富了内涵，增添了亮点。

立足秦岭的生态地位发展是山阳全方位发展的新机遇和挑战，山阳县将立足地理区位优势和自然资源禀赋，不断提升创建工作水平，加快打通绿水青山和金山银山双向转化通道，让生态产品真正转化为真金白银，推动山阳县生态文明建设迈上新台阶，为打造“一都四区”示范县、建设“五好山阳”，谱写山阳经济社会高质量发展新篇章提供重要支撑和保障。

（二）秦风楚韵两千载

山阳水土宜人，西接秦风终南，东临洪湖楚韵。山阳县历史悠久，拥有丰富的文化遗产，有山水文化、商贾文化、红色文化、民俗文化、宗教文化等，其中秦楚文化最为独特，其曾是秦楚和宋金的国界，革命战争年代是鄂豫陕和豫鄂陕革命根据地的中心区域，同时形成了南北文化互融、黄河文化与长江文化交汇，形成了以“和”为标志的秦楚文化，民风习俗既有黄河文化的彪悍，又有长江文化的温婉。同时，山阳其他文化资源众多。优美的自然环境使山阳县对于人口聚居而言十分合适。迄今山阳县人口共计154727

户462368人，常住人口35.64万，占商洛市常住人口约17%。[①]

1. 人口活动历史悠久

一是史前文明出现长远。山阳境内，新石器时代文化遗址有十处之多，老官台文化类型、仰韶文化类型、屈家岭文化类型都有。这表明，早在公元前三五千年的新石器时代，本县南宽坪的窑沟口、漫川关的乔家村、峒峪口的葫芦坪、三里店的东西塬、五里乡的师范原等，都有人类定居。由于受自然条件和低下的生产力水平限制，史前时期人口数量稀少，人类繁衍缓慢，人的寿命也很短暂。

二是县民客民来源南北。明末清初，山西移民和江淮流民先后进入陕南，来山阳垦荒定居，因此山阳县人口在源流方面自分为“北人”与“南人”。县民称北人或北人后裔为“本地人”，包括明代以前的本县老户、明清两代流徙山阳的山西移民和清代以后迁进山阳的北方人。南人习称“下湖人”，包括明成化年间（1465—1487）安置的荆襄流民、清乾隆年间（1736—1795）进山的江淮灾民和此后迁来的南方客民。据统计，全县自称“下湖人”者达23万，占总人口的十分之六。

2. 文化习俗类型丰富

地处秦尾楚头的山阳县，民间文化底蕴十分丰厚。山阳历史文化悠久灿烂，并非一成不变。从一定程度上看，正是因为文化习俗不断与时俱进，山阳历史才能散发持久的文化魅力。

---

① 资料来源：陕西省统计局。

一是节日习俗与众相似。节日习俗方面，一年十二月，月月都有节。辛亥革命后，公历通行，元旦、妇女节、劳动节、儿童节、国庆节等皆从公历，节日活动与全国大致相同。春节、清明节、端阳节、中秋节等仍从农历，习俗不但异于外地，即使县内岭南岭北，“本地人”与“下湖人”之间亦有差别。

二是地方方言区分复杂。地方方言上，山阳地接秦尾楚头，人杂南北十省，方言概分二区。以鹘岭为界，北部多秦音，属西北方言区；南部多楚语，属西南方言区。两种方言相互渗透，产生复杂的音变现象。全县 18 个镇（街），几乎没有两个以上的乡镇方言完全相同。

三是民间艺术传承久远。山阳县民间艺术丰富，剪纸散于民间，多为业余，全县各地均有，主要有窗花、墙花、顶棚花。1990 年后，多数人从事根雕，作为个人爱好赏玩，2008 年 7 月，在县文化馆举办根雕展览。同年，山阳面花列入商洛市非物质文化遗产名录，面花多系祭祀专用。民间工艺除剪纸、根雕、面花外，还有刺绣、编织、纸扎。主要刺绣产品为帽饰、鞋垫、小儿裹肚和香包，编织主要有竹编、草编和藤编三类，纸扎主要产品有花圈、灵屋、金银山、灵堂设置花类。

3. 文旅建设愈加繁荣

以文塑旅、以旅彰文，推进文化和旅游深度融合发展。山阳县文化和旅游产业深度融合、繁荣发展，文旅融合已成为彰显山阳文化内涵、传承山阳文化血脉、建设山阳文化强县、促进山阳文化交流的重要抓手。

一是旅游资源丰富齐全。山阳县集山、水、林、洞、峡、温泉、文化、历史等资源于一体，旅游资源单体数量较多，类型较为齐全，集融合的文化资源、优质的生态资源、特色的产业资源、悠久的文化资源、优美的乡村资源于一体，在旅游资源上具有较强竞争力。其核心旅游资源主要有生态资源、产业资源、文化资源和美丽乡村[①]，共有旅游资源单体196个，资源共有6大主类，15个亚类，数量繁多，类型多样。山、水、林、峡、洞、古建筑旅游资源齐全。

二是文旅景区评级优异。山阳县有国家4A级景区4个，分别是天竺山国家森林公园、漫川关古镇、天蓬山寨景区和月亮洞景区；国家3A级景区3个，分别是翠屏山森林公园、法官秦岭原乡农旅小镇和小河口景区。另外，山阳县境内人文资源类型丰富，其中全国重点文物保护单位共2处、陕西省文物保护单位6处、国家级传统村落1处、省级传统村落10处、陕西省历史文化名镇2处、陕西省历史文化街区1处、全国“一村一品”示范村3个、示范镇1个。

三是着力优化文旅发展。山阳县不仅拥有壮丽的自然景观、古老的建筑群，还是多位历史名人的归宿和道教文化的发源地，如罗公远、吕洞宾等。山阳县的每一处景点都仿佛在诉说着千年的故事，吸引着游客纷纷前来。山阳县坚持“文旅活县”战略不动摇，围绕吃、住、行、游、购、娱、养“旅游七要素”，深入开展旅游

① 资料来源：陕西省统计局。

服务创优活动，积极开发精品线路，不断强化宣传营销，打造山阳文化产业新名片，持续唱响“秦风楚韵·和美山阳”旅游品牌。2022 年，山阳县被创建为省级全域旅游示范区，商洛市全域旅游示范区总数占比全省第一；法官庙村被创建为全国乡村旅游重点村镇。天竺山景区改造提升稳步推进，黄花岭茶创小镇全面建成，色河铺镇陆家湾农旅康养综合体持续推进，荣获“省级全域旅游示范区”的称号，天蓬山寨入选省级森林康养基地（试点）名单。

（三）红旗插满漫川关

社会主义的建设不是一蹴而就的，山阳作为革命老区，在民主革命斗争中，既是鄂豫陕根据地时期的腹地，又是豫鄂陕和豫陕鄂根据地的中心区域，党政军机构健全。山阳人民在土地革命、抗日战争和解放战争时期做出了巨大贡献，也付出了巨大的牺牲。山阳县境内有革命旧址、遗址 19 处，其中党政军机构旧址 10 处，重要人物活动纪念地 5 处，重大战斗遗址 3 处，纪念设施 1 处。

1. 红四方面军血战漫川关

1932 年，国民党当局调集大批军队，向鄂豫皖、湘鄂西革命根据地发动第四次“围剿”。那里的红军主力是以徐向前为总指挥的红四方面军和以贺龙为总指挥的红三军。由于鄂豫皖中央分局书记张国焘、湘鄂西中央分局书记夏曦，推行王明“左”倾冒险主义政策和错误领导，从而导致红四方面军、红三军未能粉碎国民党反动派的这次“围剿”，被迫退出革命根据地。同年冬，徐向前指挥的红四方面军、贺龙率领的红三军在转战途中，先后经过山阳。两支红军在经过沿途开展打富济贫、开仓放粮和政治宣传活动，为长期封闭的山阳播下了革命的红色种子，为山阳后来成为鄂豫陕革命根据地和豫鄂陕革命根据地的中心区域奠定了坚实的群众基础。[①]

一是创建川陕革命根据地。中国工农红军第四方面军是在1927年黄麻起义的基础上逐步发展起来的。1932年10月，红四方面军主力4个师2万余人，在湖北省红安县四姑墩集结后，分两路越平汉铁路，经过新集、土桥铺战斗，付出了很大代价冲破重围，于11月到达鄂陕边境。11月9日，从商南县的白鲁础、马家坪、石佛庵分三路进入山阳县的鱼洞河、晏坪河、响当河；10日，三路相会于西照川；11日，进至石佛寺、碾子坪、康家坪；12日，进至万福沟；13日，进至龙山张家庄；14日，进至泉河、储家沟；15日，翻越鹘岭，进至洛峪；16日，经洛峪沟进至火神庙；17日，向商县的腰庄沟、夜村前进；18日，全军离开山阳。红四方面军在山阳转战历时10天，途经鱼洞、晏马、西照川、石佛寺、板庙、万福、龙山、水草坪、西泉、白龙、马家店、洛峪、两岭、马鹿坪等14个乡（镇），64个行政村，行程500余华里。12月中旬，红四方面军到达关中，后翻越秦岭和大巴山，进入川陕边界地区，摆脱了反“围剿”失利的局面，开始了创建川陕革命根据地的斗争。

二是血战漫川张家庄。自从枣阳、新集突围后，部队经过一个月长途行军和连续作战，早已缺衣断粮，疲惫不堪，更为凶险的是，国民党陕军的三个团已经抢占了漫川关，据险扼守，堵住了前

① 参见山阳扶贫开发局编著《山阳县革命老区发展史》，商洛日报社2019年版，第22页。

进去路，敌人是要一举围歼红军于漫川关东十余里悬崖峭壁的深山峡谷之中。张家庄是个簸箕形的高山小盆地，垭口左右两侧耸立着两座高岭。

三十四团是红四方面军的一个主力团，以能攻善守闻名全军，根据部署，由一营夺取垭口，二、三营分别攻占右、左侧制高点。红军是朝东北方向前进，敌人是朝西南方向走，双方不期而遇——因为山地阻碍视线，当红军发现敌人在山梁上露头时，距离已经很近了，所以，战斗的打响不是以枪声，而是以手榴弹和刺刀开始。从 11 日早到 13 日黄昏，张家庄之战整整打了三天两夜，三十四团从前锋变后卫，由攻坚转阻击，打垮了敌人无数次进攻，保证了大部队完全转移，最终粉碎了敌人围歼红四方面军的企图。

中国共产党领导的红四方面军和红三军经过山阳，虽然时间很短，但是红军将士为了人民的解放事业，吃苦耐劳，不畏艰险，不怕牺牲，勇往直前的革命精神，给山阳人民留下了深刻的印象，红军播下的红色种子，在人民群众中生根发芽，为山阳后来鄂豫陕革命根据地和豫鄂陕革命根据地的建立起到了重要作用。

2. 建立鄂豫陕革命根据地

1934 年 11 月，中国工农红军第二十五军根据中共中央指示，实行战略转移，创建新的革命根据地。历经千里转战，于 12 月底进入山阳境内，在中共鄂豫陕省委领导下，先后派红二十五军干部以山阳县的袁家沟、户家塬一带为中心开展工作，发动群众打土豪、分田地，镇压豪绅恶霸；摧毁保甲武装，消灭反动民团；组织抗捐军和游击队，创建鄂豫陕革命根据地和建立苏维埃政权。使山阳县成为鄂豫陕革命根据地的中心腹地和可靠后方。[①]

一是第二十五军转战山阳。1934 年 9 月，程子华带着中央军委的指示到了鄂豫皖苏区。11 月 11 日，中共鄂豫皖省委在河南光山县花山寨召开第十四次常委会议，讨论决定实行战略转移事宜。会议决定:“留红二十八军及部分地方武装和部分干部在老苏区进行游击战争和秘密工作，集中大部分地方武装和部分干部随同省委、红二十五军离开苏区，通过平汉铁路西为创建新苏区、新革命根据地而斗争。”11 月 16 日，红二十五军在军长程子华、政委吴焕先、副军长徐海东、参谋长戴季英、政治部主任郑位三的带领下，全军共 2980 余人，在鄂豫皖省委以“中国工农红军北上抗日先遣队”名义发布《出发宣言》，率领红二十五军从河南省罗山县铁铺乡的何家冲出发，向豫陕边挺进，开始长征。12 月 10 日，中共鄂豫皖省委在庾家河街杨春荣中药铺召开第十八次省委常委会议，讨论在鄂豫陕边创造新的革命根据地和苏区政权问题，并提议立即建立中共鄂豫陕省委，为创造鄂豫陕苏区而斗争。正当会议中途时，国民党军第六十师尾追而至，省委立即停止会议组织全军迎头痛击国民党军第六十师，经恶战整日，红二十五军将其全部击退，毙伤敌 800 余人，红二十五军亦伤亡 200 余人，军长程子华、副军长徐海东均负重伤。由于三要司和庾家河战斗的胜利，彻底粉碎了国民党政府妄图在“追剿”和“堵击中歼灭红二十五军”的计划。

二是袁家沟伏击战。红二十五军和以后成立的鄂陕游击总司

① 参见山阳扶贫开发局编著《山阳县革命老区发展史》，商洛日报社 2019 年版，第 78 页。

令部领导下的三、四、五、六、七、九等6路游击师，为保卫根据地，打击“围剿”进犯之敌，先后在山阳境内和鄂陕地区多次主动出击和迂回、设伏与敌人作战，消灭了敌军大批的有生力量，巩固和发展了革命根据地。1935年5月，中共鄂豫陕省委和红二十五军，为了使鄂陕、豫陕两个根据地连成一片，创造一个有利于反“围剿”的战场，于5月12日，主动出击攻打山阳县城，在四路游师的配合下，经过三天激战，已将县城北面苍龙山上敌人三个碉堡中的两个攻克，敌山阳县长惠济时携带政府大印“坠城”南逃。敌四十二师吴仲华营凭险固守在最后一个碉堡。后红军改变决定，经漫川关南下郧西。6月底，红二十五军第三次转战袁家沟口，寻找战机，歼灭追剿红军、“围剿”根据地的国民党军队。三天后陕军警一旅尾追赶来，红二十五军即采取“诱敌深入”的战术，将由唐嗣桐率领的警备一旅诱入袁家沟口。7月2日，设伏将其全歼，毙伤敌人300余人，活捉敌旅长唐嗣桐以下官兵1400余人，缴获敌轻重机枪、长枪、短枪1600余支及无线电台等，红军仅伤亡100余人。袁家沟伏击战是红二十五军在第二次反“围剿”斗争的一次重大胜利。

三是建立红色根据地。1935年1月初，中共鄂豫陕省委在指挥红二十五军浴血奋战，反击国民党军队的同时，从部队抽调部分骨干，积极开展地方工作，宣传党的方针政策，发动群众打土豪分田地，建立革命政权。1935年上半年相继建立了鄂陕边区苏维埃政府，镇安县人民政府、五星县苏维埃政府、山阳县苏维埃政府筹备处，宁陕县土地委员会，以及13个区、70个乡、314个村的苏维埃政权，从边区到县、区、乡、村，根据地内红色政权体系基本形成。[①]

1935 年 4 月中旬，在中共鄂豫陕省委和鄂陕特委的领导下，鄂陕边的县、区、乡、村建立苏维埃政权运动发展迅速，鄂陕边革命根据地基本建立。于是，鄂陕特委在袁家沟口区苏维埃政府的基础上成立了鄂陕边区苏维埃政府，政府机关设在袁家沟街道“逢元和”商号，主席程家盛，副主席阮英豪。鄂陕边区苏维埃政府是鄂陕革命根据地最高苏维埃政府，统一领导鄂陕边区的各级苏维埃政府。以袁家沟口为中心辐射山阳、郧西、镇安、柞水、郧阳等县，时辖鄂陕边区 2 县 7 区、47 个乡、404 个村的苏维埃政府。根据地人口 8 万余人，区域面积 3600 多平方公里。

四是北上有效支援长征。由中共鄂豫陕特委和红七十四师组成苏区新的“最高领导”，统一了根据地党组织和武装力量的领导，为在鄂豫陕边区长期坚持革命斗争，打破国民党军的“划区清剿”，扭转困难局势，保存和发展革命力量，为保卫鄂豫陕革命根据地的胜利果实奠定了基础。1937 年 4 月，红七十四师奉命撤离陕南北上。鄂豫陕革命根据地是中共鄂豫陕省委率领红二十五军于长征途中创建的一块革命根据地。鄂豫陕革命根据地的存在发展了革命力量，有力地牵制国民党军队，支援了中央战略行动。

3. 抗日胜利解放山阳

中国共产党凭借其敏锐的洞察力将山阳县反帝反封建的革命斗争同工农割据武装斗争相结合，尤其在彼时极度赤贫的农村根据地

---

① 参见山阳扶贫开发局编著《山阳县革命老区发展史》，商洛日报社 2019 年版，第 98 页。

运用科学的路线主张，带头践行自力更生、艰苦奋斗的精神信念，使得贫瘠匮乏的根据地摆脱了萧条凋零的旧貌，贫困无助的农民获得了梦寐以求的生产资料，极大地促进与改善了山阳的经济发展与精神面貌。

一是抗日宣传家喻户晓。在民先队的积极引导下，进步青年学生抗日宣传声势浩大，活动在县城周围迅速展开。为了使抗日宣传家喻户晓，人人皆知，民先队制作了一面“抗日救亡宣传队”的大旗，由教师李向荣率领十五六人的宣传小分队，深入过风楼、长沟、漫川关、宽坪、板岩、色河等地沿途张贴标语，召开群众大会，利用集市演唱文艺节目等形式进行宣传，使这些闭塞的山区顿时活跃了起来。广大群众纷纷募捐铜币千元，军袜、军鞋千双，支援抗日。①1938 年 2 月，封冠杰接到上级命令返回陕北，临走时他给陈书启留下《民先队在抗战中的任务》和《怎样组织游击战争》两本油印小册子，并鼓励他积极工作，坚持抗日到胜利。封冠杰走后，民先队在陈书启、薛振东领导下，依然坚持抗日必胜的信念，继续活动。1940 年春，由于国民党山阳县党部的严禁行动，民先队员转入分散隐蔽活动。

二是支援解放胜利实现。抗日战争胜利后，全国人民沉浸在胜利的喜悦之中，渴望着中华民族从此走上和平、民主、幸福的道路，过上安定的生活。但是以蒋介石为首的国民党政府无视全国人民的根本利益和共同愿望，公然撕毁国共两党签订的停战协定，调

① 参见山阳扶贫开发局编著《山阳县革命老区发展史》，商洛日报社 2019 年版，第 100 页。

集了 11 个整编军，约 30 万人大举围攻中原解放区和中原人民解放军。为了粉碎国民党的阴谋，保存革命力量，中共中原局中原军区按照党中央既定战略方案，向预定地区作战略转移；主力部队分两路向西突围，越过平汉线西进，沿途经过多次激战，粉碎了国民党军队的围追堵截，于 7 月底到达陕西南部和湖北西北部地区。至此，震惊中外的中原突围战略目标胜利完成，中原突围拉开了解放战争的序幕。豫鄂陕边区根据地时期的山阳县，分别属于边区一、三分区所辖。第三分区地处秦岭南麓，南临汉水，东出郧阳和荆紫关，可随时逐鹿中原，在军事上有着重要的战略地位。所辖地域是陕南游击队活动的中心地区之一，地方工作基础较好，又是中原军区北路突围部队的入陕门户，武装力量较强。不仅是豫鄂陕革命根据地的重要依托之地，也是三分区党政军活动的中心区域，党领导的地方游击武装蓬勃发展，各级地方政权基本健全，是豫鄂陕根据地开辟的地区之一。在创建豫鄂陕边区革命根据地做出重大的贡献。

豫鄂陕革命根据地是在全国解放战争初期，在党中央毛泽东主席的密切关注指导下，在中原局及豫鄂陕边区党委的直接领导下，在中原军区北路突围部队和陕南游击队密切配合下共同创建的敌后根据地。所辖面积约 7.6 万平方公里，人口约 200 万。根据地先后建立 5 个分区，27 个县、59 个区、129 个乡级政权组织。在人民解放战争由战略防御向战略进攻转变阶段的重要历史时期，坚持了 1 年又 1 个月时间，为加快全国的解放进程，发挥了重要作用。

三是解放山阳建立新社会。1949 年 6 月 27 日，陕南区商洛军分区独立五团在山阳独立营配合下，最后一次收复山阳县城。从此结束了国民党在山阳县的统治，标志着山阳县全面解放。28 日中共山阳县委、县民主政府机关由漫川关迁回县城。6 月 29 日，中共山阳县委、县民主政府在县城禹王宫召开山阳县各界人士庆祝大会，庆祝山阳解放。[①] 7 月中旬，中国人民解放军第十九军五十七师一部在山阳独立营配合下，向盘踞在山阳户家塬吴家山的国民党毛全鸿匪帮老巢发起围歼战斗，全歼毛全鸿自卫队 200 余人于户家塬吴家山，匪首毛全鸿被俘。至此，山阳县境内的国民党残余武装势力全部被歼灭，各级人民政府在全县范围内也迅速建立，山阳县得到了全面解放。

（四）三产融合促振兴

山阳县自然环境优美，富含矿藏，三大产业均有发展。2022 年，山阳县生产总值 179.77 亿元，占商洛市总生产总值约 19.9%。[②] 三大产业结构以 15.1 : 47.0 : 37.9，呈现出“一产稳、二产优、三产升”的良好态势。粮食年产量稳定在 8.5 万吨以上，建成和丰阳光、意发等现代农业园区 61 个，培育市级以上龙头企业 31 个、农民专业合作社 941 个，获评全国“一村一品”示范镇 1 个、示范村 2 个，农业产业迈上了龙头企业引领、规模基地支撑的良性发展轨道。建成标准化厂房 43 万平方米，电子信息产业园、五洲高端钒产业园、

---

① 参见山阳扶贫开发局编著《山阳县革命老区发展史》，商洛日报社 2019 年版，第 112 页。

② 资料来源：陕西省统计局。

德润康中医药产业园等58个重点工业项目建成投产，县域工业集中区成功创建省级高新技术产业开发区，工业经济全市领先。建成国家4A级旅游景区4个、3A级景区3个，天竺山景区创建为国家森林康养基地，漫川古镇成功创建全国特色小镇和历史文化名镇，法官庙村入选国家乡村旅游重点村，省级旅游示范县、省级旅游示范区成功命名，大秦岭国际吉他艺术节、全国摩托艇联赛等活动成功举办，山阳旅游对外知名度和影响力持续提升。

1. 提速提质释放生产活力

新质生产力有别于传统生产力，涉及领域新、技术含量高，依靠创新驱动是其中关键。新质生产力代表一种生产力的跃迁。山阳县提速提质释放生产活力，这是科技创新在其中发挥主导作用的生产力，促成了高效能、高质量的新发展。

一是寻找机遇释放产能。山阳县是陕西省东南门户之一，位于关中平原城市群和汉江经济带。随着新时代西部大开发进一步推进，随着西十高铁建成通车，为山阳县依托“一带一路”融入新发展格局、主动对接周边大城市建设、承接发达地区产业转移和大城市功能疏散，激活县城内生动力、形成更多新的增长点提供机遇，助力县域高质量发展。山阳县地区生产总值、规上工业总产值、固定资产投资分别相较于“十三五”时期增长了1.4倍、1.6倍、1.2倍。电子信息产业园等一大批重大项目建成投用，全市重大项目观摩评比连续五年位居前列。产业结构逐步优化升级，呈现“一产稳、二产优、三产升”的良好态势。建成现代农业园区61个，培育市级以上龙头企业31家、农民专业合作社941个，非公经济占比连续五年在全市排名第一。

二是有力保障企业纾难解困。山阳县大力协助企业纾难解困，推行“标准地 + 承诺制 + 全代办”机制，实行一名县级领导联系、一名局长（行长）包抓、一名联络人员驻企指导的“三个一”重点企业包抓机制，建立“一企业一专班”制度，及时帮助企业解决难题，推动存量企业达产达效、满负荷生产。深入重点“五上”企业走访，摸排梳理问题，解决企业关心的、卡脖子的问题。持续做好财政补贴、税费减免，着力解决企业“用工、原料、物流、融资”方面问题，全力帮助企业高质量发展。同时，大力实施“中小企业培育工程”，加大“个转企、小升规、规上市”政策，通过加大财税支持、搭建平台、优化服务等措施，帮助企业加快转型升级，最大限度地减轻企业负担。加强维护中小企业诉求平台，针对中小企业生产经营、建设发展等诉求，迅速提出针对性解决措施，实现“企业有呼、政府必应”，助力中小企业高质量发展。

三是科技创新提供新动能。山阳县围绕“两新一重”“一都四区”，着力谋划储备一批含绿量多、含新量足、含金量高的重大项目，促进项目梯次推进、滚动接续。主动对接“秦创原”创新驱动平台，促进传统产业更快转型升级。加快建设数字经济园区，推动产业数字化、数字产业化。山阳县实行项目建设专班、专组、专员“三专”制度，对市、县 21 个重点工业项目实行重点监测，建立项目建设台账，精准推动项目建设。大力实施工业经济高质量发展倍增计划，按照产业抓链条、引领抓龙头、承载抓园区、提质抓创新、环境抓服务的思路，探索拓展集群化链条化发展、现有企业达产达效、新增项目扩能增效、标准化厂房精准招商的优化路径，围绕“3+4”产业集群，加快建设延链补链强链。重点推进希德电子、普阳时代、T300 小飞机等建设进度及招商落地，加快实施黑沟金矿、庙梁金矿、五洲全钒液流储能电池等项目，支持德润康、丰源钒业等骨干企业技改项目落地见效。①

2. 以农为本破解“三农”新难题

农业由弱到强，农民由穷到富，农村由差到美，群众得到的实惠越来越多。早在十年前，山阳县把新农村示范村建设作为“三农”工作的主要抓手，聚焦“五大建设”，采取“党委领导、政府主导、部门帮扶、镇村主抓、捆绑资金、整合项目、整村推进、连片开发”的办法，实现了新农村示范村建设全覆盖。大力发展设施农业、立体生态农业，建成“八大农产品加工企业”“八大农业园区”，带动农民增收致富，持续打响了“山地农产”品牌。农村面貌发生巨变，“三农”基础不断夯实。

一是“三带三创”促增收。山阳县主要以“三带三创”的产业扶贫模式提高农民收入水平。“三带三创”的模式即实行龙头企业、合作社、能人大户的“三大带动”，推行金融帮扶、科技帮扶、销售帮扶的“三大创新”。实行“三大带动”，就是以市场强势主体带弱势群体、能人带弱势人群，通过企业就业带、入股分红带、“龙头企业 + 基地 + 合作社 + 贫困户”订单生产带和零散收购带等方式，真正结实贫困户与龙头企业、专业合作社、能人大户之间的利

① 资料来源：陕西省统计局。

益链条。全县累计培育市级以上龙头企业 31 家、专业合作社 1069 个、能人大户 338 户，与 237 个村 6606 户贫困群众建立了利益联结。[①]推行“三大创新”，针对金融、科技、销售三大关乎脱贫产业稳定发展的难题，系统谋划，落实针对性措施。充分发挥县扶投公司、城投公司等融资平台作用，撬动银行贷款 10 亿元，吸引社会资本 6.8 亿元，解决资金难题，帮助小农户对接大市场，实现农产品线上线下销售。

二是和居宜业建农村。山阳县持续全面开展村庄清洁综合整治行动，对标“两改两转三促进”要求，按照“分流域包抓，整流域治理，全方位推进”的原则，协调推进金钱河、峒峪河、靳家河、唐家河、磨沟河五大流域人居环境整治和秦岭山水乡村建设。大力实施农村户厕改造三年攻坚行动，整合项目资源和资金，以秦岭山水乡村示范村和乡村振兴示范村为重点，加大改厕宣传力度，按照“宜旱则旱、宜水则水，因地制宜、因户施策”原则，全面推行“首厕过关制”，严把改厕三个关口，组织召开了全市农村户厕改造现场推进会，农村户厕改造有序推进。目前，山阳县实施农村户厕改造 12690 座，建设农村公厕 82 座，竣工 26 座。

三是特色产业谋优化。山阳县坚持“6+X”特色产业扬优提质，按照“四化”提质和“六个一”要求，大力推动食用菌优结构扩产能、畜牧走高端上水平、茶叶拓功能促融合，实现产业发展绿色化、集群化、链条化、高端化、品牌化。山阳县持续落实产业到

① 资料来源：陕西省统计局。

户扶持政策，全力抓好优势特色农业产业发展，同时加快新型农业经营主体培育发展，加快构建新型农业经营体系，推进龙头企业、合作社晋档升级，延长产业链，健全完善产业帮扶模式，结实利益联结，提升发展和带动能力。

3. 绿水青山着眼高质量发展

绿水青山就是金山银山。保护好生态环境、保护好生态产品就是保护好金山银山。与之对应，减少资源消耗和污染排放就是减少绿水青山的损耗，也就是保护金山银山。因此，山阳县对“绿水青山就是金山银山”着眼生态经济化和经济生态化的有机统一，从而实现高质量的发展。

一是强化绿色建设。山阳县上大力推行“三线一单”生态环境分区管控，全力推动矿业发展“五化”建设，持续巩固扩大生态优势。接续落实减煤、控车、抑尘、治源、禁燃、增绿等措施，实施企业超低排放改造。实施重点流域治理、污染防治、生活垃圾污水处理等项目 86 个，森林覆盖率达 73% 以上，年均空气质量优良率达 90% 以上，主要河流水质稳定达标，治理水土流失面积 260 平方公里以上。

二是严盯“五乱”整治。山阳县全县严格落实《陕西省秦岭生态环境保护条例》，扎实开展“秦岭生态卫士行动日”主题活动，深入推进“五乱”整治，全面禁止食用野生动物，严厉打击非法野生动物交易，完成 13 座小水电整治任务，生态优势得到持续巩固。全力打好蓝天、碧水、净土保卫战，严格落实“河长制”“田长制”“林长制”，实施污染减排项目 67 个、流域污染防治项目 31

个，治理水土流失面积 260 平方公里以上，城区空气质量优良天数连续 5 年超过 332 天，主要河流水质稳定达标，完成国家重点工程营造林 49.7 万亩，森林覆盖率达 68%。[①] 聚焦碳达峰、碳中和目标，开展生态价值实现机制试点，坚决遏制“两高”项目盲目发展，大力发展节能环保、清洁生产和清洁能源产业，着力构建与节约资源和保护环境相配套的现代化产业体系。加强生态文明宣传教育，深入推进绿色社区、绿色家庭等创建活动，积极倡导绿色低碳生活方式，让绿色发展成为时代主旋律。

三是共享生态成果。山阳县加快优质生态产品供给、高效生态价值实现、美丽生态成果共享，生态产品价值转化率达到 30% 以上，打造生态产品价值实现典型案例 2 个以上。同时，狠抓农村生活垃圾、污水治理，加大河道沟渠、路域环境整治，全力打造干净整洁的秦岭山水乡村、乡村振兴示范带、示范镇村。

（五）十八镇街协同建设

山阳县地域面积 3535 平方公里，辖 18 个镇办（2 个街道办事处、16 个镇）、244 个村（社区）、35.9 万人（常住人口）。[②] 山阳县成功列入国家第三批新型城镇化综合试点县、省级县域经济发展和城镇建设试点县，县城建成区面积拓展到 10.5 平方公里，城镇化率上升到 56%。创建市级以上重点镇、美丽宜居示范村各 7 个，漫川文化旅游名镇考核连续五年居全省前列、成功创建为全国特色小

---

① 资料来源：陕西省统计局。

② 资料来源：陕西省统计局。

镇和历史文化名镇，法官、漫川关被省政府授予“小城镇建设先进镇”称号。

1. 县域治理持续创新

郡县治则天下安，县域兴则国家强。县域涵盖城镇与乡村，是承上启下、沟通条块、连接城乡的枢纽，是我国经济发展和社会治理的基本单元。山阳县的县域治理是推进山阳治理体系和治理能力现代化的重要一环，担负和扮演着承上启下的重要责任。山阳县的县域治理持续创新，是推进现代化的关键环节。

一是基层建设长治久安。山阳县扎实推进县镇村综治中心“六化”和基层“两所一庭”规范化建设，全县持续加强公共安全监督管理。围绕实施乡村振兴战略，坚持“五治”融合发展，全面加强乡村治理，维护农村长治久安。坚持和发展新时代“枫桥经验”，继续实行平安稳定信息研判机制和“逢四研事、遇事解事”制度。推行“人盯人+”社会治理机制，加快“雪亮”工程建设应用。深化各领域、各行业平安创建活动，常态化开展扫黑除恶斗争，坚决防范打击各类违法犯罪，维护社会大局稳定。

二是“人盯人+”促平安。山阳县按照“便于治理、便于服务、便于自治、精简效能”和组织结构扁平化原则，科学划分设置片区（网格），城市街道社区以小区、楼栋、单元等为基本单元，结合实际确定网格选聘网格员。网格员以“当好六大员”，即当好政策宣传员、信息采集员、矛盾调处员、安全巡查员、行业监管员和镇村管理员，实现日常工作网格化，确保矛盾不上交、平安不出事、服务不缺位。弘扬光荣革命传统，传承红色基因，赓续红色血脉，发展积极健康的党内政治文化，引导广大党员干部在学习领悟红色文化中牢记宗旨使命、立起党员好样子、树起党员好形象。

三是营商环境持续优化。山阳县上持续开展新一轮优化营商环境三年行动，持续深化“放管服”和商事制度等改革，确保“双随机、一公开”监管实现全覆盖，“四最”营商环境基本形成。预计到2026年，市场主体突破2.4万户，“五上”企业达到200家以上，营商环境满意率达到90%以上。同时，山阳县深化“互联网+政务服务”，加快推进“一件事一次办”“集成快办”改革。加强事中事后监管，推动“双随机、一公开”监管全覆盖、常态化。规范涉企收费、中介服务，深入推进公平竞争政策实施。加快社会信用体系建设，完善守信联合激励和失信联合惩戒制度。明确涉企事项权责清单和办理时限，依法保护市场主体合法权益，让企业进得来、留得住、能发展。

2. 脱贫摘帽如期实现

站在陕西看商洛，生态新城，康养之都；立足商洛看山阳，突飞猛进，日新月异。山阳县从国家级深度贫困县，到全省争先进位县，山阳县在脱贫攻坚期间下足了“绣花功”，凝聚了“精气神”。山阳县在新时代之前，共有3.07万户10.67万名贫困人口，129个贫困村。[①]随着我们打赢了脱贫攻坚战，十万贫困人口全面迈入小康社会，乡村振兴蓝图已经绘就，打造“一都四区”示范县、谱写“五好山阳”新篇章的序幕已拉开。

---

① 资料来源：陕西省统计局。

一是绝对贫困彻底解决。脱贫攻坚以来，山阳县坚持以脱贫攻坚统揽经济社会发展全局，聚焦“两不愁三保障”和饮水安全，举全县之力、聚各方之智、下非常之功，狠抓“六个精准”“八个一批”措施落实，整合财政涉农资金22.08亿元，争取苏陕协作资金6.12亿元，12472户52785人搬离深山、进城入镇，9.6万群众通过产业就业实现增收，全县3.07万户10.67万人摆脱贫困，脱贫人口人均纯收入由3877元增加到10569元，129个贫困村全部退出，[①]如期实现整县脱贫摘帽，绝对贫困问题得到了历史性解决。创新推行的“三带三创”产业扶贫模式、村集体经济“2+X”机制等有效做法被中央和省上媒体宣传报道，山阳建筑和返乡创业“两大品牌”入选人社部扶贫典型案例，易地扶贫搬迁工作被国家发改委表彰并列入全国“十三五”时期典型案例，“扶贫脱贫互讲互评”活动被国务院扶贫办评为脱贫攻坚典型案例，以扶贫干部李长庆为原型的电影《秦岭花开》全国公映。全县3.07万户10.67万名贫困人口稳定脱贫，129个贫困村全部退出。“‘人盯人+’大数据防返贫监测”做法被央视《焦点访谈》栏目专题报道。

二是集体经济共同致富。山阳县坚持以创新村集体经济发展模式、增长方式和实现形式为目标，按照“因地制宜、科学规划、大力扶持、多元发展”的思路，依托县产业园项目输血和各村资源禀赋优势，探索培育村集体经济“造血”功能，消除了村集体经济“空壳村”，催生村集体经济“蝶变”，增强了村党组织为民服务能

① 资料来源：陕西省统计局。

力。产业园为贫困村和集体经济薄弱村配资入股、认购确权和定额分红，形成原始积累。既解决了“第一桶金”问题，又提高了贫困群众参与度，更加强了村级公共服务管理。各村在产业园带动增收实现原始积累后，再给每个贫困村安排 80 万元村集体经济发展扶持资金，通过县、镇、村三级联动，分类指导、因村施策，引导和鼓励走差异化路子，每村自主发展壮大 1—2 项村集体经济，初步实现了企业发展、集体增收、群众致富“三位一体”互利共赢。

二、立足实践深化改革——山阳县发展历程

放眼中华文明五千多年历史，没有哪一种政治力量能像中国共产党这样深刻地、历史性地推动中华民族发展进程。习近平总书记指出:“对历史进程的认识越全面，对历史规律的把握越深刻，党的历史智慧越丰富，对前途的掌握就越主动。”[①] 山阳县的发展历程，从新民主主义革命时期的翻身解放，到社会主义建设时期的积极探索，再到改革开放时期的小康建设，这些都为新时代以来山阳县的中国式现代化提供了经验积累。山阳县在县域振兴和发展上的成就和贡献，不仅仅是山阳的，更是历史性的，同样是中国的、是世界的。

---

① 《弘扬伟大建党精神坚持党的百年奋斗历史经验　增加历史自信增进团结统一增强斗争精神》,《人民日报》2021 年 12 月 29 日第 1 版。

（一）1949—1978年：工农“三产”并举，探索“四化”道路

1949年10月1日中华人民共和国成立，标志着新民主主义革命取得了伟大胜利，从根本上结束了100多年来中华民族遭受帝国主义侵略和压迫的历史，使中国改变了半殖民地半封建社会的性质，成为真正具有独立主权的国家。全国广大劳动人民成为新中国的主人。领导新民主主义革命取得胜利的中国共产党成为中华人民共和国的执政党和领导核心。山阳人民在中共山阳县委领导下，为建立和巩固新生人民民主政权而斗争。

1. 建立巩固人民政权

中华人民共和国成立初期，农村人口占中国人口的绝大多数，贫困主要发生在农村。因此，中国共产党人需要将帮助农民摆脱贫困作为紧迫任务。百废待兴的新中国，一方面，受连年战乱、自然灾害等因素影响，广大农村地区生产落后、荒芜贫苦，其中有近三分之一的农村人口处于极端贫困状态，山阳县也不例外。1949年6月29日，中共山阳县委机关和山阳县民主政府机关由漫川迁至县城，接管国民党政权，开始执政。1950年1月6日，山阳县人民县政府正式改称山阳县人民政府，随后发布《关于健全县区行政机构与改造村政权的命令》，将全县划分为8个区、85个乡，乡下设行政村，自然村。[①] 恢复农村社会安定、保障农民生产、生活及生命财产安全，成为这一时期的主要任务。

---

① 参见《商洛市山阳县历史大事件》，2015年6月3日，http://ai163.cn/xa/news/Shangluo/20150603/1620.html。

一是推行减租减息，减轻农民负担。1949 年 2 月，中共中原中央局颁布《减租减息纲领》，规定：所有地主、旧式富农及一切公田、学田、祠堂、庙宇、教会所出租之土地，不论任何租佃形式，一律实行“二五减租”，即按原租额减去二成半；所有押租押金一律取消，凡已收之押租押金，一律退还农民，并按交纳时物价计算。1949 年秋天，山阳县政府派出工作组，推行减租减息，要求减少 25% 的收租量，取消押金制，规定借贷利息最高不得超过 10%。有 950 户土地出租者减租 273 万斤，500 户高利贷者降低利息，减轻 4000 多户佃农的负担。1950 年 3 月县农会成立，制订《山阳县农民协会简章》，开始有组织地减租反霸，发展生产。

二是建立农民土地所有制，保障农民财产权。自 1950 年秋始，新解放区即按照《中国人民政治协商会议共同纲领》，在未实行土地改革的地区发动农民群众、建立农民团体，清匪反霸、减租减息，同时分期分批进行土地改革。1950 年通过的《中华人民共和国土地改革法》(以下简称《土地改革法》)，重新分配生产生活资料给贫穷或者没有土地的农民。《土地改革法》的颁布从法律上保障了历代农民“耕者有其田”的理想追求，从制度根本上激发了农民的生产积极性，保障了农民的基本生活。山阳县的土地改革在经过试点改革后，于 1950 年 12 月在全县全面推行。[①]次年秋，山阳土地改革基本结束，全县划定地主 810 户、富农 449 户，小土地出租 508 户、中农 17871 户、贫农 16616 户、雇农 2286 户。按照政策规

① 参见《商洛市山阳县历史大事件》，2015 年 6 月 3 日，http://ai163.cn/xa/news/Shangluo/20150603/1620.html。

定，没收和征收地主、富农和小土地出租者的部分耕地，计46731亩，分给27000户无地或少地的贫雇农和少数中农，在山阳历史上第一次实现“耕者有其田”的愿望。

三是建设农村基层组织，实现共产党基层领导。清匪反霸摧毁了封建统治势力，瓦解了国民党基层政权；土地改革奠定了农村基层政权建设和党的基层组织建设的基础。自1950年12月至1952年年底，各地按照《乡（行政村）人民代表会议组织通则》和《乡（行政村）人民政府组织通则》，基本完成农村基层政权体系构建。在这个过程中，山阳县的农村基层组织体系、乡村农民协会组织、妇女组织等也都逐渐建立健全起来，一大批乡村工作骨干加入了中国共产党，担任了乡村干部。

2. 互助合作响应改造

土地改革后，农民获得了土地，但农耕具和畜役力等其他生产资料都严重不足，农民要求互助合作，加之国家工业化对农业生产的促进，这些条件共同成为促进农业合作化的重要动力。中共中央《关于农业生产互助合作的决议（草案）》（1951年12月）颁布实施，我国农业社会主义改造运动进入高潮。“三大改造”实现了把生产资料私有制转变为社会主义公有制，为救济扶贫的开展提供了统一的组织基础和坚实的制度保障。1953年毛泽东在中央政治局扩大会议上正式提出，“从中华人民共和国成立，到社会主义改造基本完成，这是一个过渡时期。党在这个过渡时期的总路线和总任务，是要在一个相当长的时期内，基本上实现国家工业化和对农业、手工业、资本主义工商业的社会主义改造”。1952年10月，山阳县委、县政府督促各乡组织农民，自愿互利，成立互助组。当年即办起互助组3700多个，入组农民达一半以上。

一是互助合作组织日渐完善。“互助组有三种类型：一是临时互助组，主要是季节性劳畜变工互助组；二是常年互助组，成员基本固定，组内有生产计划和一定的制度，除劳畜变工互助外，开始在技术、副业与供销领域合作；三是若干互助组联组，日常生产仍然以小组为单位，在联组内互相调剂劳动力，共同使用农具。”作为一种小规模合作的有效形式，互助组的普遍建立在一定程度上发挥了协作的优势，为后来兴起的初级农业生产合作社培养了一批骨干，提供了一定的物质基础，积累了经营管理集体事业的经验，对土改后农业生产的恢复和发展起了重要的推动作用，为农业合作化的进一步发展创造了有利的条件。1953年1月，山阳县供销合作首次社员代表大会召开，成立县供销合作联合社。11月开始成立信用合作组织，到1956年，各乡镇全部建起信用合作社，方便农民存贷。

二是合作化阶段向初级、高级发展。中共中央《关于发展农业生产社的决议》（1953年12月）颁行，标志着农业合作化进入初级合作社阶段。初级合作社阶段，意味着“合作社已经有一部分公有的生产资料；对于社员交来统一使用的土地和别的生产资料，在一定时间内还保留社员的所有权，并且给社员以适当的报酬”。山阳县是在1955年秋进入农业合作化运动的高潮，到年底，全县办起初级社1538个，入社户达79%。1956年4月，山阳县行政区划再次调整，15个区并为8个区，98个乡（镇）并为65个乡（镇）。同年 10 月，山阳县突击升建高级社，响应全国高级形式的农业合作化浪潮。

三是社会主义农村建设开始启动。社会主义改造完成后，党及时启动了社会主义农村建设。《中国农村的社会主义高潮》（1956 年 1 月）拉开大幕，《一九五六年到一九六七年全国农业发展纲要（草案）》（1957 年 10 月 25 日）则是中国社会主义农村建设第一个中长期规划。《人民日报》社论（1957 年 10 月 27 日）指出："这是建设我国社会主义农村的伟大纲领，它给我国五亿农民指出了今后十年的奋斗目标，规定了实现这些目标的基本方法。"也正是在这些政策的主导下，地方政府的发展举措开始陆续出台。1957 年 9 月，中共商洛地委发出关于"商洛地区每户种一升核桃"的号召，[①] 山阳农民积极响应，开始大面积播种核桃。前后三个月，播种（包括直播和育苗）核桃 555 石，每户平均 0.9 升。除农业外，国家开始对金融业和对外贸易实行计划管理，统一财政收支、物资调度和货币发行；对一些重大部门的企业实行直接计划和实物调拨，对少数短缺而又重要的产品实行统购统销；对财政、信贷和劳资等实行统收统支、统存统放、统分统配，迅速恢复和发展生产力。这一历史性成就为山阳县现代化治理提供了政治和制度的重要基础，推动山阳县迈上了现代化的社会主义道路。

3. 贯彻实施五年计划

中国成立后，经过建立和巩固人民民主政权，土地改革、"三

---

① 参见《商洛市山阳县历史大事件》，2015 年 6 月 3 日，http://ai163.cn/xa/news/Shangluo/20150603/1620.html。

反”、“五反”、对资本主义工商业的社会主义改造以及农业合作化的实现，国民经济得到了恢复和发展。山阳县委、县政府领导全县人民经过三年不懈努力，实行计划经济，量体裁衣，组织建立互助合作，发展生产，增加收入，精兵简政，压缩开支，连续三年实现财政自给有余，迅速解决了通货膨胀、物价上涨问题，促进了山阳国民经济恢复和发展。进一步稳定了社会，为全面建设社会主义（“一五”计划的编制与完成、“二五”计划及“农业经济十年规划的编制与实施”、农业学大寨、工业学大庆运动），为社会主义文化、教育、卫生事业的发展打下了坚实的基础。①

一是强化农村基础设施建设。新中国的“农业现代化经过了先合作化、后机械化，再到农业机械化、水利化、化学化、电气化的‘四化’发展过程”②。在“苦战三年实现水利化”口号的鼓舞下，山阳县数十处大中型水利工程同时动工，比如磨沟水库，1959 年 11 月，全县抽调劳力 5000 人开始兴修，历时一年零五个月，后因技术事故被迫停工；老沟水库，1960 年 5 月竣工，库容 22 万立方米，可浇地千亩。与农田水利建设同步，山阳县的梯田修建、农田开垦和植树造林工作也相继展开，其中最重要的即“农业学大寨”，1965 年，首次组织区乡干部赴山西昔阳县大寨大队参观，开始大修土坎梯田。1970 年冬，在中央北方农业会议推动下，山阳县进入“农业

---

① 参见山阳县扶贫开发局编著《山阳县革命老区发展史》，商洛日报社 2019 年版，第 223 页。

② 王景新:《推动历史变革　探索发展道路——社会主义革命和建设时期党对“三农”工作的领导》,《中国领导科学》2021 年第 2 期。

学大寨”高潮。直到1975年2月县革委会作出决定，“五年工作四年干，四年建成大寨县”，抽调500名干部长期住在农村蹲点、包队，加强农村工作领导。在学大寨和建大寨县过程中，全县修成石坎梯田20万亩，初步改善粮食产量低而不稳的条件。同期同时进行的还有改河造田，新增河滩地2800多亩、新修环山渠7.5公里，扩灌1500亩。另外，这一时期也开始沿山坡等高线开挖条田、垒石坎台田，县革委会主任李孝林亲自指挥，集中鹘岭、钟岭、赛鹤岭附近万名劳力治理三岭，并于1976年春栽上漆树或花椒树。1978年春使用直升飞机于鹘岭、流岭上空撒播油松种子，是为山阳飞播造林之始。①

二是工业化现代化积极发展。由于山阳地处深山，交通极为不便，经济十分落后，加之没有工业基础。中华人民共和国成立前后，县内的旧式小手工业也是少量、个别的。特别突出的是，有的地方连铁匠也没有，还得从外省外县请进来。连吃饭的筷子、碗、酱油、醋也要从外地运回。在全国工业化建设中，山阳的工业也在艰难中向前发展。采取小型为主、土法上马、因地制宜的办法，一部分县、社企业以及社、队“九小”（小煤窑、小铁厂、小有色厂、小水泥厂、小造纸厂、小农具厂、小砖瓦厂、小化肥厂、小电厂）企业相继建立起来。

---

① 参见《商洛市山阳县历史大事件》，2015年6月3日，http://ai163.cn/xa/news/Shangluo/20150603/1620.html。

（二）1978—2012 年：高举改革大旗，建设小康山阳

伴随着改革开放大潮，中国农村也开始了深刻变革。中国农村面貌、中国农民命运和中国农业现代化征程由此发生深刻变化。随着改革开放的推进，中国共产党更加注重贫困群众的主动参与，鼓励让人民群众通过自力更生、艰苦奋斗改变贫困现状。正如习近平总书记所指出的："改革开放以来，我们党领导农民率先拉开了改革序幕。家庭联产承包责任制打响了农村改革第一枪。大包干大包干，直来直去不拐弯，交够国家的，留足集体的，剩下就是自己的。实行家庭承包经营为基础、统分结合的双层经营体制，乡镇企业异军突起，农民工进城打工，废除延续两千多年的农业税，统筹城乡发展，改善农村基础设施，发展农村社会事业，农业农村发生了翻天覆地的巨变。"①

1. 乡镇企业大发展

"改革开放是决定当代中国命运的关键一招，也是实现中华民族伟大复兴的关键一招。"② 新时代党和国家事业之所以取得举世瞩目的重大成就，一个重要原因就在于全面深化改革开放。改革开放的目的，就是要解放和发展社会生产力，实现国家现代化，让中国人民富裕起来，振兴伟大的中华民族；就是要推动我国社会主义制度自我完善和发展，赋予社会主义新的生机活力，建设和发展中国特色社会主义；就是要在引领当代中国发展进步中加强和改进党的

---

① 《坚持把解决好"三农"问题作为全党工作重中之重 促进农业高质高效乡村宜居宜业农民富裕富足》，《人民日报》2020 年 12 月 30 日第 1 版。

② 《决定召开十八届三中全会》，《人民日报》2013 年 8 月 28 日第 1 版。

建设，保持和发展党的先进性，确保党始终走在时代前列。山阳县从乡镇企业的变革，率先开始了跟上改革开放，建设小康山阳的进程。

一是“离土不离乡，进厂不进城”。随着农业生产经营体制的调整，农民群众有了更大更多的生产经营自主权；农业生产的发展和农村生产力水平的提高，使得农民有了更多的劳动剩余和资金积累。中央及时提出“因地制宜、多种经营”方针。1982 年，党的十二大明确了个体经济的地位和作用，认为个体经济是公有制经济的必要和有益补充；1983 年至 1985 年的三个中央一号文件连续放宽多种经营领域。1984 年春，山阳县积极响应国家政策，从县区乡抽调大批干部，下到各村各户，帮助农民调整产业结构，将 6 万多亩陡坡地退耕还林，种树种草，腾出大批劳动力办乡镇企业。到 1985 年，经过层层召开会议，商讨落实发展商品生产，疏理流通渠道措施，山阳乡镇企业发展步伐加快，当年乡镇企业总收入 4225 万元，比 1980 年增长 12 倍。[①] 因为有着“离土不离乡，进厂不进城”和就地实现农业剩余劳动力转移的优势，乡镇企业异军突起，农村向着专业化、商品化和社会化方向发展。

二是包产到户、包干到户。党的十一届三中全会（1978 年 12 月）实现了历史的伟大转折，拉开了农村改革大幕。翌年 9 月，中共中央《关于加快农业发展若干问题的决定》提出了发展农业生产力的 25 项政策措施，对实现农业现代化进行部署。自 1982 年至

① 参见《商洛市山阳县历史大事件》，2015 年 6 月 3 日，http: //ai163.cn/xa/news/Shangluo/20150603/1620.html。

1986 年，中共中央、国务院连续颁布关于农村改革发展的 5 个“中央一号文件”，渐次推进农村改革、创立统分结合的双层经营体制和开展经济建设。1981 年 8 月山阳县开始实行耕地承包。按质量划分等级，按人口划块到户，按面积承包上交，1982 年全县普遍划地到户。随后，继续完善农业生产责任制，按照农民申请，将 204 万亩山林划分到户经营，其中自留山 27 万亩，造林山 52 万亩，管护山 125 万亩。“大包干”农业生产责任制基础上发展起来的家庭联产承包责任制极大地调动了农民生产积极性，农业生产迅速发展，粮食产量和农民生活水平明显提高。

2. 基层治理新步伐

基层是社会的细胞，基层治理是国家治理的基石。我们党始终重视基层建设，不断加强基层治理。党的十一届三中全会以后，我们党团结带领人民解放思想、锐意进取，创造了改革开放和社会主义现代化建设的伟大成就，实现了从高度集中的计划经济体制到充满活力的社会主义市场经济体制、从封闭半封闭到全方位开放的历史性转变。山阳县也在基层治理上迈出了新步伐。

一是释放活力，体制创新。社会主义市场经济体制的建立和完善，极大地激发了经济发展与社会进步的活力，社会流动规模扩大、速度加快，社会群体日益多元、利益诉求更加丰富，人民群众参与社会建设的机会更加丰富、自治的积极性日益提高。适应这一变化，我们党与时俱进推动基层治理体制机制改革与创新。1993 年，党的十四届三中全会提出“加强政府的社会管理职能，保证国民经济正常运行和良好的社会秩序”；2004 年，党的十六届四中全会提出“加强社会建设和管理，推进社会管理体制创新”“建立健全党委领导、政府负责、社会协同、公众参与的社会管理格局”；2006年，党的十六届六中全会作出《中共中央关于构建社会主义和谐社会若干重大问题的决定》，要求“完善社会管理、增强社会创造活力”……这为加强和改进基层治理指明了正确方向。制定并颁布《中华人民共和国村民委员会组织法》《中华人民共和国城市居民委员会组织法》等，为基层治理提供了法治保障。

二是政社分设，村民自治。家庭联产承包责任制得以确立和推行之后，各地根据中央要求分批分期进行了政社分设工作，建立乡政府。1981年1月在第九届山阳县人民代表大会上，选举成立山阳县人民代表大会常务委员会。同时，撤销县革命委员会，重新建立县人民政府。1984年2月，中国人民政治协商会议山阳县第一届委员会成立。同年秋撤销人民公社制，恢复乡村建置。全县共划60个乡、4个镇、477个行政村。之后，陆续形成了以“村民委员会”进行村级事务管理，迈出了在中国共产党领导下实行村民自治的新步伐。政社分设、建立乡政府是“我国农村继普遍推行联产承包责任制以后，又一项具有深远意义的改革”。而《中华人民共和国村民委员会组织法》（1987年6月）颁布实施，标志着我国基层治理的“乡政村治”格局正式形成。

3. 着眼化解“三农”矛盾

“民族要复兴，乡村必振兴。”我国自古以农立国，创造了源远流长、灿烂辉煌的农耕文明，长期领先世界。纵览历朝历代，农业兴旺、农民安定，则国家统一、社会稳定；农业凋敝、农民不稳，则国家分裂、社会动荡。[①] 山阳县着眼针对“三农”问题，努力化解矛盾，把解决好“三农”问题作为全县工作的重中之重，推动农业农村取得历史性成就、发生历史性变革，从而推动山阳县的县域发展不断振兴。

一是“多予少取放活”增收有方。2002 年 1 月，中央农村工作会议提出了增加农民收入、坚持“多予少取放活”的方针。中共十六届四中全会（2004 年 9 月）上，时任中共中央总书记胡锦涛提出了“两个趋向”的重要论断，标志着我国工农关系、城乡关系政策由“多取少予”向“多予少取”转变，多予，就是要增加对农业和农村的投入，加快农村基础设施建设，扩大退耕还林规模，直接增加农民收入。少取，就是要推进农村税费改革，切实减轻农民负担，让农民休养生息。放活，就是要认真落实党在农村的各项政策，把农民群众的积极性、主动性、创造性充分发挥出来，进一步活跃农村经济，拓宽农民增收渠道。山阳县切实加大对农业的支持力度，继续深化农村改革，全面促进农业和农村经济发展。

二是减轻负担不交税。2006 年，全面取消农业税，农民负担重状况得到根本性扭转。这项改革依法调整和规范国家、集体和农民的利益关系，将农村的分配制度进一步纳入法治轨道。此外，农村改革从调整生产关系到改革上层建筑，使干群关系得到明显改善，促进了农村经济的发展和农村社会稳定。党的十六大明确提出了统筹城乡经济社会发展的要求；党的十六届四中全会明确指出我国总

① 参见《总书记的“三农”情怀》,《人民日报》2022 年 9 月 22 日第 1 版。

体上已到了以工促农、以城带乡的发展阶段，实行工业反哺农业、城市支持乡村，实现工业与农业、城市与农村协调发展。山阳县的城乡发展中，质是要改变“重城抑乡”“重工轻农”的传统观念和“城乡分治”的政策体制，从而，更多地关注农村，关心农民，支持农业，实现城乡平等而和谐地发展，将城乡通盘考虑，统筹城乡经济社会发展，把解决农业、农村和农民问题作为县域工作的重中之重。

三是“建设社会主义新农村”。十六届五中全会（2005年11月）把“建设社会主义新农村”上升为国家长期战略，是改革开放的中国为扭转“三农”发展相对滞后局面而提出的重要历史任务。明确坚持从各地实际出发，按照生产发展、生活宽裕、乡风文明、村容整洁、管理民主的要求，扎实稳步推进新农村建设。《中共中央、国务院关于推进社会主义新农村建设的若干意见》全面部署社会主义新农村建设。党的十七大提出建立以工促农、以城带乡的长效机制，形成城乡经济社会发展一体化新格局。社会主义新农村建设不断推进，农业农村农民整体面貌不断提升。山阳县以新农村建设为重点，统筹城乡协调发展，按照生产发展、生活宽裕、乡风文明、村容整洁、管理民主的总体目标，以村镇规划、“四改一推”和文明村镇创建为切入点，全面推进新村镇、新产业、新经济组织建设，落实低收入人口扶贫政策与农村低保两项制度有效衔接，大力培育新农民，倡导农村新风貌。

（三）2012—2021年：打赢脱贫攻坚，加快富民强县

对于一个有着14亿人口的大国来说，困扰千百年的绝对贫困问题历史性地画上句号，这是亘古未有的壮举，也是人类减贫史上的奇迹！党的十八大以来，习近平总书记站在全面建成小康社会、实现中华民族伟大复兴中国梦的战略高度，把脱贫攻坚摆在治国理政的突出位置，提出一系列新思想新观点，作出一系列新决策新部署，推动中国减贫事业取得巨大成就，对世界减贫进程做出了重大贡献。山阳县地处秦岭山脉，受制自然环境因素影响，发展受到较多限制。在中国共产党的领导下，山阳县全县打赢了脱贫攻坚战，在富民强县的道路上不断前进。

1. 绝对贫困问题历史性解决

“打好脱贫攻坚战是实施乡村振兴战略的优先任务。”十八大以来，国家战略不断推出，其中，对农业农村现代化和农民发展影响最为深远的是“脱贫攻坚”战略。这一战略实施以来，山阳县坚持以脱贫攻坚统揽经济社会发展全局，聚焦“两不愁三保障”和饮水安全，举全县之力、聚各方之智，通过“六个精准”“八个一批”措施落实，整合财政涉农资金22.08亿元，争取苏陕协作资金6.12亿元，12472户52785人搬离深山、进城入镇，9.6万群众通过产业就业实现增收，全县3.07万户10.67万人摆脱贫困，脱贫人口人均纯收入由3877元增加到10569元，129个贫困村全部退出，如期实现整县脱贫摘帽，绝对贫困问题得到了历史性解决。

一是着眼“三农”百姓富裕。山阳县首先在组织上围绕

"三百四千"奋力赶超行动，发挥党支部基层战斗堡垒和党员干部先锋模范作用，组织四支队伍、"人盯人+"基层社会治理网格员8000余人，深入田间地头、农家院落，广泛宣传产业规划布局和庭院经济奖补政策，动员群众积极发展种养殖、手工作坊、流动摊点等投资小、周期短、见效快的短平快项目，推动"种养加，技工贸"一体化经营，优化资源配置，有效缓解种粮与发展特色产业用地矛盾，让村民足不出户敲开创业致富大门。同时山阳县通过政策资金扶持、技术培训服务、示范引领带动、经营主体帮销等方式，创新庭院经济帮带长效机制，减少产业风险，打消群众顾虑，让群众"敢尝试、能发展、稳收益"，庭院经济已成为群众争先发展的热门好产业，实现经营性收入稳定增加的致富新门路。

二是幸福指数更有质感。山阳县就业持续新增，基本实现稳定增收；实施全民参保计划，完善社会救助、残疾人关爱帮扶、特困人员供养等体系，健全未成年人保护机制，养老保险和医疗保险，实现应保尽保；落实三孩生育政策，增加和优化养老托幼等服务供给；落实立德树人根本任务，加快校建工程建设，完成城区一中、职中迁建等重点校建工程5个，新增城区学位5100个，创建国家义务教育优质均衡发展县和全民健身模范县；推动5G智慧医疗、中医院能力提升等29个项目建成投用。村庄环境改善了，居住条件变好了，挣钱渠道更多了，看病养老托育有保障了，幸福指数更高了。

2. 加快推进新型城镇化

城镇化是现代化的必由之路，新型城镇化是更好满足人民群众美好生活需要的有效路径。山阳县坚持“科学规划、合理布局、产业支撑、统筹协调、以人为本、机制创新”的原则，充分利用天然的山、水、林这一特色和优势，精心规划和建设城镇，加强基础设施建设，增强服务功能，提升城镇化水平，初步形成以县城为主体、以重点镇为支撑、以中心村为基础的全县城乡一体化框架，努力把山阳县建设成为设施齐全、功能完善、环境优美、富有特色的山水园林宜居城市。山阳县按照“生态优化、城乡统筹、交通引导”的“轴群式”分片差异化发展战略，充分利用高速公路、省道、县道、依托外围青山绿水环保的自然生态优势，沿河川发展城镇。

一是推进新型工业化进程。工业化和现代化是以现代科学技术的兴起、传播和应用为前提、动力和标志的。中国要成为现代化强国，需要遵循工业化和现代化一般规律，顺应新一轮科技革命和产业变革大趋势，坚持创新在我国现代化建设全局中的核心地位，建设科技强国，实现高水平科技自立自强，成为世界主要科学中心和技术创新高地。山阳县在“十二五”期间坚持“工业强县”战略不动摇，按照“大集团引领、大项目支撑、园区化承载、集群化发展”的思路，以发展低碳、绿色、循环经济为方向，以工业结构调整和转型开发为主线，加快与长三角、珠三角、关天经济区、商丹循环工业园区的产业对接，积极培植钒、镁产业集群，做大做强一批主导产业，培育一批骨干企业，延长产业链条，着力打造现代材料、新能源、现代中药、绿色食品、尾矿综合利用和循环经济发展示范基地，走出了一条符合山阳实际的新型工业化道路。

二是加快发展与转变经济相结合。山阳县以高举中国特色社会主义伟大旗帜为指导，以邓小平理论和“三个代表”重要思想为指导，深入贯彻落实科学发展观，紧紧抓住西部大开发、商洛纳入关中—天水经济区等重大发展机遇，继续坚持“围绕‘农民增收、财政增长、城镇增容’三大目标，实施‘生态立县、工业强县、旅游活县、药业兴县’四大战略，落实‘开发带动、产业带动、项目带动’三大举措，抓好‘农业产业开发、工业经济发展、重大项目建设、旅游和水力资源开发、城镇建设、和谐社会建设’六件大事”的思路不动摇，以科学发展、富民强县为主题，以加快转变经济发展方式为主线，以改革开放和自主创新为动力，大力发展循环经济，继续调整经济结构，提高经济增长质量和综合竞争力，更加重视促进社会和谐进步，着力保障和改善民生，把山阳打造成山南现代材料工业基地、生态旅游基地、现代中药基地和绿色食品基地，紧跟商洛率先突破发展的步伐，为实现全面小康打下具有决定性意义的基础。

3. 坚持建设美丽山阳

美丽乡村建设是实施乡村振兴战略的重要任务，也是国家现代化建设的重要内容。建设宜居宜业和美乡村，是全面推进乡村振兴的一项重大任务，是“产业兴旺、生态宜居、乡风文明、治理有效、生活富裕”乡村振兴总要求的进一步体现，具有深远历史意义和重大现实意义。建设美丽山阳，不仅仅在生态文明建设上起到了模范带动，更是整个山阳县现代化建设不可或缺的一环。

一是秦岭山水宜居环境。山阳县坚持建管两手抓、两手都要硬，建出山阳高颜值，管出山阳新形象。按照“东进西扩、开发新区、改造老城”的思路，以“两拆一提升”三年行动为抓手，加快城乡一体化进程，让城市更有品位、更有品质、更有温度。持续增强漫川关、高坝店国家级重点镇辐射带动作用，拓展提升户家塬、法官、天竺山等市级重点镇建设内涵，加快板岩、杨地、西照川、中村、小河口等区域中心镇建设。加紧编制国土空间总体规划、控制性和修建性详细规划、城镇建设专项规划，合理设计城市产业、城市色彩、基础设施、公共服务等整体风貌，精准布局交通出行、商业休闲、文化创意、体育健身等公共空间，形成“一城一特色，一街一风格”的城市发展格局。持续开展“六清六治六无”活动，不断加大人居环境整治力度，打造视觉美丽、心灵舒畅的秦岭山水宜居环境。

二是两个文明协调发展。山阳县坚持落实丰富人民精神生活，提高社会文明程度。山阳县在建设过程中全面落实《新时代公民道德建设实施纲要》，积极培育和践行社会主义核心价值观，深入推进“厚德陕西·善行商洛·尚德山阳”建设，大力宣传道德模范、时代楷模等先进典型。广泛开展“爱我商洛·爱上山阳”主题活动，持续开展文明县城、文明村镇、文明单位、文明校园、文明家庭创建活动，讲好山阳故事，倡导文明新风，弘扬良好家风。传承优秀传统文化，加强文物保护利用，持续唱响“漫川大调”“秦风楚韵·和美山阳”等具有地方特色的文化品牌。大力提升小微文化企业创业孵化园管理水平，加快培育引进一批龙头文化企业，带动全县文化产业发展。加大公共文化供给，开展“文化下乡”“送戏下乡”活动，抓好丰阳剧场、工人文化宫等项目建设，争创省级高质量公共文化服务示范县。

三是坚持以人民为中心。山阳县持续保障改善民生，不断增强人民群众的获得感、幸福感。山阳县扩大就业带动稳定增收，城镇新增就业1.2万人以上，围绕“全覆盖、保基本、多层次、可持续”目标，实施全民参保计划，完善社会救助、残疾人关爱帮扶、特困人员供养等体系，健全未成年人保护机制，养老保险和医疗保险实现应保尽保，落实三孩生育政策，增加和优化养老托幼等服务供给，让幸福更有质感。落实立德树人根本任务，加快校建工程建设，争创国家义务教育优质均衡发展县。狠抓“双减”政策落实，抓好继续教育和特殊教育，规范发展民办义务教育，完成城区一中、职中迁建等重点校建工程5个，新增城区学位5100个，创建国家义务教育优质均衡发展县和全民健身模范县。狠抓“健康商洛2030”行动计划落实，常态化抓好疫情防控，推动5G智慧医疗、中医院能力提升等29个项目建成投用。

（四）2021年至今：迈向县域振兴，勇立复兴潮头

“党的十八大以来，我们全面深化农村改革，加快推进农业现代化，加快建设美丽宜居乡村，深入推进城乡发展一体化，农业农村发展取得了有目共睹的成就，广大农民得到了实实在在的实惠。”[①]“我们要牢记亿万农民对革命、建设、改革作出的巨大贡献，

① 中共中央党史和文献研究院编:《习近平关于“三农”工作论述摘编》，中央文献出版社2019年版，第13页。

把乡村建设好，让亿万农民有更多获得感，充分调动亿万农民的积极性、主动性、创造性。”[①]全面建设社会主义现代化国家，最艰巨最繁重的任务仍然在农村。建设农业强国，必须走中国特色社会主义乡村振兴道路，大力实施乡村振兴战略，全面推进乡村振兴。习近平总书记来陕考察重要讲话精神，为山阳县做好新时代各项工作指明了前进方向、提供了思想武器、注入了强大动力。陕西省大力发展陕南绿色循环经济，进一步提高南水北调中线工程水源地生态转移支付，不断提升产业链水平，为山阳经济社会发展提供了新动能。市委、市政府提出实施生态优市、实业强市、文旅活市、城镇兴市“四条发展路径”，打造特色农业、大旅游、大健康、新材料“四大产业增长极”，有利于山阳加速释放发展潜能。十年建设、十年发展，山阳县上下呈现出发展势头强劲、城乡变化显著、人民群众福祉倍增、社会稳定和谐的喜人局面。

1. 巩固脱贫攻坚成果显成效

山阳曾是国家扶贫开发重点县、陕西 11 个深度贫困县之一，现为国家乡村振兴重点帮扶县。“十三五”期间，全县上下深入贯彻落实习近平总书记关于扶贫工作的重要论述，全面落实党中央、国务院关于脱贫攻坚的重大决策部署，强化“八个一批”“六个精准”落实，3.07 万户 10.67 万贫困人口全部稳定脱贫，2020 年实现整县摘帽目标。习近平总书记指出：“脱贫摘帽不是终点，而是新生活、新奋斗的起点。”代表委员表示，“要切实做好巩固拓展脱贫

① 《习近平关于“三农”工作论述摘编》，中央文献出版社 2019 年版，第 13 页。

攻坚成果同乡村振兴有效衔接各项工作”，“以更有力的举措、汇聚更强大的力量”，“促进农业高质高效、乡村宜居宜业、农民富裕富足”。[①]脱贫摘帽以来，山阳县始终以巩固拓展脱贫攻坚成果同乡村振兴有效衔接为统揽，坚持监测帮扶“两手抓”、巩固衔接“两促进”，落实“四个不摘”要求，坚守不发生规模性返贫底线。

一是巩固责任齐抓共管强推进。山阳县始终把巩固衔接作为重大政治任务，夯实县、镇、村“三级”书记抓巩固衔接第一责任人责任，建立“党政齐抓、部门负责、社会参与”的工作机制。县委、县政府主要负责同志统筹协调、带头示范，分管同志靠前指挥、一线督战，县级领导包镇联村、驻点督帮，行业部门和镇（办）主要负责人精准指导、分片包抓，村支部书记、驻村工作队和帮扶干部走村入户、综合施策，形成了全县上下齐心协力抓巩固、凝心聚力促振兴的工作格局。同时山阳县制定目标、责任、任务“三个清单”，落实落细县直相关行业部门巩固衔接工作责任。各行业部门结合领域实际，制定重点任务分工方案，定期下发政策落实指导清单，实行班子成员包片、股室长包镇办制度，常态调研指导、督促检查、跟踪督办，推动责任落实、任务落地。

二是聚焦政策巩固成果促提升。山阳县抢抓国家乡村振兴重点帮扶县机遇，统筹整合财政涉农资金4.56亿元，实施项目271个。严格落实乡村振兴重点帮扶镇村倾斜支持政策，投入重点帮扶镇衔接资金600万元、37个帮扶村各120万元，由县级领导包抓，制

① 习近平:《在全国脱贫攻坚总结表彰大会上的讲话（2021年2月25日）》,《人民日报》2021年2月26日第1版。

定《实施方案》和年度计划，细化任务清单，配强帮扶力量，打造乡村振兴示范样板。同时，全面落实教育保障政策、医疗保障政策、住房保障政策、饮水安全保障政策。山阳县全面落实兜底保障政策。高度关注低收入群体生活保障，全县保障农村低保 11751 户 24278 人，特困供养对象 3356 人，发放农村低保、特困供养、残疾人“两项补贴”等资金 1.98 亿元，做到应保尽保、应兜尽兜。

三是坚守底线聚焦成效防返贫。山阳县持续巩固“三保障”和安全饮水水平。坚持补短强弱、守牢底线，全县义务教育巩固率达到 100%，无适龄儿童少年失学辍学现象；全县医疗保险覆盖率达到 99.58%，其中脱贫人口和监测人口达到 100%；全县农户安全住房保障水平稳步提升；244 个村（社）自来水普及率达到 97.71%，所有农户饮水安全有保障。同时，乡村振兴 5 条流域示范带、2 个省级示范镇和 10 个示范村见效成势，38 个村庄规划编制完成初稿，新修产业路、通组路 21 条 56.48 公里，新修便民桥 3 座 90 延米，实施农网改造工程 27 个 46.96 千米，新建 5G 基站 129 个，改造农村户厕 12690 座，新修公厕 220 座、旅游厕所 60 座。开展“美丽田园”和“村庄清洁”专项行动，拆除村内残垣断壁、乱搭乱建 2417 处，清理河塘沟渠 475 公里。

2. 新型城镇化实现新格局

城镇化是中国式现代化的必由之路。推进城镇化是解决农业、农村、农民问题的重要途径，是推动区域协调发展的有力支撑，是扩大内需和促进产业升级的重要抓手，对加快推进社会主义现代化具有重大现实意义和深远历史意义。改革开放以来，山阳县的城镇化进程明显加快，以新型城镇化的路径迎来建设新格局。

一是新型城镇化实现新格局。党的十九大对实现第二个百年奋斗目标作出分两个阶段推进的战略安排，即到2035年基本实现社会主义现代化，到21世纪中叶把我国建成富强民主文明和谐美丽的社会主义现代化强国。山阳县基本实现新型工业化、信息化、城镇化和农业现代化，建成结构优化、创新驱动、效益良好、充满活力、具有山阳特色的现代化经济体系。同时，聚焦“撤县设市”目标，强化规划引领，加快县城空间骨架东进西扩、连片发展、倾力打造高铁新城、有序推进乡村振兴、大力促进产城融合，实现中心城市功能布局更优，辐射带动更强，城镇人口规模显著增加，现代化城镇体系新格局基本显现，宜居宜业、宜养宜游的山水园林城市形象日益彰显。

二是城乡面貌焕然一新。山阳县坚持统筹融合、协调推进，十年间城乡面貌焕然一新，成功列入国家第三批新型城镇化综合试点县、省级县域经济发展和城镇建设试点县。滨河休闲运动长廊、育才路扩建、卜吉河治理、城区集中供热等城建项目建成投用，县城污水处理厂二期和24个镇村污水处理站投入运行，6个停车场建成使用、新增停车位2800个，县城建成区面积拓展到10.5平方公里，城镇化率上升到56%。创建市级以上重点镇、美丽宜居示范村各7个，漫川文化旅游名镇考核连续五年位居全省前列、成功创建为全国特色小镇和历史文化名镇，法官、漫川关被省政府授予“小城镇建设先进镇”称号。在推动城镇基础设施向乡村延伸、城镇公共服务向乡村拓展的同时，也尊重乡村文化、传承农耕文明，实现城市经济和乡村经济融合互联、协同发展。

三是美丽乡村建设持续向好。党的十八大启动的美丽乡村建设，是逐渐富裕的中国对农村地域空间综合价值追求的高标准规划和建设。在农村地域空间同时植入了“四化同步”“城乡融合”“基本公共服务均等化”“望得见山、看得见水、记得住乡愁”“绿水青山就是金山银山”理念等多重愿景，推动了中国农村地域空间重构。早在十年前，山阳县把新农村示范村建设作为“三农”工作的主要抓手，聚焦“五大建设”，采取“党委领导、政府主导、部门帮扶、镇村主抓、捆绑资金、整合项目、整村推进、连片开发”的办法，实现了新农村示范村建设全覆盖。大力发展设施农业、立体生态农业，建成“八大农产品加工企业”“八大农业园区”，带动农民增收致富，持续打响了“山地农产”品牌。农村面貌发生巨变，“三农”基础不断夯实。逐步实现农业由弱到强，农民由穷到富，农村由差到美，群众得到的实惠越来越多。

第二章
陕西山阳县脱贫攻坚的成就与经验

消除贫困、改善民生、逐步实现共同富裕，是社会主义的本质要求。自1986年山阳县被确定为国家重点贫困县以来，全体山阳人民同贫困奋力抗争，为实现美好生活不断努力。近些年，陕西山阳县始终坚持以脱贫攻坚统揽经济社会发展全局，围绕全县发展目标，推动脱贫攻坚与“四化”同步、生态环境保护相结合，与经济社会互融共促、共同发展。在具体推进中，选优发展“十大脱贫产业”，大力实施“十大脱贫工程”，不断深化“三变”改革，强力推动“三线落实”，系统推进，精准攻坚，脱贫攻坚取得了显著成效，形成了可供参考的经验借鉴。

一、陕西山阳县脱贫攻坚的成就

习近平总书记指出：“脱贫攻坚是硬仗中的硬仗，必须付出百倍努力。”[①] 党的十八大以来，山阳县人民勠力同心，坚决打好脱贫这场“硬仗”，取得了巨大成就。2019 年年初，山阳县被确定为计划摘帽县后，围绕实现“两不愁三保障”目标，对照脱贫退出标准，查漏项、补短板，增投入、建设施，兴产业、增收入，全县脱贫攻坚工作取得了阶段性胜利。2020 年年底，整县实现脱贫摘帽、129 个贫困村全部退出、10.67 万贫困人口稳定脱贫，贫困发生率由 46.42% 降至 1.02%，山阳人民的生活水平迈上“新台阶”，走上了“致富路”。

（一）生活水平迈上“新台阶”

经过脱贫攻坚战，山阳县贫困人口的收入和福利水平大幅提高，“两不愁三保障”全面实现，教育、医疗、住房、饮水等条件明显改善，既满足了基本生存需要，也为后续发展奠定了基础，生活水平迈上了“新台阶”。脱贫攻坚的阳光照耀到每一个角落，贫困群众的生活发生了巨大变化。

1. 脱贫群众的就业渠道不断拓宽，收入水平持续提升

“一人就业，全家脱贫”，就业是最有效最直接的脱贫增收方式。山阳县紧紧依托“山阳建筑”“返乡创业”两大就业主渠道，积极实施产业镶嵌就业、劳务输出就业、创业带动就业、工厂吸纳就业、公岗安置就业的“五位一体”就业创业扶贫新路径，基本实现了贫困人口精准稳定就业，为“户脱贫、村退出、县摘帽”目标

---

① 《再接再厉　扎实工作　坚决打赢脱贫攻坚战》，《人民日报》2017 年 10 月 10 日第 1 版。

奠定了坚实基础。据统计，全县 51945 名建档立卡贫困劳动力，实现就业创业 43923 人，就业率达 84.55%，人均年增收 4050 元。

一是政策保障更加完善。出台了《山阳县就业扶贫工作五年发展规划（2016—2020）》《山阳县贫困劳动力公益性岗位管理办法》，对全县 10.9 万名贫困人口开展调查摸底，掌握全县 51945 名建档立卡贫困劳动力就业意愿和服务需求，建立了全县就业扶贫数据信息库，实行动态化管理。

二是工作机构更为健全。县镇均成立了“就业创业扶贫办公室”，129 个贫困村成立了“就业创业扶贫服务站”，239 个村（社区）实现“劳务工作站”全覆盖，形成了县、镇、村三级就业创业扶贫工作体系。

三是技能培训进一步强化。对有培训意愿和就业需求的贫困劳动力，开展有针对性的培训。近年来，山阳县累计开展技能培训 662 期共 28941 人，其中贫困劳动力培训 20361 人。

四是树立品牌进一步带动就业。山阳县充分利用全省建筑业强县和建筑劳务输出示范县的机遇，带动就业 1.6 万余人，其中贫困劳动力 4800 余人。以返乡创业打造“一区五园”为重点，全县返乡人士累计创办企业 49 家，新增就业岗位 4600 个，人均年增收 1.2 万元。2019 年 8 月 29 日，山阳县“打造‘两大品牌’，拓宽贫困群众增收脱贫主渠道”入选人社部人社扶贫典型案例。

五是就业平台进一步搭建。山阳县组织开展春、秋季招聘会、就业扶贫专场招聘会、宁商劳务专场招聘会等形式，累计召开各类招聘会 58 场次，省内外 130 余家企业来山阳参加招聘活动，提供就业岗位 1.2 万个，用工企业达成用工意向 3400 人，其中聘用贫困劳动力 780 人。

六是公益岗位得到进一步开发。山阳县共开发保洁员、生态护林员、网格员、就业扶贫信息员等公益岗位安置贫困劳动力就业 3427 人，人均年收入 6000 余元。为高校毕业生提供就业见习岗位 542 个，其中贫困大学生参加见习 78 人，共发放见习补贴 390.24 万元。

七是建设就业基地促就业。先后培育和认定社区工厂、扶贫车间、扶贫基地 102 家，创建国家级就业扶贫基地 1 个、省级就业扶贫基地 3 个，带动就近就地就业 3752 人，其中贫困劳动力 2239 人，人均年增收 1.1 万元。

2. “两不愁三保障”全面实现，脱贫群众生活更上一层楼

山阳县贫困户全面实现不愁吃、不愁穿，平时吃得饱且能适当吃好，一年四季都有应季的换洗衣物和御寒被褥。贫困人口受教育的机会显著增多、水平持续提高，农村贫困家庭子女义务教育阶段辍学问题实现动态清零。持续完善县、乡、村三级医疗卫生服务体系，把贫困人口全部纳入基本医疗保险、大病保险、医疗救助三重制度保障范围，实施大病集中救治、慢性病签约管理、重病兜底保障等措施，99.9% 以上的贫困人口参加基本医疗保险，全面实现贫困人口看病有地方、有医生、有医疗保险制度保障，看病难、看病贵问题有效解决。实施农村危房改造，山阳县紧紧围绕“住房安全有保障”目标，多措并举，确保所有农户“安居宜居”。

一是危房改造得到落实。2017 年以来，实施了 5994 户贫困户

危房改造和1416户非贫困户住房安全保障提升工程，全部验收达标入住，兑付补助资金15318.11万元。全县123161户农户已全部完成住房安全排查认定。二是居室改善速度加快。多方筹措资金，帮助1.77万户群众排危加固房屋、改厕改灶、硬化地面、更新老化电线灯具等，通过改善生活条件，增强了群众追求美好生活的信心，改变了群众的精神面貌。三是人居环境改善明显。通过"八清一改"和"三大两清"行动，采取整村推进的方式，落实保洁员等相关公益岗位责任，严格履行考核管理，开展院落美化、入户路硬化、厕所圈舍改造、沟道河道整治、污水垃圾处理等，实现了"安居"到"宜居"的转变。

3. 基础设施和公共服务更加完善，脱贫群众幸福感进一步增强

一是在水利设施完善方面。脱贫攻坚以来，山阳县投入水利扶贫资金19232.08万元，实施农村饮水安全工程406处，新建蓄水池679座、水井71眼，铺设输配水管道2413.6千米，安装消毒设备350台套，落实村级管水员239人。山阳县农村供水能力得到大幅提升，水质安全得到保障，工程后续管理水平大幅提升，有效解决了农村安全饮水问题。

二是在道路交通方面。山阳县加大以农村道路为主的交通网络建设，推进公路路网提档升级。近年来，山阳县累计投入交通脱贫项目资金36982万元，完成建制村通畅工程37个217.9公里，通村公路"油返砂"整治工程130个310.8公里，深度贫困村通组路41个109.4公里，全县公路总里程达到3267.35公里，239个行政村（社）全部通沥青（水泥）路、通邮。探索建立了县、镇、村公路

养护管理“路长制”，18 个镇办组建了“农村公路管理站”，将全县所有农村公路全部列养，“四好农村路”被省政府表彰命名。

三是在电力设施方面。2015 年以来，山阳县累计投入农村电网改造资金 5069 万元，建设项目 91 个，新建 10kV 架空线路 67.67 公里，改造 10kV 线路 4.53 公里，新建 0.4kV 线路 4.48 公里，改造 0.4kV 线路 293.4 公里，新建及更换 59 台 9700kVA 配变。目前，全县 239 个村（社区）全部通动力电，12.31 万户农村居民按照“一户一表”的计量方式全部接通生活用电，照明、电器均可正常使用。

四是在教育设施方面。山阳县累计投入资金 2.84 亿元，建设城区学校 8 所（其中城区移民安置点学校 4 所）、建筑面积 8.23 万平方米，新增学位 6630 个。山阳县投资 1.36 亿元，全面改扩建寄宿制学校和小规模学校 38 所 6 万平方米。投资 1.4 亿元，建设移民安置点学校 11 所 5 万平方米。同步配套附属工程、购置教学设施设备，极大改善了办学条件。

五是在医疗设施方面。山阳县健全县镇村医疗服务体系，建立了以县级公立医院为龙头、重点镇卫生院为枢纽、一般镇卫生院为骨干、村卫生室为基础的四级医疗卫生服务网络。迁建的县医院 2016 年年底建成投用，县中医院迁建工程主体竣工，县医院和县中医医院一直保持二级甲等水平；18 个镇（办）均有镇级卫生院，科室设置、人员配备等达到基本标准，每个卫生院建成 1 所中医馆，5 家卫生院拥有 CR 影像系统，5 家中心卫生院加入远程诊疗信息系统建设；239 个行政村均有 1 所标准化卫生室，70% 以上的村卫生室可开展中医药服务，并能提供 5 种以上中医适宜技术。基本实现

“小病不出村镇、大病不出县”的目标。

六是在其他方面。山阳县加强文化服务建设，着力引导全县 18 个镇（办）综合文化站充分发挥效能，全力推进村社综合文化服务中心建设提升，全县 244 个村（社区）综合文化服务中心建设并达标，实现全覆盖。文化能人 400 多人，为贫困户安装电视 2.15 万户，续费用户 1.17 万户。此外，山阳县还架设 115 个贫困村通村光缆，129 个贫困村 Wi-Fi 热点覆盖率 100%，实现行政村光缆通达率 100%。

（二）产业发展走上“致富路”

习近平总书记指出，“发展产业是实现脱贫的根本之策”，并强调“要因地制宜，把培育产业作为推动脱贫攻坚的根本出路”。① 近年来，山阳县认真践行“绿水青山就是金山银山”的理念，念好“山”字经、打好“特色牌”，坚持“一村一品”，实行长中短线产业相结合，选优发展中药材、林果、畜禽、中蜂、茶叶、食用菌等“十大脱贫产业”，重点培育中药材、林果、畜禽、食用菌、旅游等产业，确保村有主导产业、户有增收项目。创新推行“三带三创”产业扶贫模式，通过发展“十大脱贫产业”带动 6.5 万贫困群众实现增收脱贫。

1. 脱贫产业实现快速发展

山阳县重点发展中药材、食用菌、畜禽、林果四个全产业链

① 《解放思想真抓实干奋力前进　确保与全国同步建成全面小康社会》，《人民日报》2016 年 7 月 21 日第 1 版。

产业，因地制宜发展茶叶、中蜂、光伏、旅游四个区域特色产业，大力发展劳务和电商产业，初步形成了长短共存、强弱互补的产业集群化发展格局。全县累计发展中药材 54 万亩、林果 133.68 万亩、食用菌 8000 万袋、天麻 1650 亩、茶叶 15.61 万亩；饲养畜禽 392.15 万头（只）、中蜂 6.48 万箱、水产 1250 亩；建成光伏扶贫电站 110 座 38.22 兆瓦，4A 级旅游景区 2 个、3A 级旅游景区 4 个，美丽休闲乡村 7 个，创建国家级“一村一品”示范村 3 个，省级全域旅游示范县通过省级验收命名；建成社区工厂、扶贫车间及就业扶贫基地 102 个；建成山阳电商运营中心和 120 个镇村电商服务站点。产业扶贫受益户累计达到 2.59 万户，户均产业增收 4300 元以上，已有 1.56 万户 6.27 万人通过发展产业实现长效稳定脱贫。

2. 产业扶贫模式更加灵活高效

山阳县坚持因地制宜，创新性地形成了“三带三创”产业扶贫模式，即实行龙头企业、合作社、能人大户“三大带动”，推行金融帮扶、科技帮扶、销售帮扶“三大创新”。近年来，全县累计培育市级以上龙头企业 31 家、专业合作社 1069 个、能人大户 338 户；开展“百企联百村带万户”脱贫攻坚行动，动员民营企业、社会组织和个人通过多种方式积极参与脱贫攻坚，141 名山阳籍企业家、能人返乡投资创业，实现每个贫困村至少有 1 或 2 家企业结对帮扶；在持续扶持壮大必康制药等本地龙头企业的基础上，引进中利腾晖等有实力的大企业，带动全县养鸡、食用菌、光伏产业规模化发展。和丰阳光食用菌产业园建成投产，带动全县 8 条流域发展食用菌基地（园区）79 个、大棚 1500 个；德青源金鸡扶贫产业园

120万只蛋鸡、4.5万吨有机肥、10万吨饲料厂、2.3万吨蛋品加工厂、1万立方米沼气发电厂、5.9兆瓦农光互补光伏项目及纸箱包装厂建成投产，与237个村6606户贫困群众建立了利益联结。

推行“三大创新”，即山阳县针对金融、科技、销售三大关乎脱贫产业稳定发展的难题，系统谋划，落实针对性措施。充分发挥县扶投公司、城投公司等融资平台作用，撬动银行贷款10亿元，吸引社会资本6.8亿元，解决资金难题；与中国农业科学院、西北农林科技大学、苏州硒谷科技有限公司合作，在人才引进、技术培训、产品研发等方面，帮助企业和贫困群众解决技术等难题，金鸡扶贫、“山阳硒耳”等成为创新、绿色发展和带动山阳群众脱贫的特色产业品牌；与长安航空合作实施“航空扶贫”，将山阳农特产品送上蓝天，借助阿里巴巴、京东等电商平台，将核桃、蜂蜜、土鸡蛋、食用菌等商品型、礼品型特色农产品成功打入南京、西安等地，帮助小农户对接大市场，实现农产品线上线下销售。仅2019年1—10月，全县农产品网络零售额5567.38万元，为农户增收提供新途径。

3. 村集体经济稳定发展助力脱贫成效显著

近年来，山阳县积极推进农村集体产权制度改革，探索形成了村集体经济“2+X”发展模式，即依托金鸡扶贫产业园和光伏扶贫农光互补产业园两大项目，在给贫困村配股和集中认购的基础上，各村因地制宜再发展1—2个其他增收项目，实现了所有村集体经济全覆盖和贫困村集体经济全达标。“2+X”集体经济发展模式得到国扶办肯定，被《陕西日报》等媒体宣传推广。此外，山阳县大力推进消费扶贫促进村集体经济发展。在淘宝、京东等各大电商平台设立山阳扶贫特产馆，促进农特产品网上销售。建成消费扶贫超市1个、扶贫产品专柜和专营门店6个，在县内外开办山阳特产专卖店50余家，力促山阳农产品线下销售。组织山阳农特产品积极参加杨凌农高会等产销对接活动，动员170多家县直机关企事业单位工会拿出职工福利费的40%全力购买扶贫产品。全县依托消费扶贫年销售山阳农特产品8000余万元，带动3700多户贫困群众增收。2015年来，全县通过产业扶贫受益脱贫2.44万户9.37万人。目前，全县所有村集体经济收入均达到5万元以上。

（三）生态宜居绘出“基础色”

习近平总书记指出：“要牢固树立绿水青山就是金山银山的理念，守住发展和生态两条底线，努力走出一条生态优先、绿色发展的新路子。”[①]“人不负青山，青山定不负人。绿水青山既是自然财富，又是经济财富。”[②]近年来，山阳县立足山地多、生态好的优势，坚持把生态扶贫项目向贫困村、贫困户倾斜，提升贫困家庭收入。同时，不断完善生态扶贫机制，坚持因地制宜、绿色发展，在山阳县探索出一条脱贫攻坚与生态文明建设“双赢”的新路，推动山阳人民过上了生态宜居的幸福日子。

---

① 《向全国各族人民致以美好的新春祝福　祝各族人民幸福吉祥祝伟大祖国繁荣富强》，《人民日报》2021年2月6日第1版。

② 《扎实做好“六稳”工作落实“六保”任务　奋力谱写陕西新时代追赶超越新篇章》，《人民日报》2020年4月24日第1版。

1. 生态扶贫实现惠民富民成色更足

2012年以来，山阳县在绿色发展理念指导下，将精准扶贫与生态保护有机结合起来，统筹经济效益、社会效益、生态效益，极大增强贫困地区可持续发展能力。一是退耕还林补助资金及时兑现。山阳县积极落实国家退耕还林政策，实施新一轮退耕还林9万亩，2015年以来共兑现退耕还林资金12803.3万元，其中兑现给贫困户资金3039.8万元。二是森林生态效益补偿基金全面兑现。山阳县积极落实相关生态补偿制度，坚决做到对农户保护生态成本进行合理补偿，推动贫困人口共享发展成果。全县累计兑现生态公益林994.4万亩11164.7万元，其中兑现贫困户202.4万亩1864.3万元。三是生态护林员选聘工作持续开展。山阳县不断挖掘生态建设与保护的就业岗位，让有劳动能力的贫困人口参与到生态工程建设中或就地转成护林员、管护员等生态保护人员，为生态保护区的农民特别是建档立卡贫困人口提供就业机会，引导贫困户向生态工人转变，提高贫困户收入水平。为此，山阳县制定了《生态护林员选聘管理办法》，选聘生态护林员1814名，户均年增收5280元。将生态护林员指标向贫困村倾斜，选聘1302人，占总数的71.8%。

2. 生态宜居扮亮美丽家园亮色更显

一是山阳县从守护中央水塔、中华民族祖脉的高度，扎实履行秦岭生态卫士职责，重拳治理秦岭“五乱”，接续打好蓝天、碧水、净土保卫战，抓实抓细河长、林长、田长工作机制，常态开展河流“四乱”治理，强化土壤污染管控和修复，空气质量综合指数连续8年位居全市前列，县内主要河流4个国控、2个省控断面水质稳定达标。二是山阳县围绕生态美、生产美、生活美目标，深入实施乡村建设行动，县乡道路改扩建、农村道路改造提升和水窖水清零、村卫生室“民改公”任务全部完成，电网提升改造、5G基站建设实现全覆盖。全域推进秦岭山水乡村建设，全面加强农村人居环境综合整治，分类创建康养、宜居、旅游型秦岭山水示范村，让“望得见山、看得见水、留得住乡愁”的崭新画卷在丰阳大地精彩呈现。三是山阳县聚焦“碳达峰、碳中和”目标，杜绝带污染的“GDP”和“双高”项目发展，实行产业准入清单制度，推行矿业规模化、绿色化、延链化、数字化、安全化“五化”建设，备案绿色矿山企业31家，实施尾矿库综合治理项目14个，意发牧业被国家认定为生态产品价值实现典型案例。

3. 绿色乡村农民生态意识更强

山阳县进一步完善激励农民参与农村人居环境治理的制度设计，在增强农民生态意识方面迈出新步伐。一是在政策设计环节要更重视“实操性”，确保农民的决策权、管理权、监督权得以落实，完善信息公开渠道，切实发挥群众监督作用。二是将农民参与情况纳入基层干部考核，与干部奖惩、晋升等挂钩，例如将改厕的运行使用效果和群众满意度纳入验收指标。三是鼓励发展和培育专业的环境保护组织，以政府购买服务等方式引进社会组织，促进农民的组织化参与水平。四是充分发挥基层党组织、志愿者的带头示范作用，提升他们的专业能力。五是鼓励农民学习短期可见效的“小”“微”技术，如人人可参与、人人可受益的环保酵素技术，切实增强了农民的生态意识。

（四）兜底保障筑牢“脱贫线”

作为脱贫攻坚“五个一批”的重要举措，兜底保障担负着脱贫攻坚的底线任务，是解决贫中之贫、困中之困、坚中之坚的最后防线，是全面小康的托底安排。习近平总书记指出：“要把社会保障兜底扶贫作为基本防线，加大重点人群救助力度，用社会保障兜住失去劳动能力人口的基本生活。”[①] 近年来，山阳县严格按照“保基本、兜底线、全覆盖”的要求，积极完善政策，落实保障措施，确保不落一户、不漏一人。

1. 困难群众生活得到全力保障

一是山阳县连续提高农村低保标准，由 2250 元提高到 5370 元。2015 年以来，全县共保障农村低保对象 11702 户 24082 人，累计发放农村低保金 105787.8101 万元；农村特困人员补助 3364 人 25566.9532 万元；临时救助 361235 人次 16949.4648 万元。经过逐村逐户逐人排查，全县认定兜底脱贫对象 4802 户 5952 人，其中特困供养人员 3588 人，无劳动能力的低保家庭 2364 人。2019 年 10 月全市兜底脱贫现场会在山阳县召开，山阳县改建兜底保障院 5 所，入住特殊困难对象 328 名，此做法得到省民政厅的肯定。二是医疗救助力度不断加大。山阳县确定医疗救助定点单位 24 家，全面实施医疗救助“一站式”结算服务，发放医疗救助资金 8.01 万人次 11152.38 万元，重特大疾病救助 457 人次 697.89 万元，矽肺

---

① 《祝伟大祖国更加繁荣昌盛　祝各族人民更加幸福安康》，《人民日报》2017 年 1 月 25 日第 1 版。

病患者救助 2437 人次 1422.7 万元。三是残疾人补贴政策得到进一步落实。2019 年以来，山阳县发放残疾人“两项”补贴 95.7587 万人次 7780.484 万元。投放扶持资金 300 万元，扶持 600 户残疾人发展种植、养殖类产业。累计配发轮椅、护理床、拐杖 634 件（辆）。四是特困人员集中供养制度规范更加完善。2015 年以来，新建敬老院 5 所，改扩建敬老院 3 所，目前全县农村敬老院达到 14 所，集中供养特困人员 1002 人，大力推行敬老院规范化管理。

2. 全过程监测确保应兜尽兜

一是建立“四步”动态监测法实现兜底保障。山阳县针对脱贫不稳定户、边缘易致贫户、突发严重困难户及潜在风险户等监测对象和困难群体，建立了兜底保障动态监测“四步法”，即通过“全面排查、初审研判、兜底措施、定期回访”四个程序，实行闭环管理。全面排查即通过本人申请、入户排查、镇村研判、信息比对及舆情反馈五种途径全面开展摸底排查；初审研判即对摸底排查对象按照因病、因学、因灾、突发事件、其他 5 种类型进行逐户审核研判；兜底措施即结合审核研判结果，对符合低保、特困供养、临时救助、残疾“两补”等兜底保障政策的，及时纳入保障救助范围，实现应兜尽兜；定期回访即对享受兜底保障政策的对象，结合复审复核工作要求，每月逐户回访一次，及时掌握对象家庭生活状况，确保不出现返贫风险。二是下放审批权限确保及时救助落到实处。山阳县不断完善审核审批工作机制，将城乡低保及特困供养审批权限从 2021 年 11 月开始下放到镇办，将城乡低保和特困供养由原“县民政局审批”改变为“镇办政府直接审批”，县民政局由审批改变为备案。同时，进一步明确了审批时限，将城乡低保、临时救助及特困供养等兜底保障审批时限由过去的季审季发变为现在的月审月发，补助资金发放通过县财政局惠农中心直接兑付到受助群众，缩短了审批时间，减少了资金流动环节，充分体现了救助的时效性，方便了广大办事群众。三是购买社会服务确保对象精准。针对目前基层民政干部不足、工作量大、办公设备落后等问题，在全市率先推行了政府购买服务工作。对新申请城乡低保、特困供养对象入户调查和在册低保特困对象日常复审工作，交由第三方机构开展，第三方机构组织人力，全面调查家庭经济状况及财产状况，并逐户形成调查评估报告，为审核审批工作提供有力依据，很大程度上促进了兜底保障。

3. 合理开发公岗，有力推动兜底保障就业

山阳县按照“创业优于就业、就业优于公岗安置”的原则，根据就业困难劳动力就业需求和收入状况，将公益岗位安置作为兜底性措施，因事设岗、以岗定人，合理开发适量的公益岗位，对确实无法离乡的脱贫劳动力纳入公益岗位。截至目前，人社、林业、扶投公司及各镇办开发公益岗位安置就业 6065 人，其中易地搬迁脱贫劳动力公益岗就业 2090 人。同时，坚持“谁开发、谁使用、谁管理、谁负责”的原则，健全公益岗位人员管理机制，加强绩效考核和动态管理，对在岗人员工作责任落实情况实施监督考评，确保充分发挥公益岗位就业增收和服务群众双重效益。对服务期满 3 年公益岗位人员进行全面清理解聘，对具备劳务输出能力的脱贫劳动力，引导鼓励其外出务工增加收入，退出公益岗位，消除单纯为了

领取岗位补贴而不愿外出务工人员，确保公益岗位设置精准、轮转有序，助推脱贫群众实现高质量就业。

（五）易地搬迁搬出“幸福园”

易地搬迁是解决一方水土养不好一方人、实现贫困群众跨越式发展的根本途径，也是打赢脱贫攻坚战的重要途径。习近平总书记指出：“生存条件恶劣、自然灾害频发的地方，通水、通路、通电等成本很高，贫困人口很难实现就地脱贫，需要实施易地搬迁。”① 近年来，山阳县坚持将易地搬迁作为偏远山区群众“挪穷窝、拔穷根”的根本途径，共建成易地搬迁集中安置点 55 个，实施易地搬迁 12472 户 52785 人，圆满完成易地搬迁目标任务，为打赢脱贫攻坚战奠定了坚实的基础。

1. 社区工厂进一步拓宽搬迁群众的就业路

山阳县坚持把大办社区工厂（车间）作为带动搬迁群众就业增收的重要途径，大力推进“山上兴产业、山下建社区、社区办工厂”模式，培育国家级就业基地 1 家，省级就业基地 3 家，市级社区工厂 7 家，市级就业基地 3 家。针对安置社区留守妇女较多，外出务工意愿不强，通过市场难以就业的情况，重点引进纺织、电子元件、木工板加工等技术门槛低、用工量大的项目，通过短期岗前培训后就能实现家门口就业。2018 年，原住法官镇大寺庙村的谢娜一家通过易地搬迁政策迁入法官镇荷花园安置点，谢娜在安置点附

① 习近平：《论“三农”工作》，中央文献出版社 2022 年版，第 181 页。

近上初中。为了增加家庭收入，妈妈袁付梅需要经常外出打工，在家陪伴谢娜的时间很少。在社区引进了洪泰制衣厂后，袁付梅为了照顾女儿的学业和生活，通过招聘进入社区工厂工作，实现了楼上生活楼下就业，社区工厂不仅让袁付梅有了一份稳定收入，也使年幼的孩子留下妈妈的愿望变成了现实。此外，山阳县积极优化营商环境，激发创业活力。山阳县通过大力支持社区工厂、基地等的建设和发展，先后印发了《关于创建就业基地和社区工厂实施意见的通知》《关于就业基地、社区工厂各项补贴审批兑付标准及管理办法的通知》等政策性文件，加大"双创"激励和招商引资力度，简化证照办理程序，降低准入门槛，以优惠的土地、税收、人才及扶持政策，鼓励成功人士回乡创办各类就业基地、社区工厂（车间），大力发展特色产业，发挥创业倍增的就业效应。

2. 就业平台持续助力搬迁群众自主创业

山阳县建立县、镇、村、点（安置点）四级移民搬迁就业扶持体系，把镇办创业中心建设同易地搬迁贫困劳动力就业工作有机结合，在人口规模相对集中且创业硬件条件较好的中村镇、高坝店镇、漫川关镇、城关街办等镇办建成并运行标准化创业中心19个（县级1个、镇级18个）。在300户及800人以上的19个易地搬迁安置点设立就业服务窗口22个，聘请就业社保专职工作人员38名，为搬迁群众提供一站式就业扶持服务。此外，山阳县为鼓励搬迁群众激发创业热情，对成功创业的贫困劳动力可申请最高15万元的创业担保贷款和5000元的一次性创业补贴。将山阳最大的移民安置小区城关街办丰东新区社区创建为创业担保贷款信用社区，于8月17日举行了创业担保贷款发放仪式，对脱贫人口现场发放创业贷款共133万元。今年共发放创业担保贷款5472万元，直接扶持87人创业，带动就业490人，切实发挥了创业担保贷款扶持创业带动就业的倍增效应。2018年，原住延坪镇青坪村的华先富一家通过易地搬迁政策迁入城关街办丰东新区社区，没有一技之长的华先富在社区的鼓励和帮助下到西安学习了早餐制作。学习回来后，丰东社区居委会将小区门前划出一块场地让其经营早餐，2019年5月开始，华先富和妻子李家芳商量着做起了早餐生意。通过这种发展模式，现在丰东社区的早餐摊也从华先富刚开始的一家，发展到十多家，就连夜市也已经出现了，搬迁群众在社区的帮助带动下，通过自身努力创业，实现了稳定增收、逐步融入。

3. 回乡能人不断带领搬迁群众致富增收

山阳县充分挖掘当地回乡能人的故土情怀，提升其带领搬迁群众干事创业的热情，通过一定的优惠政策和奖励措施，将回乡能人与当地群众牢牢捆绑在一起，形成血肉相连的利益连接机制。2019年，高坝店镇在外创业老板程强通过镇政府的牵线联系，积极响应易地搬迁后续扶持“能人带”的政策回乡创业。富桥社区免费提供了600平方米的经营场地，程强投资100万元创办了富桥社区喜事会，员工都是来自社区的搬迁群众，其中搬迁户寇雪梅现在是喜事会的面食师傅，稳定的收入让她对未来重新充满了希望。通过近两年的运营，因为环境好、菜品好、价格实惠，喜事会不仅满足安置社区搬迁群众需求，也为周边群众提供了便利。此外，山阳县把开展技能培训作为提升搬迁群众就业能力的有效途径，以易地搬迁劳动力就业状况摸底调查信息数据为基础，精准掌握搬迁劳动力的技能水平、培训需求、岗位需求、就业意向等状况，按照“因人施训、因产施训、因岗定训”的原则，大力推广订单型、定向型、岗前型、代训型等就业培训。今年以来通过开展线上线下技能培训，累计培训搬迁群众2375人次，实现了缺技术且有培训需求的搬迁劳动力培训清零，通过技能培训让搬迁群众练就就业实用技能，增强了综合素质和就业竞争力，提升了依靠自己的双手创造幸福生活的满足感。

二、陕西山阳县脱贫攻坚的经验

脱贫攻坚战以来，山阳县干部群众凝心聚力、砥砺前行，走出了一条高质量发展的新路子。2021年，山阳县顺利通过国家巩固拓展脱贫成果后评估，全省巩固脱贫成果年度考核连续两年获得优秀等次。如今的山阳县，综合实力大幅提升，产业结构不断优化，发展活力加速释放，生态环境持续改善，城乡面貌焕然一新，社会事业全面发展，处处充满生机与活力。山阳县以中国式现代化山阳建设为目标，扎实推进巩固拓展脱贫攻坚成果同乡村振兴有效衔接，深入实施宜居宜业和美乡村建设，着力打造了中国式现代化建设乡村振兴山阳模板，为其他同类地方提供了可借鉴、可推广、可复制的经验。

（一）坚持党的领导，优服务、增实效

在2021年的全国脱贫攻坚总结表彰大会上，习近平总书记强

调，我们党是团结带领人民攻坚克难、砥砺前行最为可靠的领导力量。中国共产党的发展史，就是一部党团结带领人民摆脱贫困、创造美好生活的奋斗史。党的十八大以来，以习近平同志为核心的党中央始终把脱贫攻坚摆在治国理政的突出位置，将脱贫攻坚视作全面建成小康社会的必要前提，坚持反贫困为了人民、反贫困依靠人民。党领导农村工作是我们一直以来的传统，历史事实充分证明，巩固和拓展脱贫攻坚成果，全面推进乡村振兴建设关键在党。山阳县今天之所以能够取得如此显著的脱贫攻坚成就，最大原因就在于始终坚持党的坚强领导。

1. 强化组织领导聚合力

组织振兴是扶贫脱贫的根本保障。组织兴，则乡村兴；组织强，则乡村强。组织振兴是乡村振兴的重要目标，也是根本保证。历史实践证明，基层党组织是保障乡村扶贫脱贫工作顺利进行的“主心骨”。必须突出政治功能，提升组织力，打造千千万万个坚强的农村基层党组织，以乡村组织振兴推动乡村脱贫。基层党组织软弱涣散，扶贫脱贫将步履维艰；基层党组织坚强有力，扶贫脱贫便会蹄疾步稳。提高党组织的凝聚力，增强实干性，保持纯洁性是组织振兴的题中之义。党的力量来自组织，上下贯通、执行有力的严密组织体系，是马克思主义政党的优势所在、力量所在。其中，党的基层组织是党的肌体的“神经末梢”，是党执政大厦的地基。党的十八大报告中指出：“全面推进各领域基层党建工作，扩大党组织和党的工作覆盖面，充分发挥推动发展、服务群众、凝聚人心、促进和谐的作用，以党的基层组织建设带动其他各类基层组织建设。”

这对基层党组织的组织力、凝聚力和公信力建设提出了明确要求。农村基层党组织是落实乡村工作的领导力量，“坚持和加强党对农村工作的全面领导……提高党的农村基层组织建设质量……为乡村全面振兴提供坚强政治和组织保证”①。

山阳县始终坚持以习近平新时代中国特色社会主义思想为指导，深入学习贯彻党的二十大以及习近平总书记来陕考察重要讲话重要指示精神，坚持以党建“第一责任”引领和保障发展“第一要务”。山阳县贯彻落实《关于开展村（社区）党组织标准化建设三年提升行动实施方案》，突出抓好党建引领，夯实基层战斗堡垒，精准整顿软弱涣散村党组织，实施“万名党员进党校”活动，推行书记领办基层党建“五件实事硬事”制度，深入开展“晒成绩、夺红旗、争红星、固成果、促振兴”党建主题活动，有序实施5个流域乡村振兴示范带、2个乡村振兴示范镇、10个乡村振兴示范村建设。这些举措将党组织强大的聚合力转化为乡村脱贫攻坚工作中的内生性力量，以组织带领、指导个体，以党建引领社会治理创新，有效提升乡村治理效能，充分发挥党组织在乡村建设中的作用。

山阳县把建强基层组织作为推进脱贫工作的基础，突出一切工作到支部鲜明导向，以织密组织体系为重点，以村级党组织标准化建设为抓手，动态开展软弱涣散党组织整顿，积极探索组织联建、活动联办、队伍联育等党建联建途径，实现党的组织和党的工作全覆盖，有效发挥了党组织的核心作用，保证扶贫脱贫始终沿着正

① 《中共中央印发〈中国共产党农村基层组织工作条例〉》，《人民日报》2019年1月11日第1版。

确的方向前进。山阳牢牢抓住村级党组织建设这个“牛鼻子”，以“两个作用”的有效发挥激发基层党建活力，着力提升基层党组织的凝聚力，不断增强党的组织优势、组织功能、组织力量，引领乡村振兴高质量发展。在脱贫工作建设中，山阳县强调“把党的政治建设摆在首位”“以提升组织力为重点，突出政治功能”，抓住关键环节，统筹推进，持续用力、久久为功。

2. 细化任务分解严标准

习近平总书记在党的十九大报告中强调，要以提升组织力为重点，突出政治功能，把基层党组织建设成为宣传党的主张、贯彻党的决定、领导基层治理、团结动员群众、推动改革发展的坚强战斗堡垒，把党中央提出的重大任务转化为基层的具体工作，抓牢、抓实、抓出成效。基层党组织建设领域众多、内容广泛、情况不一，必须坚持一切从实际出发，分类别、分领域统筹推进，为基层党组织建设提供一套“规定动作”清单，并进一步完善责任清单制度。落实脱贫工作，需要严明的责任分工。党中央颁布的《中国共产党农村工作条例》明确指出，“地方各级党委和政府主要负责人、农村基层党组织书记是本地区乡村振兴工作的第一责任人”①。巩固脱贫攻坚，各级党委、政府需要自觉提高责任感、切实履行好主体责任，党政主要负责同志必须当好“一线总指挥”，作为第一责任人，始终保证亲自抓、负总责，定期听取工作汇报，统筹解决现实问题。除此之外，各级分管工作的同志也要履行好其各自应属的直接

① 《中共中央印发〈中国共产党农村基层组织工作条例〉》，《人民日报》2019 年 1 月 11 日第 1 版。

责任，主动担当、积极作为，坚持谁主管谁负责、谁牵头谁协调，健全工作机制，确保各级部门都能够全力参与到扶贫脱贫的工作之中来，确保各项任务目标都能够真正落到实处。

“十四五”以来，山阳县制定、贯彻落实《“百名市县领导联链条包抓产业”实施方案》，明确14名县级领导、11名县级部门负责人包抓9条重点产业链，着力打造高质量发展强力引擎。同步落实48名局长行长联78个“五上”企业纾难解困，135名部门骨干联135个项目精准服务，159名干部组建53支小分队招商引资，提高服务效能，助推企业发展。在扶贫脱贫的道路上，山阳始终将加强和改进乡村治理作为扶贫脱贫的重要保障，坚持“五治”融合，充分发挥“两个作用”。具体落实网格化管理、设立党员示范岗、划分党员责任区，创新实行“党群联系服务卡”制度、“党建＋网格化管理”等做法。山阳县在乡村治理的过程中坚持优化党员干部队伍结构，针对不同党员干部的工作要求制订分层、分类培训计划，将建设任务细分到各个干部的身上，遵循“缺什么，补什么”的原则，提升党员干部工作能力，精准落实事务进度，严格成果验收标准，有力地督促干部以实干解决现实问题。

3. 优化推进举措增实效

一直以来，习近平总书记始终强调，“我们从不缺豪言壮语和运动式的东西，重点在于找对路子，并锲而不舍地干下去”[①]。贫困之冰，非一日之寒；破冰之功，非一春之暖。巩固脱贫攻坚成果，

① 中共中央党史和文献研究院编：《习近平扶贫论述摘编》，中央文献出版社2018年版，第27页。

完成脱贫攻坚任务需要各级领导干部切实发挥实干精神，不搞花拳绣腿的官僚主义作风，拿出踏石留印、抓铁有痕的劲头履职尽责，坚决杜绝表面功夫与形式主义。抓落实，是党的政治路线、思想路线、群众路线的根本要求，也是衡量领导干部党性和政绩观的重要标志。中国特色社会主义取得伟大成就，离不开各级领导干部的真抓实干、攻坚克难。推动新时代组织工作高质量发展，必须大力弘扬真抓实干的作风，坚持实事求是、一切从实际出发，坚持实践实干实效，确保组织工作目标任务件件落地见效。

山阳县积极推进基层理论宣传宣讲工作，坚持求真务实的工作作风，把解决贫困问题与开展党史学习教育、为人民群众办实事紧密结合起来。山阳县在全县 244 个村（社）推行村（居）民说事制度，截至 2023 年 10 月，山阳县围绕垃圾处理、邻里纠纷、移风易俗、土地确权、征地拆迁、产业发展等问题，已召开“院落会”320 场，收集意见建议 450 条，化解矛盾纠纷 121 个，解决群众急难愁盼问题 670 件，落实“遇事解事”制度，实现“小事不出村、大事不出镇、矛盾不上交”。山阳县在乡村治理的全过程中真正做到了保证人民当家作主，保证各项政策措施落地生效，当地群众的幸福感、满足感、获得感大大提升。

在山阳县的脱贫工作中，当地干部们一方面真正做到了在实践中办实事，广泛开展调查研究，勇于挑大梁，敢于承重压，善于做实事，确保自身扎根于民、问政于民、问计于民、问需于民；另一方面在纪律上保证严格要求自己，在廉洁自律上钉得深、踩得实、行得稳，将忠诚履职尽责、干净担当作为的思想自觉和行动自觉转化为推动全面振兴乡村的动力。贫困问题是复杂而又多变的社会现象，山阳在扶贫脱贫过程中始终坚持“一线工作法”，即坚持以不断变化不断发展着的现实实践为基本出发点，坚持将客观事实作为理论发展的最大前提，深入客观实际之中，持续性探寻行之有效的减贫方案。

案例：全国脱贫攻坚先进个人、山阳县扶贫开发局信息监测中心主任郭有锋先后起草相关文件汇报、调研报告、统计报表和数据分析报告等200余份，累计开展业务培训20余场次，来人来电政策咨询解答1200余人次，累计办理贫困信息查询、数据比对等2000余次，实现全县3.07万户10.6万人建档立卡贫困人口识别精准、退出有序、管理规范。

4. 实化督查指导补短板

党内监督是党的建设的重要内容，也是全面从严治党的重要保障。强化党内监督，是党在新的历史条件下加强党的全面领导，推进党的自我革命、深化全面从严治党，推进国家治理体系和治理能力现代化的重大举措，对于确保党始终成为中国特色社会主义事业的坚强领导核心具有重大而深远的意义。推进扶贫工作落地落实必须依赖于严格的监督考察制度。从一定意义上来讲，没有监督考核就没有落实，没有监督考核就没有深化。在乡村振兴的路上，我们党始终坚持把巩固脱贫攻坚现实成效作为重点工作进行监督，持续跟踪问效，确保工作开展到哪里、监督就跟进到哪里。

针对脱贫工作中出现的问题，山阳县成立由县长任组长，县委、县政府分管领导任副组长，相关部门负责人为成员的“两改两转三促进”工作领导小组和专班。各镇办也成立了相应组织机构，形成了全县上下联动、齐抓共管的工作格局。县委、县政府主要领导先后多次深入现场调研，相继召开县委常委会、县政府常务会、巩固衔接领导小组会专题研究部署，通过逐级签订责任书，层层压实责任，级级传导压力，做到了分工明确、责任清晰、任务到人、考核到位，确保脱贫攻坚效果；制定印发《实施方案》及《责任清单》，明确目标任务，细化职责分工，严格时限要求，推动工作落实、落细、落到位。山阳县将巩固拓展脱贫攻坚成果纳入党政领导班子和领导干部推进乡村振兴战略实绩考核范围，不断完善、优化监督体系与考核评价办法，设置出更加科学有效的考核指标，完成好与高质量发展综合绩效评价考核的衔接。

山阳县深入贯彻落实党中央关于强化五级书记抓乡村振兴责任的部署要求，形成了上下联动、向基层延伸的责任落实机制。习近平总书记提出，“必须实施经常性的督查巡查和最严格的考核评估，确保脱贫攻坚过程扎实、脱贫结果真实，使脱贫攻坚成效经得起实践和历史检验”①。山阳县在推进脱贫工作的过程中，建立起年度脱贫攻坚报告和督查制度，强化督查问责，将规矩严起来，以保证振兴工作保质保量按时完成。

5. 固化制度机制提质量

加速脱贫进程，建立健全城乡融合发展体制机制和政策体系是关键。党的二十大报告旗帜鲜明地指出：“中国式现代化是全体人民

---

① 中共中央党史和文献研究院编：《习近平扶贫论述摘编》，中央文献出版社 2018 年版，第 124 页。

共同富裕的现代化。”[①]目前，发展不平衡不充分的问题是制约我国共同富裕目标实现的主要障碍，而其中，城乡发展不平衡是我国发展最大的不平衡，农村发展的不充分是我国发展最突出的不充分。习近平总书记指出：“在现代化进程中，城的比重上升，乡的比重下降，是客观规律，但在我国拥有近 14 亿人口的国情下……城乡将长期共生并存，这也是客观规律。”[②]因此，只有建立起科学的体制机制和完善的政策体系，补齐农村发展短板，缩小城乡发展差距，才能从根本上调动和保护广大农民的热情与首创精神。政策是连接党和农民的桥梁和纽带，建立健全涉农政策体系，是脱贫攻坚的关键环节。

山阳县坚持“抓点带面”示范带动，大力开展“抓党建、强堡垒、促振兴”行动，全面落实党组织标准化三年提升行动，截至 2023 年下半年，山阳县完成 196 个村（社区）标准化规范化提升，动态管理省级标准化示范村 9 个，创建农村党建示范点 23 个。扎实开展“三联三促”，紧跟产业发展形势，积极探索建立产业联合党总支、产业链党支部、功能性党小组等做法，围绕种植、养殖、手工加工等产业，全县共成立产业型党小组 284 个、区域型党组织 5 个、村企共建型党组织 13 个、重点项目型党组织 7 个，实现产业党组织全覆盖。

山阳县户家塬镇坚持把党建引领作为扶贫脱贫的“动力源泉”，

① 习近平：《高举中国特色社会主义伟大旗帜　为全面建设社会主义现代化国家而团结奋斗：在中国共产党第二十次全国代表大会上的报告（2022 年 10 月 16 日）》，人民出版社 2022 年版，第 22 页。

② 中共中央党史和文献研究院编：《习近平关于“三农”工作论述摘编》，中央文献出版社 2019 年版，第 44 页。

找准基层党建与乡村脱贫工作的切入点和突破口，大力实施“党建+”工程，推动党建工作与特色产业发展、人居环境整治、基层社会治理等工作互融共促的新模式新路径，将坚持党的领导这一组织优势转化为发展优势，不断提升基层党组织引领力、凝聚力与战斗力，推动基层党建与经济建设同向发力，跑出扶贫脱贫“加速度”，把乡村振兴绘制的美丽蓝图变成新时代和美乡村建设的现实图景。

（二）聚焦特色产业，激活力、增动力

乡村脱贫，产业先行，乡村振兴，关键是产业振兴。习近平总书记曾鲜明地指出：“产业兴旺，是解决农村一切问题的前提。”[①] 加快发展乡村产业是实施乡村振兴战略的首要任务和工作重点，也是巩固和拓展脱贫攻坚成果的基础，更是农民致富增收的长远保障。扶贫产业遍地开花，不仅让村民们能够就近就业，也有效带动了农副产品的加工、销售，实实在在地增加了农民收入。可以说，乡村产业就是乡村里的“聚宝盆”“蓄才池”。正是有了火热的产业，让村民就地致富，乡村才能留住人，特别是留住年轻人和各类人才。也只有依靠产业振兴留住了人，实现人才振兴，才能助推乡村文化、生态、组织振兴，继而实现真正意义上的乡村振兴。

1. 抓好工业发展主动脉

工业化是主流，乡村发展是必须，产业经济是基础，推动乡村产业融入工业元素，是壮大乡村产业的重要路径。首先，这有利于

---

① 中共中央党史和文献研究院编：《习近平关于“三农”工作论述摘编》，中央文献出版社 2019 年版，第 26 页。

推进乡村产业实现规模化、组织化。以工业化发展的思维，对于乡村产业进行科学规划，推动乡村产业科学合理布局，并进行发展扩张。其次，这有利于推动乡村产业实现市场化、品牌化。在融入工业元素之后，乡村产业将更加符合市场需求，根据自身独一无二的特色元素，逐步走向品牌化道路，打造行业标准，成就行业标杆。打赢脱贫攻坚战，实现乡村振兴必须推进工业振兴。

“十四五”以来，山阳县坚定不移实施“工业强县”战略，大力培育“现代材料、生物医药、绿色食品、电子信息、清洁能源”五大支柱产业，工业经济实现了规模从小到大、结构从单一到多元、产业链从低端到中高端的跨越式发展，为全县经济社会高质量发展提供了强大支撑，为全县脱贫工作奠定了物质基础。山阳县充分发挥意发等龙头企业的引领作用，打造出一批具有地域特色的知名品牌与优势产业，全面布局产业建设，坚持全产业链发展思维，加快补链强链延链，促进工业发展提质增效。

山阳县牢牢把握大抓产业、大抓工业的发展理念，深入实施“以工业振兴促乡村振兴”，围绕传统产业升级、新兴产业壮大“两个方向”，走好内部培育、外部招引“两条路子”，推动工业数字化网络化智能化转型发展，将当地的工业基础打造得更加坚实。从钒产品初级加工，到延伸为全钒产业链，山阳不断放大产业优势。目前，山阳县钒氮合金产能居全国第二，99.95%高纯金属钒产业化生产走在全国前列，宇航级钒铝合金规模化生产打破了依赖进口局面。不仅仅是一家企业、一条产业链，山阳县勇于破局，蹚出了一条秦岭山区产业突围之路，实现传统产业从有到优，新兴产业从无到有的重大跨越，县高新区被授予“省级园区亩均效益领跑者”荣誉称号。依托金属以及化工新材料等一系列重点产业，山阳积极开展产业补链、强链、延链招商，差异化引进上下游企业，实现与其他产业的协调配套、联动发展。目前，高频变压器及DC线材等16个工业项目在县内建成投产，2023年山阳新增规上工业企业5家，新建标准化厂房7.3万平方米，现已有普阳时代等6家企业入驻，产业园区建设成果显著。山阳始终坚持做优产业园区规划、不断完善园区内的各类基础设施，以及教育、商业、文娱等设施配套，确保满足产业持续健康发展需要，让企业愿意来、留得下、发展好。

2. 强化农业产业提质效

农业是农村的基础产业，农民是农村的庞大主体，在解决贫困问题的过程中必须将农业和农民放在最为突出的位置，必须将保证农业持续稳步向前发展和农民增收致富作为产业发展的现实目标。党的二十大擘画了全面建设社会主义现代化国家、以中国式现代化全面推进中华民族伟大复兴的宏伟蓝图，吹响了奋进新征程的时代号角。必须深刻认识到，全面建设社会主义现代化国家，最艰巨最繁重的任务仍然在农村。

山阳县现已建成高标准基本农田7.35万亩，粮食播种面积达42万亩、总产量8.71万吨；建成秦山肉牛、枫树产业等现代农业园区61个，山阳核桃油、九眼莲入选全国名特优新农产品名录。食用菌产业是山阳县的传统特色产业。近年来，山阳县依托自然环境优势与产业发展基础，以高品质木耳、优质香菇和海鲜菇生产为重点，统筹推进农业发展。推行“企业+园区+农户”模式，建设食用菌园区79个，发展食用菌8000万袋，全力推进食用菌产业化、集群化高质量发展。不仅如此，“企业＋园区＋农户”模式同时也应用在了木耳、香菇、连翘等山阳特色农产品的生产、加工、售卖之中。这一举措为当地提供了大量的就业岗位，也进一步实现了农业的产业化发展。山阳县认真贯彻习近平总书记“要积极发展农村电子商务和快递业务，拓宽农产品销售渠道，增加农民收入”的重要指示精神，大力实施“电商＋”战略，以推动农业产业提质增效。山阳县委、县政府多次举办各类电商培训班，培育电商专业人才，不断促进县内电商发展规模扩大、网销水平提高，并加快电商物流项目体系建设，实现县域内服务全覆盖。

山阳县积极鼓励党组织、企业、农民等多元主体进入乡村建设，实现农业经营中多主体的良好互动，千方百计增加农民收入，从而达到1+1>2的效果。过去的“延长产业链、打通供应链、提升价值链、完善利益链”的思路，已无法完全满足当今经济发展现状和要求，因此山阳以特色产业为引领，因地制宜发展自身的优势主导农业产业，使农业向高标准高质量发展靠近。努力结合特色农业与上下游产业，大力发展农产品加工业，支持农产品精深加工、技术研发、升级改造，实现多环节转化增值。加快实现农业生产的标准化、集约化、规模化，积极创建现代农业产业园与农业产业集群，进而构建好现代乡村产业体系，推动农业产业化发展，打造现代农业全产业链，高质量完成扶贫脱贫的现实任务。

3. 开展旅游扩容大工程

乡村旅游是乡村振兴事业的重要组成部分，也是实现乡村振兴的主要动力和保障。2012 年以来，我国乡村旅游的游客年均增长在 20% 左右，基本上形成了分布广泛、业态多元、特色鲜明的乡村旅游产品供给体系，有效推进了各地乡村扶贫脱贫事业的发展。实践证明，旅游业是解决贫困的有效推动力，是加快城乡交融共进，解决好农村、农业、农民问题的有效途径。探索出一条能够促进乡村旅游业发展的有效路径，对于农村全面打赢脱贫攻坚战具有重要的现实意义。

近年来，山阳县深刻把握当下“快时代”发展的现实情况，关注到了城乡居民的内在需求，创新性发展乡村旅游产业。山阳县充分整合当地的文旅资源优势，稳步推进天竺山景区改造，全面建成黄花岭茶创小镇，成功命名省级全域旅游示范区、月亮洞 4A 级景区。山阳通过产业联动、完善服务体系与基础设施建设，培育“旅游 +”发展新业态等方式，推动全县文化和旅游业态高质量发展，聚焦新时代民众的精神文化需求，把扩大内需和深化供给侧结构性改革有机结合起来，走出一条文化和旅游深度融合、联动发展的新路径。2023 年以来，山阳县主抓特色，丰富产品，围绕漫川八大件、一品南瓜酥、神仙抹茶等“吃”，精品民宿、全域旅游等“住”，特色自然景区、慢生活方式等“行”，漫川大调、双戏楼等“赏”，改造提升了陕西大院等特色民宿环境 6 家，累计发展丹青 · 吊脚楼、泡泡屋、天空之境等近 30 家精品民宿。同时，山阳县精心组织举办美食大赛，推出药膳美食 10 余种，漫川八大件成为在西安康养产业信息发布会上所推介的特色家宴。山阳县将当地独特的自然景观与丰富的人文气息充分利用起来，通过深层次挖掘乡村旅游产业内涵，打造出十分具有当地特色的旅游产业，并通过旅游产业的发展带动当地的产业链进一步完善，增加当地经济收入，为脱贫事业增添了源源不断的新活力。

在发展、扩大旅游业的过程之中，山阳县十分注重县域整体规划，不断完善基础设施建设，修建公共厕所、停车场、休息区以及更加便利的交通设施等，为游客提供更加舒适的旅游体验；积极探索和创新乡村旅游业态，引导村民以农村土地、林权、房产等资源入股方式参与乡村旅游开发，将旅游业的带动作用发挥到最大。另外，山阳县全面整理与挖掘本地乡土文化资源，将中华优秀传统文化的各种元素以不同方式融入乡村建设中的各个环节，以农业采摘、田园风光、农村建筑、乡土风貌、民俗节庆、乡村历史资源等为依托，开发出更加多元化、更具特色的乡村文旅产业，使乡村文明程度得到不断提高。

（三）抓好城乡融合，抓建设、强管理

我国乡村所具有的多元化、地域化的特点，决定了乡村脱贫路径的多样性、复杂性。改革开放以来的城乡关系演进和乡村发展脉络表明，乡村难以单纯依靠自身力量实现跨越式发展。而以城市为主导的发展模式，不仅难以带动乡村发展，反而会加剧城乡之间与乡村内部的发展差距。正因这些客观因素的存在，迫切需要搭建城乡融合的体制机制，构建乡村可持续发展的政策体系，从而推动城乡融合、促进乡村脱贫。习近平总书记指出，要加快推动乡村振兴，建立健全促进城乡融合发展的体制机制和政策体系，带动乡村

产业、人才、文化、生态和组织振兴。解决乡村贫困问题，不能“就乡村论乡村”，必须走城乡融合发展之路。乡村脱贫工作与城乡融合发展互为支撑、互相推动。在城乡融合发展中扶贫，坚持一体发展、全面进步，加快梳理和破解城乡融合发展堵点，为全面脱贫开山凿路、积势蓄能。

1. 打造精致宜居县城，释放农村特色活力

县城是我国城镇体系的重要组成部分，是城乡融合发展的关键支撑，对促进新型城镇化建设、构建新型工农城乡关系具有重要意义。山阳县把“生态立县”作为县域发展的基本战略，深入践行绿水青山就是金山银山理念，坚定不移走生态优先、绿色发展之路，让良好生态环境成为高质量发展的持久动力，成为山阳人民的幸福增长点。对标全市打造“中国康养之都”和“双 50”目标，山阳县着力打造名县美城、精美建设县城。山阳县精细管理城市，完成县城国土空间规划编制，配套编制完成县城功能区修建性详规，做实县城片区管理服务，常态化开展执法巡查，抓好重点商圈、学校周边、集贸市场、背街小巷等重点区域管理，探索推进城市环境卫生市场化改革，推动城市亮化绿化美化。

细化到全国每个县城，需要立足县域实际，认真思考什么响当当、什么最拿得出手，什么是人无我有、人有我优的差异化优势。星罗棋布的县城不是城市群的配角，而是新旧动能加快转换、实现高质量发展的广阔舞台。山阳县以合理的时序、节奏、步骤，把培育发展特色优势产业、优化市政设施体系、强化公共服务供给、提升人居环境质量、促进县乡村功能衔接互补等县域内重点工作任务

一一落到实处。因地制宜地调整农村产业政策，推进城乡产业融合发展，增加农民收入，保障农民的合法权益，进一步适应农业人口城镇化的趋势，完善农民变市民的配套政策体系，完善城乡公共资源配置机制，加大对农村的公共服务供给，统筹城乡的服务体系和就业政策，推动城市公共就业服务体系拓展到农村，优化县域内教育、医疗卫生等公共服务的配置，提高城乡公共服务均等化水平，实现城乡公共服务一体化。除此之外，山阳县积极运用社会资本，推动城市产业链向乡村拓展，统筹发展乡村旅游业、休闲农业等特色产业，实现城乡产业互补融合，构建起极具特色、富有活力、宜居宜业的现代化县城，从根本上打破了一直以来农村生产要素单向向城市流出的尴尬局面，解决城乡要素配置的体制机制难题，使城乡土地、人才、资本等要素真正实现双向流动、平等交换。

2. 打造秦岭山水乡村，为脱贫汇聚绿色合力

实现扶贫脱贫的一个重要环节就是生态振兴，良好的生态环境是高质量完成脱贫攻坚的基础和保障，是促进乡村发展的内生动力。加强农村生态文明建设，对农村绿色发展具有很大的推动作用。只有乡村生态环境变好了，才能实现美丽乡村建设，才能保障乡村实现可持续发展；只有乡村宜居了，才能增强人民群众的获得感、幸福感、安全感。

山阳县坚持把秦岭山水乡村建设作为“两边一补齐”两年行动工作的重要抓手，以“清洁村庄助力乡村振兴”为主题，以改善农村人居环境、提高群众生活幸福指数为着力点，深入开展“六清六治六无”活动，加快推进“五好”山阳建设，努力实现农村生态

美、环境亮、生活优，全县秦岭山水乡村建设呈现七大亮点。从守护中央水塔、中华民族祖脉的高度，扎实履行秦岭生态卫士职责，重拳治理秦岭“五乱”，接续打好蓝天、碧水、净土保卫战，抓实抓细河长、林长、田长工作机制，常态开展河流“四乱”治理，县内主要河流 4 个国控、2 个省控断面水质稳定达标。强化土壤污染管控和修复，空气质量综合指数连续 8 年位居全市前列，治理水土流失面积 260 平方公里，完成造林绿化 7.6 万亩，启动国家“双储林”项目，举行全省退耕还林还草工作培训观摩会，被评为全省绿化工作示范县。

随着山阳县的扶贫脱贫工作不断推进，政府部门单独设立了环境保护专项资金，做到专款专用，以完善基础性环保设施。山阳县在振兴乡村的实践中不断推进农业结构调整，努力做好农业面源污染防治，加强土壤污染、地下水超采、水土流失等治理和修复。县委、县政府在加大生态环境执法监管力度、制定相关配套法规和实施细则、使农村生态法律法规更加系统化的同时，也充分尊重了当地的历史风俗与文化特色，结合现实实际情况以保证相关法律法规的顺利实施。除此之外，山阳县同样做到了因地制宜地推进农村改厕、垃圾收集、污水处理等，统一设置垃圾中转站和污水处理厂，加大分类垃圾箱投入，改善农村公共环境，持续提高农村人居环境质量与农民生活质量。

农民是农村的主力军，推进农村生态文明建设必须充分发挥农民群众的作用。因此，山阳县始终大力开展农村生态文明教育活动，构建起健全的农村生态文明教育体系，增强农村群众的生态意识与环境意识，促进农民更新思想观念，深刻把握生态建设的重要性，树立环保责任感，推动其自发自觉地形成绿色生产生活方式，使其积极主动地参与生态文明建设中来。

3. 精准谋划康养产业，挖掘农村发展潜力

在过去的十年时间里，我国康养产业实现跨越式发展，呈现模式多、数量大、速度快的特征。但由于康养产业基础薄弱，快速发展的过程中，也有规范、落地路径、标准、产业链协同等许多问题亟待解决和完善。调查研究显示，未来十年，康养产业将从被动刚需开始趋向主动消费转变，以"低龄、活力、品质、消费"为标签的新老年群体将成为撬动银发经济新蓝海。

近年来，山阳县深入贯彻党的二十大精神："实施积极应对人口老龄化国家战略，发展养老事业和养老产业，优化孤寡老人服务，推动实现全体老年人享有基本养老服务"，抢抓国家支持康养产业发展重大机遇，大力推动"双50"、西商融合发展战略，坚定不移打造"中国康养之都"示范县，围绕"商洛示范、陕西标杆、全国知名"目标定位，充分发挥生态优势，推动康养与医疗、养老、文旅、体育、医药、食品等深度融合发展，打造了一批康养产业园、康养基地、康养项目、康养线路，逐步形成以"医、养、游、体、药、食"六大产业协同发展的康养产业体系。按照建立"一套机制"、突出"两类项目"、实施"三大提升"、推进"四大板块"、抓好"五大创建"、培育"六大产业"的"123456"总体思路，扎实推进康养之都示范县建设，全县养老事业和康养产业呈现出蓬勃向上的发展态势。

山阳县在打造“中国康养之都示范县”工作推进会提出了几点自身的先进发展经验。首先要做好科学论证，完善提升总体规划。通过政策引导，明确老龄事业发展和康养产业建设的重点任务以及保障措施。进一步拉高标杆、提升层次、拓宽思维、扬长避短，不断优化康养产业发展具体目标，精心做好康养重点项目规划，通过项目支撑，推动养老事业与康养产业融合发展。其次，要以文化赋能，通过文化引领，发展以文旅融合为支撑的康养产业，打造出具有鲜明特色的康养品牌，提升市场竞争力。抓住气候康养优势，依托深厚文化底蕴，加大文化资源挖掘，将地方文化与旅游交汇融合，将文化元素深植到各个旅游景区，创新推出“文旅 +”业态，打造一系列高品质文旅康养新业态产品，策划各类节事活动，放大品牌集聚效应，品质化推进文旅康养，全力释放文旅康养产业发展新动能。另外，加大招商引资力度，吸引更多的企业项目落地，鼓励扶持培育一批成长性好、机制灵活、发展能力强的文旅康养龙头企业，从而不断促进引入新的投资建设。

（四）重视教育发展，夯根基、拓空间

2021 年 5 月，在教育部等四部门发布的《关于实现巩固拓展教育脱贫攻坚成果同乡村振兴有效衔接的意见》文件中，首次以官方的名义明确“乡村教育振兴”和“教育振兴乡村”这两个概念，并提出基本形成两者之间良性循环的发展目标。由此可见，打赢脱贫攻坚战，顺利实现乡村振兴必须以强大的人才支撑为基础，而乡村人才队伍的培养与建设则必然离不开教育的发展。乡村教育在让乡

村富起来的现实进程中具有不可替代的基础性作用。教育问题看似是平常的琐碎小事，但其实是牵动民心、体现民意、承载人民幸福的大事，是人民群众急难愁盼问题的外在表现。急难愁盼问题是否得到高效、妥善的解决，不仅关系着人民群众的切身利益是否得到保障，也关系着民生工程是否真正赢得民心、各项事业能否实现更大发展，是衡量国家治理体系和治理能力现代化水平的量具标尺。一定要胸怀“国之大者”，又要切实办好与人民群众息息相关的“关键小事”，才能把务实举措作为推动急难愁盼问题解决的关键环节。

1. 回应时代诉求，创新发展乡村教育体系

创新发展乡村教育，完善乡村教育体系是推动乡村人才振兴，进而保证乡村全面脱贫的基础环节和重要举措。创新发展乡村教育必须坚持以人为本的根本教育立场，进一步办好更加公平更高质量的基础教育、更具特色更能创新的高等教育、更贴需求更广领域的职业教育、更加实用更具实效的技能培育，提供更为精准更为全面的支持服务，为乡村建设培养出更为全面、更高素质的乡村人才队伍。

山阳县始终坚持办好让人民满意的教育，深入实施中长期教育改革和发展规划纲要，积极创建教育强县。一方面，合理分配教育资源，不断加大教育投入，建成职业教育中心新校区，改扩建镇（办）中小学校，创建义务教育优质均衡达标学校，启动城区一中迁建。另一方面，深化教育教学改革，巩固“双减”成果，统筹推进学前教育普及普惠发展、义务教育优质均衡发展、职业教育特色

化发展，提升高中教育质量，推动教育结构持续性优化。

山阳县积极发展学前教育，把发展学前教育纳入城镇扩容、棚户区改造、社会主义新农村建设规划。大力发展公办幼儿园，积极扶持民办幼儿园，全县所有镇已建成中心幼儿园，学前教育基本普及；加快中小学布局调整，在全面实现高水平、高质量普及九年义务教育的基础上，持续推进义务教育均衡发展。加强标准化中小学创建，创建省市级示范高中、标准化高中。推行普通高中阶段免费教育，实现“双高双普”目标。全面完成中小学校舍安全工程，实施农村寄宿制学校和义务教育学校标准化建设工程，不断优化学校布局，逐步推行小班化教学；大力发展职业教育，全面实施县职教中心校本部“北扩”工程，把县职教中心建成国家级中等职业教育示范校。不断扩大职业教育办学规模，提高职业教育的办学水平与办学质量；建成特殊教育学校，完善残疾儿童少年随班就读的工作机制，关爱残疾儿童成长，保障残疾儿童少年按时接受义务教育，让轻度智障儿童回归同龄常态群体，残疾儿童少年入学率达 98.5% 以上；稳步发展民办教育。鼓励支持、引导社会力量办学，促进民办学校改善办学条件，规范办学行为，提高办学质量，形成公办、民办教育优势互补、公平竞争、共同发展的办学格局。

扶贫脱贫的关键在于人才，而人才培养的根本则在教育。建构并完善乡村教育体系，坚持以人为本，发展高质量的乡村教育是打赢脱贫攻坚战的必由之路。山阳县针对不同的教育形式制定出了符合其特有属性的发展规划，实现学前教育、义务教育、职业教育、特殊教育与民办教育的全面进步，创新发展乡村教育体系，为当地切实提供了可持续且有效的教育供给，满足了当地人民群众的现实教育需要。

2. 顺应乡土文化，打造有特色的乡村学校

乡村教育是以人为本的教育，是以乡村的现实生活实践为依托的教育，乡村学校具有本土性、生活性、自然性的特征，这意味着发展乡村教育必须注重对于地域民族文化的深入挖掘，充分发挥以地域文化传播知识、塑造文明乡风的功能。加强对于乡村教育的理论探索，厘清乡村教育如何发展的独有道路，是符合人类社会多线进化的主流方向。乡村教育高质量发展需要以扎根于本土的文化资源为内生动力。例如乡风民俗、人文景观、自然资源等，这些乡土文化中的重要组成部分都可以在乡村教育中转化为乡土教育性资源。积极开发与利用乡土文化，打造具有特色的乡村学校是推动乡村教育高质量发展的重要方式。

乡村教育发展的落脚点在乡村学校，要实现乡村教育的振兴，必然先要实现乡村学校的振兴。山阳县对于乡村小规模学校以及乡镇寄宿制学校始终保持着高度关注，坚持创办具有乡土气息的特色学校，推动乡村学校实现特色发展。倡导乡村学校在进行教育的过程中不断挖掘当地丰富的乡土资源，在一定区域内保证乡土资源的物尽其用，并且致力于建设能够围绕着已有的、可利用的乡土教育资源进行的优质课程体系。坚持通过教育培育文明乡风，加快移风易俗，推动农村群众性精神文明建设，培育乡村发展新动能。山阳县通过挖掘提升乡村的人文价值，打造不同于城市的、特色鲜明的乡村学校，以通过各种形式的教育潜移默化地影响群众，不断增强农村群众的认同感，真正让优秀的乡土文化成为加速乡村发展的浓重底色。

城乡教育是根植于城乡不同文化背景下的不同教育样态，因此乡村教育并不能单纯地模仿、复制城市的教育路线。乡村教育必须走出一条符合自身发展规律的独特道路。山阳县坚持将学校扎根于乡土社区，润泽于乡土文化，展示着乡村丰厚的文化底蕴。山阳因地制宜，聚焦于当地学生成长需求、乡村社会发展需求、教育本真需求，根据本地历史沿革、民俗风情、传统技艺等社会文化知识，气候、动物、植物等自然文化知识，开发出多样态、多形式的乡土文化资源。山阳县委、县政府从文化角度出发，提倡教师在课后服务中融入乡土文化资源，充分利用劳动场景、山林田野自然景观等教学资源，带领学生开展体验、参与、实践等多种形式的教学活动，在潜移默化中引导学生关注地域民族文化，主动收集、整理、挖掘本土特色文化，培养学生深厚情感素养，增强其对于乡土文化的归属感与认同感。

3. 深化产教融合，实现乡村教育、科技、人才一体化布局

对于乡村来说，教育不仅承担着传播知识、塑造文明乡风的功能，更为乡村建设培养了符合市场需求的应用型人才和高素质劳动者，在扶贫脱贫事业中具有不可替代的基础性作用。乡村教育绝不能是孤立的“就教育论教育”，而是总体的、全面的。依托振兴乡村教育为乡村发展赋能，实现巩固拓展教育脱贫攻坚成果同乡村脱贫攻坚进程有效衔接，是教育的职责和使命，是事关全面建设社会主义现代化国家的全局性、历史性任务。乡村教育的最终目标在于为乡村发展以及脱贫攻坚提供强大的人才支撑，因此乡村教育必须深化产教融合，以教育提高人才素质，以人才促进科技进步。

山阳县依靠职业教育积极加强人才队伍建设，加快科技、卫

生、经济、项目策划等专业人才引进，面对不断出现的新业态、新职业、新岗位，开展并加强专业技术人才技能培训，实现以高素质技术技能人才带动科技创新，促进县域产业高质量发展。山阳围绕创建“一创新、两园、三中心”，即创建省级生态型创新县、高新技术产业园、现代农业科技示范园，建成国家甾体激素工程技术研究中心、陕西省科技资源统筹中心、省级企业技术研发中心为目标，全面实施“创新驱动”战略，加快科技创新体系建设，加大知识产权保护力度，完善社会化科技服务体系，加大科技研发力度，突出抓好科普推广和新技术、新成果引进工作，重点实施“五大工程实验室”，努力推进科技进步，为经济社会发展提供科技支撑。

脱贫攻坚需要依赖科技，科技创新需要依赖人才，人才培养则需要依赖教育。山阳县高度重视教育、科技、人才整体的战略性布局。职业教育、继续教育和高等教育等教育模式实际上是全面服务于乡村振兴的现实手段，即通过高等教育的科技创新和面向乡村之教育体系的人才培养是服务于乡村扶贫脱贫工作的直接路径。山阳县将教育精准对接乡村产业、企业技术短板，瞄准限制其发展的新技术、新工艺，开展研发攻关、技术转化、应用推广，以为乡村产业发展提供有力的技术支持和可靠的技术服务。通过教育专项、人才专项进行资源整合，不断产出高水平科技成果，实现人才培养与产业发展的有效对接，促使传统产业焕发出新的活力，助力乡村经济创新发展，纾解企业技术高质量发展难题，从而加快产品迭代和升级，推动区域乡村产业向中高端攀升。

第三章
陕西山阳县新征程的顶层设计

习近平指出："中国式现代化是分阶段、分领域推进的，实现各个阶段发展目标、落实各个领域发展战略同样需要进行顶层设计。进行顶层设计，需要深刻洞察世界发展大势，准确把握人民群众的共同愿望，深入探索经济社会发展规律，使制定的规划和政策体系体现时代性、把握规律性、富于创造性，做到远近结合、上下贯通、内容协调。"① 山阳县统筹全县优势资源要素，在加快打造"一都四区"示范县、建设"五好山阳"的新征程上，必须抓好顶层设计，坚持"六项"基本原则，打造"一城一区四基地"，锚定"远景目标与发展目标"，谱写山阳高质量发展新篇章。

一、基本原则：坚持"六项"原则

新征程呼唤新气象、新作为。把握机遇、应对挑战，更加需要

① 习近平：《推进中国式现代化需要处理好若干重大关系》，《求是》2023年第19期。

深入学习贯彻习近平新时代中国特色社会主义思想，贯彻落实习近平总书记来陕考察重要讲话精神，坚持党的全面领导、坚持以人民为中心、坚持新发展理念、坚持深化改革开放、坚持系统观念、坚持真抓实干。

（一）坚持党的全面领导

“办好中国的事情，关键在中国共产党。”[①] 中国共产党始终坚持将人民放在首位，陕西山阳县各级党组织作为新征程的领导核心，始终坚持在践行中国式现代化中发挥总揽全局，协调各方的作用，坚持和完善党委领导经济社会发展的体制机制，发挥党委（党组）领导作用，全面提高把握新发展阶段、贯彻新发展理念、构建新发展格局的能力和水平，为新时代追赶超越发展提供坚强保证。

第一，坚持党的领导。山阳县深入学习贯彻习近平新时代中国特色社会主义思想，贯彻落实习近平总书记来陕考察重要讲话精神，严格落实习近平总书记对“十四五”规划编制工作的重要指示精神，贯彻党把方向、谋大局、定政策、促改革的要求，深刻领悟“两个确立”的决定性意义，增强“四个意识”、坚定“四个自信”、做到“两个维护”，确保党中央决策部署有效落实。具体来说，一是坚持党委总揽全局、协调各方，完善党委研究经济社会发展战略、研究重大政策的工作机制，推动党领导经济社会发展制度化、规范化、程序化。二是全面贯彻新时代党的建设总要求和党的组织

① 中共中央文献研究室：《十八大以来重要文献选编（中）》，中央文献出版社 2016 年版，第 82 页。

路线，健全落实“不忘初心、牢记使命”的具体制度，开展“牢记嘱托·奋进商洛”党建主题活动，提高干部七种能力，打造忠诚干净担当、勇立时代潮头的高素质专业化干部队伍。三是推动全面从严治党向纵深发展，严格执行中央八项规定及其实施细则精神，严肃查处发生在群众身边的不正之风和腐败问题，重点查处工程建设、矿产开发、土地利用、国有企业等领域的腐败行为，构建一体推进不敢腐、不能腐、不想腐体制机制，营造风清气正的良好政治生态。四是完善大统战格局，注重发挥工会、共青团、妇联等群团组织以及民主党派、工商联和无党派人士作用。

第二，明确责任分工。山阳县委、县政府常设规划实施领导小组及办公室，统筹负责“十四五”规划的任务分解、统筹协调、组织实施及监测评估等工作，协调解决规划实施中的重大问题。各级相关部门要将规划任务纳入本行业相关规划和当地经济社会发展规划，发挥好牵头协调作用，加强与有关部门沟通协作，明确任务分工，加强政策集成，形成工作合力。县级相关部门要向县级党委和政府做好汇报，牵头编制建设工作方案、完善工作机制、明确重点任务、细化责任分工，有力有序推动各项任务落地落实。具体来说，一是各责任单位、镇（办）深化细化落实计划，明确措施、责任和期限，加强合作、切实推进，提高规划执行力，确保“十四五”规划目标和任务落到实处。二是实行县级领导包抓镇（办）、包抓重点项目等领导包抓责任制度，加强部署、协调、督办、整改、问责和总结 6 个闭环责任链条管理，实行重大项目“月通报、季考评、半年观摩、年度考核”、专班推进等工作机制。三是加强统筹协调，及时开展督促检查，按照闭环管理的要求，定期上报工作进展，及时解决存在问题，落实工作责任。

第三，加强总规引领。山阳县科学编制并有效实施发展规划，明确规划期内经济社会发展的战略部署和具体安排，引导公共资源配置方向，规范市场主体行为，保持发展战略连续性稳定性，确保一张蓝图绘到底。具体来说，一是采取多种方式，加强规划宣传，动员社会参与，提高规划实施的民主化和透明度，营造全社会共同参与和支持规划实施的氛围。二是建立有效的规划衔接协调机制，做好目标任务分解、空间布局、政策衔接、年度计划制定、中期评估等工作，努力实现总体目标一致、空间配置协调、时序安排统一，提高规划整体执行效率，提升规划管理水平和实施成效。三是坚持“多规合一”理念，加强统筹管理和衔接协调，形成以“十四五”总体规划为统领，国土空间规划为基础，旅游开发、城乡建设等各类专项规划为支撑的发展规划体系。根据规划目标任务，研究制定配套政策，给市场主体以正确的导向与合理预期。四是建立规划“编制—实施—评估—调整—实施”的滚动循环机制，依法开展规划实施的监督和评估，加强动态管理，确保规划的有效实施。五是完善规划评价体系与评价方法，建立规划实施的监测评估与优化调整机制，加强规划实施的跟踪分析、定期评估、问题反馈与动态调控。六是拓宽社会监督渠道，建立内、外部综合监督体系，探索引入社会机构参与对重点领域规划实施情况的专题评估，提升规划实施的科学性和有效性。

（二）坚持以人民为中心

习近平指出："为什么人的问题，是检验一个政党、一个政权性质的试金石。带领人民创造美好生活，是我们党始终不渝的奋斗目标。"[①] 坚持以人民为中心是唯物史观的本质要求，是习近平新时代中国特色社会主义思想世界观和方法论及立场观点方法的具体体现。山阳县必须始终坚持人民主体地位，坚持共同富裕方向，始终做到发展为了人民、发展依靠人民、发展成果由人民共享，办好民生实事，维护人民根本利益，促进社会公平正义，不断增进民生福祉。

第一，坚持发展为了人民。在新的时代背景下，人民对美好生活的渴望愈加强烈，以习近平同志为核心的党中央旗帜鲜明地提出"以人民为中心"，强调始终坚持发展为了人民，站稳人民立场、把握人民愿望、增进人民福祉，不断满足人民对美好生活的新期待。一是站稳人民立场。站稳人民立场是中国共产党发展为了人民的根本政治立场，是把人民放在最高位置的立场，是党一切工作的最高价值准则的立场。在迈入山阳新征程的过程中，要始终站在人民的视角和位置去观察和解决问题，想人民之所想，急人民之所急，盼人民之所盼，以百姓心为心。二是把握人民愿望。中国共产党领导的革命和建设之所以能够成功，最为关键的原因就是，中国共产党的政策和主张与广大人民的期望和需求相契合，为党赢得了广大人民的支持与拥护，并且还极大地调动了中国人民投身革命和建设的

---

① 《习近平著作选读》第一卷，人民出版社 2023 年版，第 37 页。

巨大热情。充分了解人民的期待与诉求、解决人民实际困难问题，是中国共产党坚持以人民为中心的根本所在。三是增进人民福祉。增进民生福祉是发展的根本目的[①]，是我们党坚持立党为公、执政为民的本质要求。民生福祉问题直接涉及全体社会成员的生存和发展问题，与人民的日常生活息息相关，也是人民最关心、最直接、最现实的利益问题。以人民为中心的首要任务就是在发展中保障和改善民生、提高人民的生活品质。

第二，坚持发展依靠人民。人民之中蕴藏着巨大的创造力和无穷的智慧与力量，要自觉拜人民为师，深入基层、深入群众，通过密切联系群众把人民组织起来形成创造历史伟业的合力。一是尊重人民创造。要始终强调尊重人民的首创精神、调动人民的积极性，正确处理加强党的领导与发挥人民主人翁作用的关系。二是集中人民智慧。要有甘当小学生的谦虚态度，坚持问政于民、问需于民、问计于民，保持深入调查研究的扎实作风，同时善于对人民群众的意见进行加工和提高。三是凝聚人民力量。要深入群众、宣传教育群众、团结群众，始终保持党同人民的血肉联系，巩固并扩大党的执政根基，认真思考和把握新时代群众工作的特点和规律，贯彻党的群众路线，切实做好群众工作。

第三，坚持发展成果由人民共享。发展成果由人民共享是坚持“以人民为中心”的题中之义。一是全民共享。全民共享是共享发展理念的第一要义，指明了发展的价值目标，集中体现了人民主体

① 参见《习近平著作选读》第二卷，人民出版社 2023 年版，第 19 页。

的价值主旨。要使人民群众有更多的获得感，让其享有付出与获得的公平性。二是全面共享。共享发展成果的实现需要一方面通过制度政策安排，保障人民全方位共享经济、政治、文化、社会、生态等各方面发展建设成果；另一方面，强调每个人都公平享有平等参与、平等发展的机会和权利，促进实现人的自由全面发展。三是共建共享。共建共享将“发展为了人民”与“发展依靠人民”联系起来，“为了人民”的共享是共建的目的，“依靠人民”的共建为共享奠定了物质基础。四是渐进共享。要立足于山阳实际制定和安排与之相适配的共享发展策略，先实现低层次、不均衡、有差距的共享发展，再寻求更高质量、更加均衡的共享发展。

（三）坚持新发展理念

新发展理念以当前经济社会发展中的重大理论和实践问题为导向，集中体现了以习近平同志为核心的党中央对中国共产党执政规律、社会主义建设规律、人类社会发展规律的深刻认识。山阳县应坚持把新发展理念贯穿发展全过程和各领域，积极融入双循环新发展格局，最大限度挖掘创新潜力，加快转变发展方式，加快推进绿色循环发展，着力推动质量变革、效率变革、动力变革，实现更高质量、更有效率、更加公平、更可持续、更为安全的发展。

第一，以创新发展增强发展动力。新发展理念将创新发展摆在首位，强调创新是引领发展的第一动力。一是以创新驱动经济增长方式，驱动供给侧进行结构性改革。山阳要持续推进科技创新活动开展，形成科技创新体系，完善对科技创新有益的制度环境，赋予经济持续增长的动力，同时对供给侧进行结构性改革，以此提高供给体系的质量与效率，推动我国社会生产力水平的整体提升。二是建立健全科技创新体系。山阳要大力支持知识创造领域的创新，提高科学技术的创新能力，重视研发投入、重视人力资本投入孵化和研发新技术，从而打造知识创新和技术创新的交汇点，从实现知识创新到孵化高新技术，再到企业将高新技术转化为现实生产力的技术创新。要协同好知识创新与技术创新对接、科技创新与产业创新、科技创业的对接。政府在这一阶段进行引导性投入，以此体现政府的集成创新作用。三是完善创新驱动机制。山阳要推进政府职能转变，构建合理发挥政府作用的激励创新发展的体制机制，政府职能从研发管理转向创新服务，营造良好创新生态。加大简政放权力度，取消不必要的行政预审批事项，减少政府对微观经济活动的干预，建立公平的市场准入规则，促进公平竞争。

第二，以协调发展优化发展结构。中国共产党作为执政党，在推进社会主义现代化建设的进程中，不断深化对协调发展的认知，并在实践中取得了重大进展。一是促进城乡协调发展。山阳要坚持推进农业现代化和新型城镇化建设，提高城市的规划、建设和管理水平，促进农业人口转移且与社会融合，并保障其与城镇居民有同等的权利与义务。努力实现基本公共服务常住人口全覆盖，维护进城落户农民的既有权益并且可以依法有偿转让既有权益。同时，改革农业供给侧结构，促进农业升级转型，提高农业劳动生产率，进一步完善城乡发展一体化体制机制，在农业经营体系、农业保护体系、农村金融服务体系等方面赋予农民更多财产权利，最终形成城乡共同发展的新格局。二是促进两个文明协调发展。山阳要深化社会主义文化体制改革，逐步盘活现代文化市场，从公共文化服务体系、文化产业结构、文化市场体系等方面着手，建立健全文化管理体制。此外，要促进文化创意与相关产业大发展，鼓励扶持创作生产优秀的文化产品，培养文化人才，牢牢把握正确舆论导向，加强网上文化阵地建设不断建立健全社会舆情的引导机制，在传播方式与传播内容上不断创新，实施网络内容建设工程，推动文化事业大繁荣。

第三，以绿色发展提高发展质量。实现绿色发展，其根本就是要把绿色的发展思维贯穿经济发展的决策过程和实施过程中。一是转变传统经济增长方式。山阳要调整资源利用方式，配套推进转变经济发展结构，加快形成新兴经济发展方式，转变传统经济发展方式要提高资源能源的利用率和碳的生产率，优化产业比重，调整产业内部结构以及三大产业间的比重。二是树立绿色的发展理念。山阳县政府应继续推动发展绿色生产、推行绿色消费实践、推进资源节约集约型利用，树立节约集约循环利用的绿色理念，进一步拓展公众参与绿色发展的途径，倡导全社会践行绿色发展理念，逐步改善公众的消费习惯，全面发展绿色行为。三是加强绿色发展的技术创新与推广。山阳要加强政府政策引导建立绿色技术创新体系，加强对绿色科技的投入，提高国家绿色技术创新的整体能力。要开展绿色产品创新、绿色工艺创新以及绿色设备技术创新，通过构建绿色支撑体系形成释放创新潜能与活力的绿色联动体系。四是建立健全绿色发展的生态文明制度。山阳要完善绿色发展和生态文明建设的法律法规，加大环境综合治理力度，创新治理理念与方式，实行最严格的环境保护制度，进一步理清政府各部门的职能与职责，加强部门间的沟通与协作，建立跨部门的协调机制。

第四，以开放发展拓宽发展空间。对外开放是我国的基本国策。山阳应树立开放发展新理念，完善对外开放战略布局，形成对外开放的经济新体制，提高对外开放水平，以开放发展拓展发展空间。一是完善对外开放的总体布局。山阳要利用好国际国内两个市场、两种资源来推进双向开放，形成内外联动格局，从政策、基础设施、人文环境等方面改善加强山阳的经济发展和开放水平。二是通过“一带一路”建设加强我国同沿线国家、地区的民族文化交流，旅游资源、教育资源的互补合作。山阳要加大公共外交，拓宽与沿线国家的人文交流渠道，构建国际人文交流基地。

第五，以共享发展促进社会公正。共享发展从理念到落实，制度建设是关键。贯彻落实共享发展，需要做出有效的制度安排，以制度建设推进共享发展。一是鼓励支持非公有制经济发展。山阳要认可非公企业存在的必要性，引导非公企业进行制度改革，充分发挥不同所有制经济在共享发展中的重要作用。要更好地发挥市场在资源配置中的决定性作用，更好地发挥政府的服务作用，促进公开公平公正参与市场竞争。二是增加公共服务供给，完善共建共享的社会制度。山阳要充分发挥政府的作用，明确政府的责任。增加公共服务的产出与供给，增加公共服务的广度与深度，提高政府与社会群体协同共建公共服务的能力。进一步完善就业服务体系，提高劳动生产率和就业服务能力。优化医疗卫生机构布局，支持社会力量促进健康服务业的发展，降低大病慢性病的治疗费用，推进公立医院朝着更加公益的方向改革，坚持中医和西医并重，拓展中医药发展空间，完善中医药发展政策与机制。

（四）坚持深化改革开放

习近平指出："改革开放是一项前无古人的崭新事业，必须坚持正确的方法论，在不断实践探索中推进。"党的十八大以来，习近平在新时期站在新的历史起点上，围绕全面深化改革发表了一系列重要论述，不仅在对中国特色社会主义建设规律和全面深化改革内在规律的认识上达到了新高度，而且丰富和发展了辩证唯物的马克思主义方法论，在方法上为全面深化改革提供了指导。山阳县坚持深化改革开放，着力破除制约高质量发展、高品质生活的体制机制障碍，加强改革系统集成和协同高效，促进有效市场和有为政府的有机统一，深度融入共建"一带一路"大格局，打造内陆改革开放高地，增强发展动力和活力。

第一，在深化改革的方向把握上。一是坚持社会主义基本方向。全面深化改革不是改弦易张，而是社会主义制度的完善和发展，坚持社会主义方向既要靠坚持四项基本原则这个立国之本来保证，又要通过改革赋予四项基本原则新的时代内涵，从而更好地走好社会主义道路。二是坚持社会主义条件下的中国特色。政府要通过市场化改革减少对市场的干预，更多发挥市场经济基本运行规律的作用，从而实现市场效率最优化和效益最大化，使市场有更多的自由与空间在推动经济发展中施展拳脚，让市场在资源配置中的作用发挥得更充分。同时，还要施行针对以国有企业为核心的公有制企业改革，使其成为市场经济的微观基础，更好地以市场的规则发挥公有制经济的主导作用。

第二，在深化改革的路径方法上。一是坚持解放思想和实事求是的辩证统一。发展无止境，解放思想，实事求是也不该有止境。同时，要勇于在解放思想和实事求是中自我革命，及时纠正错误和偏差，努力使我们的思想、行动更加符合客观规律、时代要求和人民愿望。二是坚持顶层设计和摸着石头过河辩证统一。坚持顶层设计和摸着石头过河不是对立，而是相辅相成、辩证统一的，二者也只有结合起来才能在更深层次的改革中进一步探索总结各项改革事物的规律，最大限度地保持改革方法来源的正确性和平稳性，提高改革决策的科学性，从而更全面科学地指导全面深化改革的实践。三是坚持整体推进和重点突破辩证统一。现阶段的山阳改革不仅要注重其速度和质量，更注重以“供给侧结构性改革”促进经济结构优化升级，实现经济发展的“健康性”“协调性”和“持续性”，将社会发展的重点以更优化完善的解决来更好地促进社会全局发展。

第三，在深化改革的落实方法上。一是强化“一把手”工程与严明责任主体相结合。“一把手”在肩负改革推进、落实使命的同时往往也肩负着珍惜权力、管好权力、慎用权力的重要使命，在强化“一把手”工程的同时也要严明责任主体的责任意识、担当意识和主体意识。要求责任主体强化意识、落实责任，强化意识要求责任主体有大局意识，将改革细则层层落实到人并明确权责分工，以责任意识引导责任落实，用责任落实实现责任意识。二是建立健全督查机制与狠抓督查落实相结合。必须抓紧完善相应的督查机制，用机制保障改革的落实，以各项举措的充分落实来保障改革的实效。同时，监察落实的体制机制也应当得到监督，以保证这些体制机制真正地能发挥其监督作用，不能让制度“生锈”。

（五）坚持系统观念

山阳坚持系统观念，正确处理时与势、危与机、稳与进、当前与长远、发展和安全的关系，统筹各区域、各领域、各方面，前瞻性思考、全局性谋划、战略性布局、整体性推进，固根基、扬优势、强弱项、补短板，有效防范化解重大风险挑战，实现发展质量、结构、规模、速度、效益、安全相统一。

第一，坚持分类推进，推动共性目标和个性发展有机统一。牢牢把握以高质量发展统揽全局的深刻内涵、根本要求，完整、准确、全面贯彻新发展理念，努力实现更高质量、更有效率、更加公平、更可持续、更为安全的发展是当下的工作要求。但一县之内区位、资源、环境不同，功能定位和发展方向也不相同，必须充分发挥县域自身优势特长，坚持因地制宜、分类施策、扬长补短，走出适合本地区实际的高质量发展之路。要依托县域资源禀赋强化规划引领，结合主体功能定位，紧扣县域发展类型，明确发展路径，完善分类推进举措，构建县域经济发展新格局。充分发挥评价指挥棒作用，优化完善全县经济评价指标体系和评价办法，激励全县在高质量发展中争先创优。山阳要切实担负起推动县域经济高质量发展的主体责任，坚持宜工则工、宜农则农、宜商则商、宜游则游，紧扣主战略、主目标找准定位、确定赛道，通过改革破解体制机制障碍，激发发展内生动力，不断提升经济发展质量和效益。

第二，坚持以产兴城，推动城镇建设与产业发展有机统一。产业是城镇建设的根基，没有发达的产业作支撑，城镇建设就会成为无源之水、无本之木。要把产业发展摆在山阳经济发展的突出位置，坚持产业为先、以产兴城、产城融合，不断增强山阳县城产业支撑能力，通过产业发展解决就业、居民增收、社会稳定等问题，为推进以人为核心的新型城镇化提供坚实支撑。坚持突出特色、错位发展，找准主导产业，重点发展比较优势明显、带动农业农村能力强、就业容量大的产业，推动传统产业与新兴产业两手齐抓、转型升级和增量扩容协同推进，形成更具竞争力的产业发展格局。大力提升产业平台功能，依托各类开发区、产业集聚区、农民工返乡创业园等平台，引导产业集中集聚发展，推动单一生产型园区经济向综合型城市经济转型，促进产业园区与城镇建设相互支撑、协调发展。以服务产业发展为重点加强基础设施建设，不断优化营商环境，围绕产业转型升级和居民消费升级需求改善县城消费环境，推动发展条件不断改善。

第三，坚持城乡融合，推动县域发展与乡村振兴有机统一。要把山阳县作为推进城乡融合发展的重要切入点和突破口，加快打破制约县域内城乡融合发展的体制机制和政策障碍，推动城乡要素平等交换、双向流动，形成县乡村功能衔接互补的建管格局。坚持县乡村公共服务一体化发展、公共基础设施一体化建设，推进公共服务向乡村覆盖、基础设施向乡村延伸，建立健全县域城乡一体的就业、教育、医疗、养老、住房等政策体系，提高县城辐射带动乡村能力，促进县乡村功能衔接互补。推动城乡产业融合发展，推进农业“接二连三”，提高农产品标准化、规模化、品牌化水平，以山阳县城和中心镇为重点加强农产品流通体系建设，优化提升特色小城镇、农业园区等城乡产业融合载体，不断夯实城乡融合发展的经济基础。

第四，坚持以人为本，推动建强经济与富裕百姓有机统一。富裕百姓、改善民生是经济发展的根本目的。推动山阳经济发展，要牢固树立以人民为中心的发展思想，坚持发展为重、富民优先，把建强经济与富裕百姓结合起来，推动发展成果更多更公平惠及全体人民。持续巩固拓展好脱贫攻坚成果，完善防止返贫动态监测机制和低收入人口常态化帮扶机制，深入抓好易地扶贫搬迁后续扶持工作，坚决守住不发生规模性返贫底线。注重在发展经济中拓宽就业途径，加强职业技能培训，推动人力资源开发，全力促进脱贫人口、农民工、高校毕业生等重点群体增收，千方百计提高低收入群体收入水平，扩大中等收入群体比重，在做大做好“蛋糕”的同时把“蛋糕”切好分好。稳步提高基本民生保障水平和基本公共服务均等化水平，强化社会兜底保障，降低公共服务成本，切实解决好人民群众最关心、最直接、最现实的教育、医疗、住房、养老、生育、托幼等民生问题，不断提升群众获得感、幸福感、安全感。

（六）坚持真抓实干

抓落实，是党的政治路线、思想路线、群众路线的根本要求，也是衡量领导干部党性和政绩观的重要标志。习近平总书记反复强调崇尚实干、狠抓落实，要求“形成狠抓落实的好局面，不折不扣贯彻落实党中央决策部署，积极主动抓落实，聚合众力抓落实，以钉钉子精神抓落实，聚焦实际问题抓落实，在抓落实上取得新实效”①。山阳坚持真抓实干，强化问题导向和目标导向，树立“实干”导向，提升“会抓”本领，锤炼“真抓”作风，低调务实不张扬、埋头苦干抓发展，推动各项工作落到实处、见到实效、走在前列。

第一，坚持绝对忠诚的政治本色。对党忠诚既是党对党员干部最基本的政治要求，也是党员干部最重要的政治素养。坚持对党忠诚的政治品格，才能在思想上政治上行动上同党中央保持高度一致，才能为党的事业奋斗终生。具有坚强党性，是做合格共产党员的基本要求。党员干部只有自觉增强党性意识，不断加强党性修养，养成并坚守坚强党性，才能靠得住、信得过、能放心，做到对党绝对忠诚。山阳县党员干部要坚持把讲政治贯穿于政府工作全过程各方面，坚持不懈用习近平新时代中国特色社会主义思想凝心聚魂，全面贯彻落实党的二十大精神，坚定捍卫“两个确立”，做到“两个维护”，以实干实绩实效践行对党忠诚。

第二，坚持依法行政的规则意识。党的二十大报告提出：“转变政府职能，优化政府职责体系和组织结构，推进机构、职能、权

①《在推进中国式现代化中走在前做示范　谱写“强富美高”新江苏现代化建设新篇章》，《人民日报》2023 年 7 月 8 日第 1 版。

限、程序、责任法定化，提高行政效率和公信力。”[①] 建设法治政府，要求职权法定、依法履职，各项行政行为于法有据。这就要求依法给行政权力定规矩、划界限，让政府和市场各归其位、各展其长，充分发挥市场在资源配置中的决定性作用，更好发挥政府作用。新征程上，山阳县要坚持依法转变政府职能，更好履行政府职能，加快建设职能科学、权责法定、执法严明、公开公正、廉洁高效、守法诚信的法治政府，继续打造廉洁、务实、高效的优质政务环境。深入推进“八五”普法，抓好法治政府建设。严格落实县委“五项制度”“五个禁止”，依法接受人大法律监督，自觉接受政协民主监督，主动接受社会舆论监督，认真办理人大代表建议和政协委员提案。严格执行“三重一大”等制度，推进行政决策和政务服务阳光运行。

第三，坚持真抓实干的责任担当。新时代，党员干部肩负着重大的责任和使命。他们不仅是党的事业的骨干力量，更是人民群众的贴心人。真抓实干、敢于担当是每一名党员干部应具备的基本素质。只有真抓实干，才能推动党的事业不断发展；只有敢于担当，才能为人民群众创造更加美好的生活。山阳县党员干部要始终保持攻坚克难的拼劲、改革创新的闯劲、久久为功的韧劲，力戒形式主义，持续改进作风，把智慧用在谋事上，把精力用在干事上。扎实开展干部作风能力提升年活动，拧紧发条、铆足干劲，以自身正、

① 《高举中国特色社会主义伟大旗帜　为全面建设社会主义现代化国家而团结奋斗——在中国共产党第二十次全国代表大会上的报告（2022 年 10 月 16 日）》，《人民日报》2022 年 10 月 26 日第 1 版。

自身硬的执行力和落实力，推动各项工作创一流、发展走在前。

第四，坚持清正廉洁的为政底线。廉者，政之本也。习近平总书记强调："要弘扬清廉之风，教育各级领导干部牢固树立正确权力观，全面查找廉洁风险点，筑牢思想防线，坚守法纪红线。"[①] 一身正气、两袖清风，是共产党人的做人之本；洁身自好、克己奉公，是领导干部的从政之基。广大党员干部要筑牢思想防线，守住廉洁底线，坚守法纪红线，切实把"廉"内化于心、外化于行，永葆共产党人清正廉洁政治本色。落实政府系统全面从严治党主体责任，切实履行"一岗双责"，深化对工程建设、国有企业等重点领域监管，从源头上预防和治理腐败。严控"三公"经费和一般性支出，把有限的财力更多用到保民生、补短板、增后劲的"刀刃"上，以政府的"紧日子"换得群众的"好日子"。

二、战略蓝图：打造"一城一区四基地"

山阳根据"十四五"发展的总体战略部署，在"十三五"发展的基础上，把握新机遇、培育新优势，聚焦追赶超越、撤县设市"两大目标"，着力打造健康活力之城、国家全域旅游示范区、国家生物医药产业基地、国家现代材料产业基地、秦岭绿色食品产业基地、陕南电子信息产业基地，建设"一城一区四基地"。

---

① 《把握战略定位坚持绿色发展　奋力书写中国式现代化内蒙古新篇章》，《人民日报》2023年6月9日第1版。

（一）“一城”：健康活力之城

用好天竺山森林公园国家康养基地名片，挖掘县域生态、人文、旅游等资源优势，培育发展生态康养产业，建成国家知名生态康养之城。抓住西十高铁建成开通机遇，大力发展高铁经济，加速人才、技术、信息、资金等要素充分流动，实现与“两群”“两圈”“两带”的互联互通，建设经济实力强、开放水平高、发展有活力的陕南强县。

第一，推进“四大板块”建设。围绕漫川、法官、天竺山景区，有序推进天竺山森林康养基地、小河口运动康养、僧道关乡村康养和漫川国家级旅游度假区等项目建设；围绕色河、小河秦岭山水乡村和红色旅游开发区，加快陆湾康养中心项目建设和3A级景区创建；围绕户家塬、杨地、南宽坪金钱河长廊休闲区，抓好户家塬乡村振兴项目，谋划开发金钱河、腰坪水库等水上运动康养；围绕县城、十里、高坝及高铁沿线，加快建设中医药康养综合体项目，谋划实施运动健身、康体养生等一批康养项目。

第二，抓好“五大品牌”创建。持续挖掘“中国康养之都”的品质内涵，不断扬优势、创品牌，持续扩大对外影响力。创成中国气候宜居县、国家级全域森林康养试点建设县中国天然氧吧；启动全国基层中医药工作示范县创建工作，召开创建动员会，结合创建标准，对县镇村医疗机构开展中医药适宜技术培训，并对各级机构制定中医药诊疗服务标准；漫川国家级旅游度假区创建工作有序推进，邀请文旅部聘用专家组暨国家旅游度假区评审专家及北京兴博旅投规划设计院来山调研，正在编制创建规划；漫川关“国际慢城”成功递交申报资料，推进品牌创建持续发力。

第三，培育“六大产业”发展。一是推进健康医疗产业，提高医疗服务水平。建成山阳县公共卫生中心并投入使用，完成县妇幼保健院整体迁建，基本形成县域内30分钟康养服务圈。二是推进健康养老产业，提升养老服务质量。建成山阳县养老服务智慧平台，有序推进县养老服务中心项目。三是推进健康文旅产业，促进文旅融合发展。山阳县荣获“美丽中国·深呼吸小城”及深呼吸生态旅游魅力名县称号，持续推进天竺山、天蓬山寨国、省森林康养基地建设，天竺山镇陕西首批“特色气候小镇”建设。四是推进健康体育产业，增强全民身体素质。制定出台《山阳县促进体育产业发展的十项措施》，建成滨河生态公园、沁水公园、运动公园及口袋公园、带状公园等8个，在山阳县职业教育中心新校区设置智慧健康养老服务专业，积极发挥各类体育协会的带动作用，举办全县职工运动会。五是推进健康医药产业，不断延链补链强链。积极培育德润康中医药产业园为链主企业，积极组织企业参加丝博会等各类经贸洽谈会、项目推介会，实施中医“治未病”健康工程。六是推进健康食品产业，推动绿色产品发展。举办秦岭山珍美食大赛，培育特色食品产业链主企业，国家地理标志，发展健康食品企业；和丰阳光三期项目加快推进，家金、智源等核桃深加工企业品牌和市场持续扩大，秦岭优源、犇犇旺等健康食品产业链不断延伸，持续创响“源味山阳”等农产品品牌。

第四，着力打造“两个交通网”“三个1小时交通圈”。按照

“体系优化、网络完善、智能管理、畅行无阻”的方针，逐步打造县域“1135”综合交通网、构建“双十字八放射”县域公路骨干网，形成“三个1小时交通圈”，推动沪陕十天高速、G345山阳过境公路、商山城际铁路及其他干线公路等重大项目实施，主动服务保障西十高铁、丹宁高速、山阳通用机场等重大交通项目建设。到2025年，全面完成“1135”综合运输交通网络建设，人均道路交通里程达到全省先进水平，打造内畅外联山阳立体化综合交通网络体系。

（二）“一区”：国家全域旅游示范区

山阳围绕国家全域旅游示范区创建，进一步提升县域景区、景点品质内涵，完善旅游业态，强化旅游宣传，不断提升旅游基础服务设施，推动全县旅游业转型升级、提质增效，努力创建国家全域旅游示范区，打造国内著名、秦岭特色的综合性旅游度假目的地。

第一，实施设施、服务、产品、文化、品牌“五大提升工程”，积极推进天竺山5A级景区创建和漫川国家旅游度假区建设。挖掘漫川关、天竺山独特的旅游资源，以山地度假、运动休闲、文化体验、健康养生等为重点，进一步整合旅游资源，打造独具山水田园特色的国家级全域旅游“漫式生活”文化区。强化文化遗产保护和利用，利用天竺山道教文化、民俗文化、漫川关秦楚文化及民俗文化，打造一批文化旅游景点。完善旅游交通设施，开通景区直通车、摆渡车、旅游环线，修建旅游步道、风景绿道，打通景区和景点之间的通道。建设集游客集散、信息咨询、停车餐饮、旅游购物等功能于一体的游客服务中心，提升旅游服务能力和水平。

第二，以创建高A级景区为目标，提升改造县域景区、景点，培育“旅游+”业态，不断提升全县景区综合竞争力。按照“精品景区+美丽乡村+特色小镇”的发展思路，重点推进天蓬山寨、月亮洞、4A级提升，提升漫川古镇历史文化研学区、前店子乡村休闲区、袁家沟红色旅游区等主题化旅游片区服务质量，培育房车露营、户外运动、研学旅游等旅游业态，打造一批定位差异、主题鲜明、特色突出、功能互补的文旅融合聚集区，推动全县旅游业转型升级、提质增效。

第三，实施全域旅游标准化建设工程，加快推进旅游基础设施及配套服务建设，全力补齐“吃住行游娱购”要素短板，推进旅游服务标准化建设，全面提升旅游品质和服务质量。推进餐饮、住宿等业态集群化、多元化发展。培育精品文创、民间手工艺品、民俗演艺、影视制作等旅游文创产品研发、生产及销售，策划“朝秦暮楚、漫俗体验”“农耕原乡、问道天竺”等一批有影响力的旅游项目及活动，打造高铁、高速交通网络一体化体系，通过景区旅游小火车、观光云轨、自驾车营地建设等项目实现旅游交通网络全域覆盖。加快智慧旅游平台建设，实现“一部手机游山阳”。

（三）“四基地”：生物医药、现代材料、秦岭绿色食品、陕南电子信息产业基地

山阳县“四基地”，即国家生物医药产业基地、国家现代材料产业基地、秦岭绿色食品产业基地、陕南电子信息产业基地。

第一，打造国家生物医药产业基地。以黄姜、连翘、黄芩、五味子、天麻等优势品种，以及林麝、梅花鹿等动物性中药材为重点，优化产业布局，扩大产业规模，建成一批种植、养殖示范基地。提升中药饮片、中药材中间体提取、现代中药、中药保健品、动物兽药等新型生物医药系列产品研发生产水平，积极开发肝素钠针剂、生物活性肽、免疫球蛋白等新型生物医药产品。以必康、恒瑞、德润康、天之润等龙头企业为引领，以户家塬、城关、十里等区域为产业发展主战场，建设十里医药产业园、户塬生物医药产业园。聚焦中药饮片、中药材中间体提取、现代中药、中药保健品、动物兽药等生物医药产品，重点开发肝素钠、钙粉、钙片、药用麝香等产品。鼓励医药企业提升研发生产水平，采用新技术、新方法提高中药材天然药物活性成分的产出率和质量，不断完善医药加工、销售体系，提升企业经营与销售能力。持续推进必康医药产业园三期、林麝养殖及深加工、中药材系列精深加工等项目建设，加快推动肝素钠注射液、药食用钙、中药饮片等项目开工建设。加快德润康二期项目招商，持续推进德润康中医药产业园三期等项目建设，尽快形成以中药饮片、中药中间体、中药免煎颗粒和保健品为一体的产业聚集区。到 2025 年，生物医药产值达到 120 亿元。把必康、金川、德润康、恒瑞等特色显著、要素丰富、链条完整的生物医药产业聚集区建成建好，打造国家生物医药产业基地。

第二，打造国家现代材料产业基地。充分挖掘山阳县矿产资源潜能，启动实施铜、金整装勘查，强化技术创新突破，加大重点产品和核心技术攻关，延伸氮化钒、金属钒、钒电池、钒尾矿有价元素提取及绿色装配材料等产业链，打造国家高端钒产业集群。积极发展黄金深加工及综合利用，构建“金矿—合质金—首饰—键金丝—尾矿提取贵金属”全产业链，建成国家黄金产业园。加快聚乙烯可降解材料等新材料研发生产，建成国家可降解材料研发生产基地。建设高新区新材料科技园、中村钒产业园、银花尾矿综合利用产业园、小河—鹘岭黄金产业园，全力打造国家现代材料产业基地。以五洲、丰源、秦鼎和奥科等企业为依托，重点发展以钒金属为代表的有色金属材料，以碳酸钙粉体材料、纳米天然硫酸钡分散剂为代表的无机非金属化工材料、以新型外墙保温装饰材料和耐火砖为代表的新型建筑材料，推进现代材料产业高端化，打造现代材料产业集群。加快推动绿色新材料产业园、聚乙烯全生物定时降解农膜、纳米二硫化钼、无机非金属化工新材料等项目开工建设。持续推进五洲高端钒产业园扩建、提钒工艺技术改造，加快推动氮化钒迁建、钒液流电池、绿色装配材料等项目建设。持续推动秦鼎、秦金黄金开发等项目建设，加快推动小河庙梁黄金产业园、小河黑沟金矿开发、年产 10 万吨铜加工厂等项目开工建设。

第三，打造秦岭绿色食品产业基地。立足药菌果畜等绿色特色农业产业优势，实施“强药、扩菌、稳果、优畜”工程，因地制宜扩大茶叶、中蜂等产业规模，以龙头企业为引领，以农业园区为载体，建设一批区域化、规模化、标准化、产业化基地，实现绿色食品产业全产业链发展，打造“特色鲜明、品质优良、体系完善、品牌响亮”的绿色食品精深加工产业集群，建成全国知名的秦岭绿色食品产业基地。以现代农业产业园为载体，以和丰阳光、优源、金鸡、意发和家金等龙头企业引领带动，建设高坝绿色食品加工及智能物流产业园、漫川生猪和户塬肉牛产业园、板岩生态养殖产业园、宽坪茶文化体验产业园等一批农业产业园区，打造绿色食品精深加工产业集群，建设秦岭绿色食品产业基地。持续推进和丰阳光食用菌产业园二期项目建设，加快推动京东云仓、中国航空有机食品基地、食用菌系列产品开发等项目开工建设。持续推进优源、汉华现代农业、兰草坪农旅康养休闲产业园、茶叶特色小镇等项目建设，加快推动漫川现代农业产业园、蛋鸽养殖基地及深加工、九眼莲基地及深加工、漫川茶旅融合、高山有机茶园提升改造等项目开工建设。持续推进意发生态养殖园建设，加快推动峪河农业循环产业园、户家塬肉牛肉羊养殖基地建设及深加工、板岩和小河生猪养殖产业基地等项目开工建设。持续推进板栗、核桃、猕猴桃、油用牡丹、绞股蓝、手工挂面基地建设，加快推动绿色农特产品精深加工等项目扩建。

第四，打造陕南电子信息产业基地。以高新区电子信息产业园为载体，积极承接东部产业转移，以电子材料、元器件、柔性电路板等产品需求为突破口，不断延伸产业链，增强产业配套能力，强化产业链招商，引进更多电子信息加工企业落户山阳，形成配套西安、武汉的电子信息产业园区，倾力打造电子信息产业集群，建成陕南电子信息产业基地。以雷博光电、瑞裕电子、三秦触控、品佳科创为龙头，以电子元器件、玻璃盖板、触摸屏、显示模组、柔性电路板等产品需求为突破口，不断提升技术创新能力，延伸产业上下游，增强产业关联配套能力，形成配套西安、武汉的电子信息产业园区，打造陕南具有影响力的电子信息产业集群。到2025年，电子信息产业实现产值50亿元以上。持续推进电子信息产业园二期、三期、创业创意产业园等项目建设，加快推动综合性网络技术服务大数据产业园、光学镀膜及3D柔性可折叠玻璃盖板、年产2千万片触摸屏等项目开工建设。

三、目标设定：锚定“远景目标与发展目标”

山阳县坚持以习近平新时代中国特色社会主义思想为指导，深入学习贯彻党的二十大精神，锚定“远景目标与发展目标”，加快打造“一都四区”示范县、建设“五好山阳”，奋进中国式现代化新征程，贯通落实习近平总书记来陕考察和瞻仰延安革命纪念地时重要讲话重要指示，按照省委十四届三次、市委五届三次全会部署要求，坚持稳中求进工作总基调，完整、准确、全面贯彻新发展理念，以推动高质量发展为主线，谱写山阳高质量发展新篇章。

（一）“五大”远景目标

党的十九大对实现第二个百年奋斗目标作出分两个阶段推进的战略安排，即到2035年基本实现社会主义现代化，到21世纪中叶把我国建成富强民主文明和谐美丽的社会主义现代化强国。山阳围绕2035年与全国全省全市同步基本实现社会主义现代化目标任务，聚焦发展不平衡不充分问题，着眼提高发展质量效益和满足人民群众美好生活新期待，提出如下奋斗目标。

第一，综合实力和创新能力大幅跃升，基本实现新型工业化、信息化、城镇化和农业现代化，建成结构优化、创新驱动、效益良好、充满活力、具有山阳特色的现代化经济体系，在高质量发展的基础上，人均地区生产总值较2020年翻一番。

一是产业升级增强高质量发展动能。围绕“3+4”产业集群，调结构促转型、强链条促集群、补短板固优势，推动产业高质量发展。全力推行工业倍增计划。制定出台全县工业倍增计划方案，落实年度任务、细化部门责任、强化督办考核。紧扣工业倍增“五条路径”，扩大五洲、丰源等骨干企业产能，加快电子信息产业园三期、金诚五氧化二钒、富新振兴黄金等新建项目及早竣工投产，推动山阳色河抽水蓄能电站、钒液流储能产业园等开工建设，全年新纳规上工业企业5家。加快实施农业“四化”提质。树立全产业链思维，精准化补链条、集群化聚产业、多元化促协同，持续壮大“药菌果畜茶”等产业规模，重点抓好优源、汉华、犇犇旺等农业项目建设，打造食用菌、畜禽等产业亿级链主企业5家以上。大力实施“品牌点亮”工程，每年申报认定“两品一标”和名特优新农产品5个以上。促进消费旅游扩容增效。围绕国家级全域旅游示范区创建，抓好天竺山5A级景区、漫川关国家旅游度假区创建，推动天蓬山寨等景区提档升级，实施十里小磨沟、城关高家沟2处康养综合体项目，积极创建“健康中国·康养旅游百强县”。打造丰阳印象、僧道关等一批休闲街区、特色民宿，精心举办生态旅游、电商带货等节会营销活动，争创省级县城商业体系建设示范县。

二是有效衔接筑牢高质量发展基石。把实施乡村振兴战略作为新时代“三农”工作的总抓手，守牢不发生规模性返贫底线，推动巩固拓展脱贫攻坚成果同乡村振兴有效衔接。巩固拓展脱贫攻坚成果。始终把防返贫动态监测帮扶作为重中之重，发挥“四支队伍”、网格员作用，规范运行大数据平台，动态开展“两不愁三保障”及饮水安全排查整改。深化“四抓四带”联农带农模式，促进脱贫群众持续稳定增收。抓好搬迁后扶23个补短项目实施，加强社区工厂招商运营管理。稳妥推进乡村建设。抢抓国家乡村振兴重点帮扶县政策机遇，谋划实施一批补短板、促发展的项目。进一步明晰乡村建设项目产权，编制村庄公共基础设施管护责任清单，全面加强农村公共基础设施管护。示范带动乡村振兴。在持续提升5条流域示范带品质的同时，启动小河、唐家河2条流域示范带建设，聚力打造漫川关、法官2个省级乡村振兴示范镇和桃园、陆湾、袁家沟等10个市级乡村振兴示范村，抓点示范、串点成线、扩线成面。

三是城乡品位拓展高质量发展空间。对标全市打造“中国康养之都”和“双50”目标，着力打造“名县美城”。精美建设县城。遵循县城建设管理原则，打好“两拆一提升”收官战，抓好中街、三里店、甘沟口等4个棚改项目收尾工作，完成北大街改造提升。精细管理城市。完成县城国土空间规划编制，配套编制完成县城功能区修建性详规，做实66个县城片区管理服务，常态化开展执法巡查，抓好重点商圈、学校周边、集贸市场、背街小巷等重点区域管理，探索推进城市环境卫生市场化改革，推动城市亮化绿化美化。精心打造乡村。打造福银、丹宁高速沿线两条城镇带，深入实施农村人居环境整治提升五年行动，统筹抓好农村生活和污水治理。大力推进移风易俗，积极破除厚葬薄养、高额礼金等陈规陋习，推动形成文明乡风、良好家风、淳朴民风。

第二，绿水青山就是金山银山理念深入人心，生态系统稳定性显著增强，绿色生产生活方式全面形成，碳排放总量在 2030 年前达到峰值后稳中有降，生态环境质量持续向好，秦岭生态环境更加宁静、和谐、美丽。

一是绿色发展目标确立。以习近平新时代中国特色社会主义思想为引领，深入贯彻习近平生态文明思想，扎实深入践行绿色发展理念，结合山阳县的追赶超越和撤县设市两大目标，围绕全力推进山阳县经济社会高质量发展目标，按照中国特色社会主义事业“五位一体”总体布局，加快建立健全生态目标责任体系、生态文明制度体系、生态环境安全体系，持续巩固“三大保卫战”，不断提高环境管理系统化、科学化、法治化、精细化和信息化水平。

二是当好秦岭生态卫士。严格落实“双查”机制，常态开展秦岭“五乱”问题及生态环保突出问题整治，加快中央和省环保督察、森林督查、卫片执法等领域反馈问题整改。常态长效推进生态修复工程，加强生物多样性保护，切实守好秦岭生态安全屏障。持续抓好污染防治。接续打好蓝天、碧水、净土保卫战，完成万佳热力公司锅炉排放改造、县城污水处理厂提标改造，抓好县工业污水处理厂并网运行、垃圾填埋场二期等项目建设，确保城区空气质量优良天数 345 天以上。加快全域污水处理 PPP 项目进度，植树造林 16 万亩，治理水土流失 50 平方公里。

三是实现绿色循环发展。对标 41 项指标，完成省级生态文明示范县创建任务。加大矿产资源整合力度，创建绿色矿山1个，实施尾矿库资源综合利用项目2个，抓好秦兴石料厂提标改造、丰源钒氮合金技改及数字化提升。加快推进国家“双储林”项目建设，完成户家塬、杨地等5个镇5.62万亩建设任务。坚守好秦岭生态环境，全力推进生态文明建设再上新台阶，护生态、优环境、促发展，努力建设天更蓝、山更绿、水更清的美丽宜居新山阳。

第三，市场化法治化国际化营商环境基本形成，并处在全市前列，市场主体更加充满活力，主动融入“三大开放空间”，对外开放形成新格局、达到更高水平，成为新发展格局的重要节点，与全省全市同步建成内陆改革开放高地。

一是营商环境优化提升。聚力推进营商环境突破年活动，加快“一件事一次办”集成改革，推动政务服务“智慧办、承诺办”。继续打好留抵退税、缓缴社保费等组合拳，开通企业办事服务热线，建立联席会议制度，解决企业经营难题。打造预期更稳定的法治环境、“亲、清”更统一的政商环境，着力营造重视企业、关注企业、支持企业的浓厚氛围。

二是简政放权持续推进。深入开展优化营商环境“五大专项行动”，全面推行证明事项和涉企经营许可事项告知承诺制，严格落实市场准入负面清单制度。深化工程建设项目审批等领域改革，完善行政审批事项目录管理制度。加快商事制度改革，压缩企业登记和注销时限，实现证照分离“照后减证”。加快相对集中行政许可权改革，推动政务服务标准化、规范化、便利化。深入推进“三集中三到位”，全面推行“一窗受理、合并审查、集约审批、一站办结”审批模式，拓展“网上办”和“最多跑一次”事项，全面落实减税降费等优惠措施，推动与企业、群众生产生活密切相关的重点领域高频事项基本实现“一件事一次办”。

三是规范监管持续强化。加强事中事后监管，实现“双随机、一公开”监管全覆盖、常态化，健全重大政策事前评估、事后评价制度。积极推进“互联网 + 监管”体系建设，实现相关平台互联互通和数据共享，提高监管的精准性和有效性。加强食品药品生产、流通、使用环节和工业产品质量、特种设备安全领域监管，加强检验检测能力建设和镇（街道）市场监管所基础设施建设，全面提升食品药品、工业产品质量安全监管智慧化、信息化水平。加强价格监管，确保市场价格秩序稳定。对新技术、新产业、新业态、新模式等实行包容审慎监管。深入推进行政执法体制改革，实行大综合、一体化行政执法。

四是数字政府加快建设。持续推进“互联网 + 政务服务”，建设综合数据平台，推进政务信息资源跨层级、跨地域、跨系统、跨部门、跨业务互通互联和协同共享。加快自助服务终端等平台建设，提高“秦务员”政务服务事项进驻率，推进“好差评”系统应用，提高服务效率。推动政务服务事项实现移动端和自助终端服务全覆盖，让“一网通办”加速迈向“一网办好”，到 2025 年，县级政务服务事项“一网通办”率不低于 95%，政务服务事项全面实现“应进必进”。落实“企业服务包”制度，建立常态化政企沟通机制，完善涉企政策互动交流和信息反馈渠道，加强破坏营商环境专项问题治理，构建“亲”“清”新型政商关系。

第四，社会文明程度达到新高度，建成教育强县、人才强县、文化强县和健康山阳，城乡居民收入较 2020 年翻一番，中等收入群体显著扩大，城乡区域发展差距和居民生活水平差距显著缩小，基本公共服务实现均等化优质化，人的全面发展和人民共同富裕取得更大实质性进展。

一是优秀创新人才不断聚集。其一，实施人才强县工程，完善创新人才引进、培养、评价等机制，加快创新创业领军人才（团队）引进和技能人才培育，引进一批“候鸟式专家”“周末工程师”。支持县外科技人才、机构携带技术、成果在山阳转化推广，促成更多人才项目落地山阳。其二，完善科技人才服务体系，建立科技人才使用监测考评体系和人才奖励制度，推动创新型人才加快集聚。加快县科技资源统筹中心建设，重视培养本土人才，提升本地产业工人技能水平，实现“技术需求”与“技术成果”双向互动。

二是新时代文明实践工作稳步落实。建成纵向贯通县镇村、横向辐射党政群企的“三纵四横”文明实践工作格局。按照“上下联动、试点引领、全面推进”思路，坚持县、镇（街道）、村（社区）三级协调联动，定期召开联席会议，专题研究部署工作，结合党委政府中心工作和群众急难愁盼，按月发布活动主题。出台中心测评体系，将新时代文明实践工作纳入意识形态工作责任制考核范围，纳入文明单位创建、文明城市巩固创建等考核体系，督促各部门各单位把工作牢牢抓在手上、落实到具体行动中。

三是公共服务水平不断提升。坚持以人民为中心的发展理念，把实现好、维护好、发展好最广大人民根本利益作为发展的出发点和落脚点。其一，全面落实就业创业扶持政策，加大援企稳岗力度，落实“免减缓返补”政策，实现更高质量就业；其二，推进教育现代化建设，以创建国家义务教育优质均衡发展县为抓手，优化城乡校点布局，加快推进城区第一初级中学迁建、农村薄弱学校改造等校建工程，持续增加学位供给；其三，完善健康医疗服务体系，严格落实县域提能力、基层筑网底要求，优化区域医疗资源配置，构建县镇村一体化的医疗卫生服务体系；其四，提升公共文化服务水平，稳步推进“文化惠民”，实施公共文化设施提升工程，推动公共文化服务资源整合和联动发展；其五，健全多层次社会保障体系，完善城乡居民基本养老保险、工伤保险、失业保险制度，扩大失业保险覆盖范围；其六，制定落实城乡居民收入增长计划，确保居民收入增长与经济增长保持同步。

第五，基本实现治理体系和治理能力现代化，法治山阳、法治政府、法治社会基本建成，平安山阳建设达到更高水平，与践行新发展理念、推动全县高质量发展相适应的制度体系更加成熟定型。

一是法治山阳建设取得明显成效。全面贯彻实施宪法，深入开展尊崇宪法、学习宪法、遵守宪法、维护宪法、运用宪法的学习宣传教育活动。推进依法执政，加强党委对法治山阳建设的统一领导。支持人大及其常委会依法行使对“一府一委两院”的监督职权。建设法治政府，实行政府权责清单制度，构建职责明确、依法行政的政府治理体系。落实司法体制综合配套改革政策，推进司法公开，促进司法公正。加强法治社会建设，宣传和实施好《中华人民共和国民法典》，深化法律援助、司法救助等制度改革，完善法治监督体系，健全法治保障体系，深入推进全民守法。到 2025 年，尚法守制、公平正义、诚信文明、安定有序的依法治县新格局初步形成，更高水平法治山阳建设取得明显成效。

二是基层社会治理现代化水平有效提升。全域实施网格化管理和服务，推行“镇街吹哨、部门报到”等经验做法，以基层组织建设为引领，推进县、镇（街道）、村（社区）综治中心规范化建设、实体化运行，推动服务管理入“网”、服务管理责任到“格”，实现“网格化 + 信息化”全覆盖。推动社会治理和服务重心向村（社区）下移，资源、服务、管理向社区延伸，构建简约高效的基层治理体制，推动镇（街道）把工作重心转移到社会治理和公共服务上来，减轻基层特别是村级组织负担。发挥科技支撑作用，加强城乡社区工作者队伍建设，激发社会组织活力，提升社会治理现代化水平。

三是现代应急管理体系建立健全。健全应急管理组织指挥体系，建立应对自然灾害、事故灾难、公共卫生事件和社会治安事件的部门协调联动机制。健全各类突发公共事件应急预案，坚持平战结合，常态化开展应急预案演练，推动应急避难场所建设。积极开展全民安全科普宣传，增强安全意识，提升群众防灾避险和应急自救互救能力。加强应急管理队伍建设，加快建立应急管理信息化平台，整合优化应急资源配置，完善应急管理体制机制和应急物资储备机制，积极推进应急管理体系和能力现代化。

（二）“七大”发展目标

锚定2035年远景目标，综合考虑国内外发展环境、发展趋势和山阳县发展条件，坚持目标导向和问题导向相结合，坚持守正和创新相统一，“十四五”时期山阳全县经济社会发展要努力实现以下主要目标：

第一，全县经济实力实现新突破。“十四五”期间，全县生产总值年均增长6.5%，规上工业增加值年均增长8%，固定资产投资年均增长6%，社会消费品零售总额年均增长8%，城乡居民人均收入年均分别增长6%和7%，地方财政收入年均增长5%，单位GDP能耗逐年下降。

一是重点领域改革不断深化。巩固提升农村集体产权制度改革成果，稳慎推进农村宅基地制度改革、农村集体经营性建设用地入市试点，实施农村集体经济“削薄培强”行动，年底前村集体经济收入5万元以下的全部清零。深化国资国企改革，推进融资平台整合升级，提升国有资本运营质量和效益，打造一个总资产25亿元以上的综合性国有资本运营公司。推动“亩均论英雄”综合改革和“标准地+承诺制”改革走深走实，实现交地即发证、拿地即开工。

二是创新驱动加快实施。发展县域经济、特色经济，抓好“一县一策”“一县一业”事项清单落实，全力打造百亿级产业集群。鼓励企业与高校、科研院所合作攻关，强化技术成果转化应用，支持德润康创建省级双创基地，加快县高新区“立体联动孵化先行示范基地”建设，建成市级工程技术研究中心1个，新增高新技术企业3家以上，技术合同交易额0.35亿元以上。

三是储备项目超前谋划。紧盯国家产业发展方向、政策导向和资金投向，聚焦新能源、新材料、绿色环保等6大产业，超前谋划一批能源、电力、水利、交通、市政、尾矿资源综合利用等重大和新型基础设施项目，特别要攻坚谋划一批“打粮食”的工业项目，建好项目储备库，确保产业类项目投资比重达到60%以上。全年策划储备项目动态保持在300个以上，争取更多项目纳入中省大盘子。

四是项目建设全力推动。深化高质量项目推进年活动，全年实施重点项目143个，总投资508亿元，年度投资180亿元，增长7.5%。28个市级重点项目完成年度投资64.2亿元以上，加快推进总投资96亿元的色河抽水蓄能电站核准手续办理，3月底前达到开工条件，16个重大前期项目中至少2个年内达到开工条件。积极筹备周末现场会，打好季度擂台赛，加快丰阳雨露食用菌产业园、秦岭优源生态农业产业园等9个拟观摩项目建设进度，全力冲刺开门红、决胜全年红。

五是双招双引高质高效。坚持既招内资，又引外资，完善“引才”“引智”政策，组建懂经济、善谈判、会服务的专业招商队伍，以健康医药、新材料、电子信息等“3+4”产业延链补链强链为重点，瞄准进博会、丝博会、农高会等中省重大经贸节会活动，开展叩门招商、以商招商、乡情招商，深入推进“迎老乡、回故乡、建家乡”活动，全年招引头部企业或链主企业1个、总部经济2家，招引项目不少于50个、到位资金180亿元以上。

六是居民消费恢复扩大。积极推进县域商业体系建设，完善社区养老、托幼、家政等领域消费的配套支持，做大商贸流通、住宿餐饮等传统消费，支持住房改善、新能源汽车、绿色智能家电下乡和以旧换新等重点领域消费，畅通消费品下乡、农产品进城双向流通渠道，加快建设15分钟便民生活圈。

七是服务保障细致到位。持续在高质量发展上引导预期、增强信心，在打造市场更满意的政策环境上下功夫，让政策的效应最大化释放，变“企业找政策”为“政策找企业”，不断提高资源要素的承载力、整合力、配置力。高标准做好承接国家重大投资政策的准备，争取中省预算内、专项债、金融工具等各类资金23亿元以上。用好城乡建设用地增减挂钩政策，加快盘活存量低效闲置土地，全年新增项目建设用地800亩以上。

第二，产业结构优化实现新提升。坚持“强工业、稳农业、促三产”的基本思路不动摇，优先发展现代特色农业，全力打造“四大工业产业集群”，加快推进康养旅游业，实现农业质效双升、工业绿色高效、服务业做强做优。到“十四五”末，三次产业比例达到11∶49∶40。

一是工业倍增计划顺利实施。按照健康医药激活、新材料提质、电子信息延链、清洁能源开发、建筑业升级的思路，制订出台全县工业倍增计划方案，推进优势资源集群化链条化发展。加快必康公司内部资产重组，支持五洲、丰源公司扩能增产延链，努力形成百亿元以上的现代医药和新材料产业集群。推进电子信息产业园三期、金诚五氧化二钒、富新振兴黄金等项目及早竣工投产，力促钒液流储能产业园开工建设，全年新纳规上工业企业5家、限上单位16家、规模以上服务业企业4家以上。新建标准化厂房3万平方米，招商入驻企业3家以上。抓好高新区“一区多园、一园一业”建设，新增入园企业6家以上，亩均税收46万元以上。

二是农业提质行动有效开展。坚持藏粮于地、藏粮于技，配套落实县级种粮补贴，粮食储备库项目建成投用，建设高标准农田2.5万亩，粮食总产9万吨以上。推进农业产业化、绿色化、景区化、品牌化“四化”建设，持续壮大“菌果药畜茶”等特色产业规模，打造食用菌、畜禽等产业亿级链主企业5家以上，新建现代农业园区10个，发展农民专业合作社、家庭农场等新型农业主体90个以上，申报认定“两品一标”和“名特优新”农产品5个以上。

三是旅游扩容工程持续扩大。紧盯创建国家全域旅游示范区目标，对现有景区景点进行高品质提升、高质量管理、高水平营销，加快天竺山5A级景区、漫川国家旅游度假区创建，推动天蓬山寨等景区提档升级。引进中青旅、陕旅、携程等专业机构参与投资运营管理，全力迎接“五一”“十一”旅游旺季，精心举办秦岭生态文化旅游节和四季主题营销活动，持续扩大“秦风楚韵·和美山阳”品牌知名度和影响力。

第三，新型城镇化实现新格局。聚焦“撤县设市”目标，强化规划引领，加快县城空间骨架东进西扩、连片发展、倾力打造高铁新城、有序推进乡村振兴、大力促进产城融合，实现中心城市功能布局更优，辐射带动更强，城镇人口规模显著增加，现代化城镇体系新格局基本显现，宜居宜业、宜养宜游的山水园林城市形象日益彰显。到“十四五”末，“一核、两轴、多区”的新型城镇化体系基本形成。

一是全力打造精致宜居县城。树立“四个四”理念，统筹城市建筑布局、协调城市景观风貌、科学设置城市家具，高质量编制县城国土空间规划、功能区修建性详规，当好城市规划的“设计师”。聚焦建、拆、改、提“四个重点”，实施城市更新一揽子行动，加快建设运动公园二期等19个项目，建成口袋公园5个、停车场3个，新增停车位1030个，增绿补绿20万平方米；抓好棚改项目收尾工作，打好“两拆一提升”收官战，改造老旧小区28个；实施北大街、丰阳大道、西河东路、育才路、学苑路等道路改造，启动甘沟口城东门户区建设，推进县城西南、河南片区基础设施改造项目，完成县城“1+N”水生态修复，当好城市建设的“工程师”。坚持标准化、文明化、人性化、智慧化“四化”管理，大力实施城市建设管理“312”工程，扎实推进商家划行规市，重拳整治占道经营、乱停乱放、乱搭乱建等行为，提升城市亮化绿化美化品质，当好城市管理的“美容师”。

二是持续打造秦岭山水乡村。坚持全域谋划、全域整治、全域推进、全域提升，以“两改两转三促进”行动为抓手，强力推动秦岭山水乡村建设，再建一批康养、旅游、宜居示范村。抓实“两改”，按照先规划后建设、方便群众生活、突出地域特色的要求，持续改善基础设施和公共服务设施条件，完成农村厕所和土坯（石板）房年度改造任务。做优“两转”，坚持三产融合，延长产业链、供应链、价值链，以镇（街）为单位成立新业态发展公司，每年至少打造5个农村景区、5个产业景点，新增100个民宿床位。推动“三促进”，以乡村建设水平提升、集体经济发展壮大、农民收入持续增加为目标，推动乡村变景区、产业变景点、农产品变商品，实现乡村由表及里、形神兼备的全面提升。

三是精心打造康养产业强县。紧扣全市高质量建设中国康养之都目标，协同推进“双对标、双50”战略，立足生态优势和高铁时代到来，抢抓“西商融合”机遇，更好融入西安一小时、武汉两小时经济圈，招引一批特色品牌企业，发展康养地产、旅居小区、康养民宿等产业，打造全季节、全循环、全龄化的养身养心养神大康养产业链条，推进创建“全国康养旅游百强县”。用好“天竺山国家森林康养基地”金字招牌，推进康养示范镇村和康养基地建设，加快天竺山“国际慢城”和漫川“美丽中国·深呼吸小城”创建步伐。抓好丰阳印象招商运营，加快僧道关等休闲街区、特色民宿建设，推进高坝金山中医药产业园、色河陆湾康养中心等重点康养项目，天竺山、隆元2个高品质酒店建成营业，努力让生态康养成为山阳的新名片。

第四，民生福祉达到新水准。全面推进教育、医疗、卫生、文化等民生事业发展，办好人民满意的“山阳教育”，在义务教育基本均衡的基础上，实现优质均衡发展。加快推进“健康山阳”建设，建成三甲以上医院1座。立体化交通网络体系基本建成，与西安、武汉等周边核心城市实现互联互通。到“十四五”末，城镇登记失业率控制在4.3%以内，城乡居民基本医疗保险参保率达到98%以上、城乡居民基本养老保险参保率达到100%。

一是基础设施条件明显改善。推动丹宁高速年底建成通车，启动西十高铁两个站前广场及连接线建设，启动县城南山环线前期工作，积极争取商郧高速项目落地。抓好党白路、磨王路和省道203色河段等收尾工作，新建农村公路安防工程54.7公里，规范农村道路养护队伍管理。做好磨沟水库安评蓄水、城东液化气站迁建，推动天然气长输管网通气运行。

二是社会事业大力发展。巩固“双减”成果，启动城区一中迁建，建成职教中心新校区，争创国家义务教育优质均衡发展县和学前教育普及普惠县。落实好新冠病毒感染“乙类乙管”政策，全力保健康、防重症。支持县医院“三乙”创建，县公共卫生中心建成投用，高质量通过国家卫生县城复审。开展形式多样的文化惠民活动，完成省级公共文化服务高质量发展示范县创建。广泛开展全民健身运动，配合办好市第五届运动会赛事，争创国家全民运动健身模范县。

三是保障体系健全完善。做好农民工、脱贫人口、零就业家庭等重点群体就业，开展职业技能培训4700人，发放创业担保贷款5000万元以上，实现农村劳动力就地就近就业6.5万人、转移就业11万人。落实生育配套支持政策。健全大病保险和医疗救助制度，做好全民参保工作。抓好兵员征集、拥军优属等工作，提升退役军人服务能力和保障水平。

第五，生态环保水平达到新高度。秦岭生态环境保护取得显著成效，主要污染物排放持续降低，生态环境质量持续向好，“绿色发展”理念深入人心，全民争当秦岭卫士。到“十四五”末，单位

GDP 能耗持续下降，森林覆盖率达到 70% 以上，生活垃圾和污水处理设施覆盖率达到 70%，农村卫生厕所覆盖率达到 75%，三大主要河流、四个国控断面水质达到国家Ⅱ类标准。

一是秦岭生态屏障切实巩固。严格落实“双查”机制，常态开展秦岭“五乱”问题及生态环保突出问题整治，加快中省环保督察、森林督查、土地卫片执法等领域反馈问题整改，全力去存量、遏增量。统筹推进景区违规建筑、农家乐运营管理等专项整治，长效推进生态修复工程，实施秦岭生态保护和修复工程 16 万亩，治理水土流失 50 平方公里，切实守好秦岭生态安全屏障。

二是重点污染防治有效落实。接续打好蓝天、碧水、净土保卫战，严格落实减煤、抑尘、禁燃等措施，力争城区空气质量优良天数达 345 天以上；加快县工业污水处理厂并网运行，完成县城生活污水处理厂提标改造、垃圾填埋场二期项目建设，新建镇、村污水处理厂（站）52 个；严格落实田长制，推进生活垃圾分类和农业面源污染治理，全力保障土壤安全。

三是绿色循环发展持续进行。对标 41 项指标，完成省级生态文明示范县创建任务。全面推行集约化生产，推进山阳高新区循环化改造。加大矿产资源整合力度，实施尾矿库资源综合利用项目 2 个，创建绿色矿山 1 个。建成国家“双储林”5.62 万亩。继续探索生态产品价值实现机制，打通“两山”转化通道，形成一批可复制、可推广的典型案例。

四是资源节约工作全面加强。树立“能水粮地矿材”一体化节约理念，强化高耗水行业节水增效，实施工业废水综合利用工程，积极推进城镇生活污水资源化利用。开展粮食节约行动，全面推广“光盘行动”。鼓励闲置宅基地有序退出，开发利用农村撂荒地，提高工业用地开发利用强度、产出效率。提高尾矿和废石的资源化利用率，积极推进利用废石及钒、金等尾矿生产机制砂石。

第六，社会治理体系达到新水平。落实总体国家安全观，聚焦影响国家安全、社会安定、人民安宁的突出问题，完善社会治理体系，推进基层社会治理现代化，打造共建共治共享的社会治理格局。

一是基层治理机制持续创新。完善社会治理体系，落实党的全面领导制度，建设职责明晰、统分结合、简约高效、共建共治共享的基层社会治理共同体；优化镇办区划设置和村级建制，优化街道管理体制，健全村（社区）治理体系，落实“四议两公开”制度，建立健全村（社区）党组织主导的议事决策机制，推行村级“小微权力”清单制度，健全基层群众自治机制，不断提高基层群众自治能力。

二是社会治安防控不断强化。扎实开展平安创建工作，深化各领域、各行业平安创建活动，压实主体责任和监管责任，坚持专群结合、群防群治，以扎实推进更高水平的“平安山阳”建设为契机，全面完成“雪亮工程”建设任务，打造城乡统筹、网上网下融合、人防物防结合、打防管控一体的社会治安防控新格局，不断增强人民群众安全感，建设更高水平的“平安山阳”。

三是总体国家安全观全面落实。强化重点领域安全保障，统筹发展和安全，推进各领域安全工作，强化源头预防，筑牢防范化解重大风险的安全屏障；提高公共安全水平。牢固树立安全发展理念和“全周期管理”意识，把好公共安全风险源头关、监测关、管控关。

四是社会和谐局面持续巩固。围绕提升群众安全感，创新基层社会治理“365”工作法，推行“党群联心卡”制度，打通联系服务群众“最后一米”。探索推行议政代表会制度，深入推进全面依法治县，一体建设法治政府、法治社会。推进公共安全体系改革，建成“三合一”防灾减灾平台，举行防汛抢险和灾害救助综合应急演练、卫生应急联动机制综合演练。

第七，力争“十件实事”取得良好进展。一是办好西十高铁，把西十高铁项目建设作为头等大事来抓，加强组织领导，强化推进措施，全力以赴抓管控，多措并举强服务，项目建设征迁工作进展顺利。二是办好丹宁高速，横向打通沪陕、福银、包茂高速形成的3条传统旅游线路，有效串联金丝峡、月亮洞、凤凰古镇等景区，为秦岭南麓旅游资源开发提供了优越的交通条件，也为邻省游客来商提供了更大便利。三是办好乡村振兴“十百千万”工程，促进城乡区域协调发展和乡村振兴，提升农村经济发展水平，改善农村居民的生活条件。四是新增1家上市公司，发挥上市公司产业引领作用，持续推动高质量并购重组，加速产业链强链补链畅链护链。五是创建国家级高新技术产业开发区，围绕国家高新技术产业开发区创建指标评价体系，制订出台创建工作方案，明确方向、有序推进，力争将山阳高新区创建成为国家级高新技术产业开发区。六是创建国家全域旅游示范区，抢抓创建国家全域旅游示范区的历史机遇，大力实施“旅游活县”“文化兴县”战略，以建设“精美县城、精品景区、美丽乡村、特色小镇”为重点，强力打造旅游“四大高地”，着力构建“一心两区一廊”旅游发展新格局。七是创建国家生态示范县，以生态文明建设示范区创建工作为重要载体和平台，在提升创建水平上下足功夫，不断擦亮生态文明建设名片。八是创建国家文明县城，奋力建设好、管理好山阳人民的共同家园，让创建成果惠及更多的群众。九是创建国家义务教育优质均衡发展县，聚焦资源供给、内涵发展和教育脱贫，强化精准施策，持续夯实义务教育均衡发展基础，着力推动县域义务教育均衡发展水平提档升级。十是建设健康山阳，持续统筹推进深化医改“1126”一揽子工作，以构建整合型医疗卫生服务体系为目标，以建成全县数字健康“一张网”为方向，以深化两项改革为抓手，强化六个支撑，深化医改和健康建设工作取得阶段性成效。山阳县将以“十件实事”为抓手，全力推进“十四五”时期各项任务，奋力谱写山阳新时代追赶超越新篇章。

第四章
陕西山阳县发展县域经济促进乡村振兴的战略行动

全面推进乡村振兴、实现农业农村现代化是中国式现代化的题中之义。党的二十大报告指出:“全面推进乡村振兴。全面建设社会主义现代化国家,最艰巨最繁重的任务仍然在农村。”①2020 年实现整县脱贫摘帽后,山阳县始终牢记习近平总书记殷殷嘱托,坚决扛牢乡村振兴时代重任,大力弘扬脱贫攻坚精神,站位中国式现代化建设县域实践的高度,紧紧围绕乡村“五大振兴”,扎实推进巩固衔接工作,促进农业全面升级、农村全面进步、农民全面发展,积极探索乡村振兴实践路径。围绕县域经济、产业布局两大总体方向,始终坚持统筹部署、协同推进,抓住重点、补齐短板,着力打造中国式现代化建设乡村振兴山阳模板,吹响了全面推进乡村振兴的山阳号角。

---

① 《高举中国特色社会主义伟大旗帜　为全面建设社会主义现代化国家而团结奋斗——在中国共产党第二十次全国代表大会上的报告(2022 年 10 月 16 日)》,《人民日报》2022 年 10 月 26 日第 1 版。

一、走好发展县域经济促进乡村振兴的“四条路径”

发展县域经济是繁荣农村经济的重要保证，是吸纳农村富余劳动力转移的重要渠道，是打赢脱贫攻坚战的重要抓手。近几年，山阳县注重将脱贫与发展、富县与富民相结合，打破就农业抓农业，就扶贫抓扶贫的思维定式，从建立稳定脱贫的长效机制入手，以县域经济整体提升带动农村局部地区的稳定脱贫。立足于山阳本地的实际情况，以基层经济增长为抓手形成生态优县、实业强县、文旅活县、城镇兴的县域经济发展格局，使脱贫致富真正落实在经济发展的全过程之中。

（一）走好生态优县路，绿水青山富山阳

习近平总书记强调：“我国经济社会发展已进入加快绿色化、低碳化的高质量发展阶段，生态文明建设仍处于压力叠加、负重前行的关键期。”“必须以更高站位、更宽视野、更大力度来谋划和推进新征程生态环境保护工作，谱写新时代生态文明建设新篇章。”[①]实践表明，生态环境保护和经济发展是辩证统一、相辅相成的，建设生态文明、推动绿色低碳循环发展，不仅可以满足人民日益增长的优美生态环境需要，而且可以推动实现更高质量、更有效率、更加公平、更可持续、更为安全的发展，走出一条生产发展、生活富裕、生态良好的文明发展道路。山阳县坚持把“生态立县”作为县

---

① 《全面推进美丽中国建设　加快推进人与自然和谐共生的现代化》,《人民日报》2023年7月19日第1版。

域发展的基本战略，厚植绿色发展优势，推动生态环境“高颜值”与绿色发展“高质量”协同并进，走出了一条生态和经济协调发展、人与自然和谐共生之路。

第一，健全生态文明体制机制。山阳县围绕创建国家生态文明建设示范县工作任务，以提供更多优质生态产品满足人民日益增长的优美生态环境需要为主线，健全生态文明体制机制，为打通“绿水青山”与“金山银山”双向转化通道提供坚实保障。首先，山阳县坚持“生态立县”战略不动摇，统筹完成优化国土空间开发格局、全面促进资源节约、加大自然生态系统和环境保护力度、加强生态文明制度建设等重点任务，以促进形成绿色发展方式和绿色生活方式、改善生态环境质量为导向，扎实开展国家生态文明建设示范县创建工作。其次，出台耕地保护、土地节约集约利用等生态文明建设相关文件、规定和制度，建立管用实用的生态文明制度体系，以制度建设促进生态文明建设。探索落实生态产品产权体系，加强碳排放权、排污权交易等生态产品落地。最后，山阳县建立和完善生态文明绩效评价与考核制度，将生态创建工作纳入镇办、部门年度综合考评，实行生态环境保护“党政同责”和“一岗双责”，优化“河长制”“山长制”和“路长制”考核机制与考核评价体系，建立“后果严惩”制度体系。

第二，当好秦岭生态卫士。2020 年 4 月 20 日，习近平总书记赴陕西考察，首站便来到牛背梁国家级自然保护区考察秦岭生态保护。他强调，“秦岭和合南北、泽被天下，是我国的中央水塔，是中华民族的祖脉和中华文化的重要象征。保护好秦岭生态环境，对确保中华民族长盛不衰、实现‘两个一百年’奋斗目标、实现可持续发展具有十分重大而深远的意义”[①]。秦岭生态环境保护是长期工作、系统工程，必须切实扛起政治责任、历史责任、时代责任，处理好局部和全局、当前和长远、保护和发展、主要矛盾和次要矛盾的关系，算大账、长远账、整体账、综合账，努力探索出绿水青山就是金山银山的秦岭实践、秦岭经验。山阳县力争当好秦岭生态卫士。首先，山阳县严格落实《陕西省秦岭生态环境保护条例》，扎实开展“秦岭生态卫士行动日”主题活动，深入推进“五乱”整治，全面禁止食用野生动物，严厉打击非法野生动物交易。其次，强化落实“双查”机制，常态开展秦岭“五乱”问题及生态环保突出问题整治，加快中省环保督察、森林督查、卫片执法等领域反馈问题整改。最后，以生态空间修复治理为核心，以重点区域绿化为重点，统筹退耕还林、天保工程、防护林等林业重点工程建设，常态长效推进生态修复工程，加强生物多样性保护，切实守好秦岭生态安全屏障。

第三，严抓重点污染防治。绿色低碳发展是构建高质量经济体系的必然要求，是解决污染问题的根本之策。深入打好污染防治攻坚战，要聚焦减污降碳协同效应明显的重点行业和领域，落实推动绿色低碳发展的重点任务。山阳县深入贯彻习近平生态文明思想，以实现减污降碳协同增效为总抓手，以改善生态环境质量为核心，以精准治污、科学治污、依法治污为工作方针，统筹污染治理、生

① 《扎实做好“六稳”工作 落实“六保”任务 奋力谱写陕西新时代追赶超越新篇章》，《人民日报》2020 年 4 月 24 日第 1 版。

态保护、应对气候变化，保持力度、延伸深度、拓宽广度，以更高标准打好蓝天、碧水、净土保卫战。首先，山阳县全力打赢蓝天保卫战。通过切实打好减煤、控车、抑尘、治源、禁燃、增绿组合拳，加大高排放机动车淘汰和“散乱污”企业整治力度，严防“散乱污”企业反弹，加强建筑扬尘、道路扬尘、锅炉综合整治、机动车尾气等污染防治，切实守护好“山阳蓝”。其次，山阳县全力打好碧水保卫战。通过持续推行流域污染防治河长制、目标责任制、出境断面水质月监测制等一系列机制，开展集中式饮用水水源地环境问题整治“回头看”，完成县城建成区入河排污口整治，实施完善城镇生活污水处理设施建设，确保流域水质稳定达到功能区划标准。最后，全力打好净土保卫战。通过健全土壤污染防治责任体系，扎实推进土壤详查，推进非正规垃圾堆放点排查整治，同时巩固较大规模农村生活垃圾非正规垃圾堆放点整治成效，加快农业生产废弃物非正规堆放点整治，持续加强土地土壤环境状况管理。

第四，推动绿色循环发展。建立健全绿色低碳循环发展经济体系，促进经济社会发展全面绿色转型，是解决资源环境生态问题的基础之策，是促进生态文明建设、构建现代化经济体系和实现高质量发展的必由之路。山阳县加快构建绿色、低碳、循环的可持续发展经济体系，制定并实施迈向碳达峰、碳中和目标愿景的全面绿色转型路线图、时间表与优先序，筑牢相关制度基础，引领中长期政策导向，投资布局零碳未来，不断积累经验、优化和创新发展路径，打造绿色低碳循环发展的示范样本。山阳县聚焦绿色循环挖潜能、促转型，产业集群越做越大。首先，聚焦碳达峰、碳中和目标，遏制“两高”项目发展，实施丰源钒业百万吨级尾矿综合利用，完成五洲、德润康等园区能源清洁化改造，推进生态产品入市和碳汇交易，建立绿色碳库基地，推动能耗“双控”向碳排放“双控”转变。其次，积极立足县域资源，践行“两山”理念，念好“山字经”、打好“生态牌”，强化龙头培育，推动药、菌、果、畜等“4+X”特色产业绿色循环、全链条发展，对标41项指标，完成省级生态文明示范县创建任务。最后，倡导简约适度、绿色低碳生活，推进垃圾分类处置，开展绿色家庭、绿色学校、绿色社区等创建，让“绿色、低碳、环保”理念深入人心。

第五，全面加强资源节约。全面提高资源利用效率是破解保护与发展突出矛盾的迫切需要、促进人与自然和谐共生的必然要求。对生态环境造成破坏的原因，大都来自对资源的过度开发、粗放使用。必须考虑资源利用与发展的关系，坚持节约优先，不断提高资源本身的节约集约利用水平，满足经济社会发展合理需求。更要考虑资源利用涉及的人与自然关系，坚持生态保护优先，为资源开发利用划定边界和底线，控制向自然无度索取的不合理欲望，限制过度利用自然的不合理行为。山阳县立足资源优势和绿色循环发展定位，寻找一批契合经济发展需求，功在当下、利及后人的优质项目，为山阳县未来发展打好基础。首先，积极探索和完善土地资源要素配置，正确发挥市场作用和政府作用，收回闲置国有建设用地、盘活低效利用土地，公开招拍挂供地，全县土地资源节约集约利用水平明显提升。其次，地方各级自然资源主管部门持续保持高压态势，严格查处各类自然资源违法案件，深化矿产卫片执法，坚持“早发现、早制止、严查处”，着力将违法违规行为消除在萌芽状态。最后，针对中央和省环保督察突出问题和秦岭“五乱”图斑开展整改销号，完成企业《矿山地质环境保护与土地复垦方案》编制、持证和历史遗留矿山治理恢复、企业绿色矿山创建和矿山地质环境治理恢复示范点建设，从而全面加强资源节约。

（二）走好实业强县路，铺就发展快车道

产业兴旺是乡村振兴的重要基础，是解决农村一切问题的前提。乡村产业根植于县域，以农业农村资源为依托，以农民为主体，以农村一、二、三产业融合发展为路径，地域特色鲜明、创新创业活跃、业态类型丰富、利益联结紧密，是提升农业、繁荣农村、富裕农民的产业。山阳县五年脱贫攻坚实践使其深刻认识到，只有把产业发展起来了，巩固衔接才有坚实的物质基础，农民增收才有可靠的保障。面对水源涵养地保护和乡村产业振兴的双重政治责任，山阳县始终把发展绿色产业作为推动乡村振兴的关键之举，坚持实行“三链同构”，齐心协力奏响了乡村振兴的“致富曲”。

第一，延伸产业链，支持龙头企业创新发展。推动乡村产业振兴，需要打好乡村产业结构调整“组合拳”，横向上拓展产业链，支持龙头企业创新发展。近年来，山阳县积极发挥乡村产业振兴的加法效应，以农产品为核心，不断扩充乡村产业链厚度。一方面，山阳县充分挖掘农产品的生产性、观光性、参与性与娱乐性等，不断开发新兴产业，如拓展农事体验、亲子采摘互动、农产品观光摄影等项目。另一方面，以农民为主体，发展乡村产业链组织。打造

以农民为主体、以农民利益为核心的共建共治共享的共同体，全力推动农民进入产业链。依据各镇村资源禀赋，创办适合当地发展的乡村产业链组织，如“党支部 + 合作社 + 公司 + 农户”“龙头企业 + 集体经济 + 专业合作社 + 基地 + 农户”等。全面推进乡村振兴以来，山阳县坚持做优“抓两头带中间”产业模式，突出抓龙头、抓基地、抓品牌、抓市场、抓营销，培育市级以上农业龙头企业 31 家和现代农业园区 19 个，发展特色标准化种养基地 365 个，认证“两品一标”等农特产品 36 个，打造了“源味山阳”区域公用品牌。最后，实施企业培育工程，大力培育“五上”企业，打造一批竞争力强的民营企业集团、一批有影响力的创新型领军企业、一批有带动力的本土龙头企业，形成龙头企业引领、骨干企业支撑、“专精特新”企业跃进的民营企业发展格局。进一步开放民间投资领域，积极破除民营经济进入的各种壁垒，对基础设施、社会事业、金融服务业等领域，减少前置、降低门槛，推动民营经济更好发展。实施好民商法等法律法规，保障民营企业依法平等使用资源要素、公开公平公正参与竞争、同等受到法律保护。构建“亲、清”政商关系，畅通企业诉求通道，大力弘扬企业家精神和工匠精神，不断激发市场主体活力。到 2025 年，新增一家上市公司。

第二，提升价值链，做大做强做优特色产业。全面推进乡村振兴，需要在纵向上延伸价值链，激发乡村产业振兴的乘法效应。近年来，山阳县以科技为引擎，不断提升乡村产业核心价值，加大科技在乡村产业领域的广泛应用，让科技全方位提高乡村产业价值，使农业成为最有潜力的产业，托起农民的致富梦。一方面，山阳县鼓励特色产业全品类开发，将农业生产与当地风土人情、地域历史文化和本土农业种植特色相结合，加大各地乡村特色产品的专业化、规范化、优质化、品牌化建设，形成“一乡一业、一村一品”的特色农业发展格局，推动乡村特色小镇的建设。另一方面，山阳县以生态为依托，丰富乡村产业附加值。金桥茶业园积极实现茶旅融合，通过“一片叶子富了一方百姓”，使村民过上“向往的生活”。把绿水青山这个“金山银山”真正转化为经济价值，将绿水青山转化为生产力，实现乡村经济可持续性发展，着力打造乡村振兴新模式。全面推进乡村振兴以来，坚持做好“特色”文章，立足资源禀赋和产业基础，选优发展“菌果药畜茶”等特色产业，目前全县发展香菇等食用菌 8060 万袋、中药材 59.16 万亩、林果 132.9 万亩、畜禽养殖 535.8 万头（只）、茶叶 18.9 万亩，户家塬镇被列入国家农业产业强镇。最后，则是实施农业品牌点亮工程。念好“山”字经，打好“特色牌”，用好国家农产品质量安全示范县招牌，突出抓好农业质量标准体系、农产品质量安全检测体系和农业标准推广体系建设，做到质量有标准、过程有规范、销售有标志、市场有监测，打牢农业品牌发展的基础。做大做强“源味山阳”区域公用品牌，不断抓好“天竺翠峰茶叶”“山阳富硒木耳”“山阳天麻”“岭南牛肉”等特色农产品品牌整合，丰富产品内涵，提高品牌产品的市场占有率。

第三，完善利益链，经济发展成果村民共享。实现发展成果由村民共享是全面推进乡村振兴的重要目标。近年来，山阳县一方面坚持完善联农带农机制，积极推进农工、农商、农旅三产融合，推行组织带动、资产入股、政策依托等村集体经济发展“十大模式”，探索形成“四抓四带”联农带农机制，把9.8万群众牢牢镶嵌在产业链上，在秦岭山区走出一条兴产业、稳增收、促振兴的新路子。31家龙头企业采取“抓两头带中间”方式（企业负责提供种苗和保底收购，农户负责中间种植养殖环节）带动农户发展产业，探索出“借袋还菇”“借豆还芽”“借苗还鸡”等发展模式，最大限度降低农户经营风险；677个农民专业合作社采取“抓一品带一村”方式带动3.01万户加入合作社稳定收益，2030个能人大户“作示范带着干”带动1.54万户共同发展。培育以农户为单位的种植养殖特色庭院经济1.49万户，示范带动9万农户户均增收4000元。另一方面，山阳县不断壮大特色产业集群，促进城乡融合发展，打造“高质量发展转型区”示范县。坚持全域布局、全链推进，每年谋划实施高质量项目100个以上、年度投资170亿元以上，招引重点项目不少于30个、到位资金不低于150亿元，努力把健康医药、新材料、清洁能源培育成3个百亿级产业集群，把绿色食品、电子信息、生态旅游、建筑劳务培育成4个超50亿产业集群。坚持产城融合、景城融合、城乡融合，深化“两拆一提升”“两边一补齐”专项行动，每年实施重点市政项目不少于5个，打造省级特色小镇3个以上，完成5个流域乡村振兴示范带、2个示范镇和20个示范村建设，改造提升村组道路246公里。开发特色食品、弘扬特色文化，强化特色产品品牌化打造和宣传推介，将农业生产、农产品销售、农业会展等与乡村旅游、健康养生深度融合。用好“源味山阳”区域公用品牌，开发“后备箱”“伴手礼”等旅游产品。以法官秦岭原乡、漫川万福、宽坪黄花岭万亩有机茶等产业基地为支撑，配合全域旅游开发、精美特色小镇和美丽休闲乡村提升建设，打造集农业产业发展、乡村休闲观光和产品展销、餐饮娱乐于一体的产业融合发展示范区，完善综合配套设施及相关服务体系，构建全产业链，打造产业链条完整、功能多样、业态丰富的三产发展新格局。努力向实现农业更强、农村更美、农民更富的目标迈进。

第四，加大新型经营主体培育力度。实施“十百千万”工程，构建以专业合作社和龙头企业为引领，以现代农业园区为支撑，以专业大户、家庭农场、高素质职业农民等为骨干的新型现代农业经营体系。以扶持发展加工型、营销型企业为重点，积极引进、培育农业产业化龙头企业。大力发展农民专业合作社，开展合作社规范化建设，引导合作社通过股份合作、代种代收、土地托管等形式实现多种规模经营，提升合作社的示范带动能力。加大高素质职业农民培育和农业实用技术推广力度，加快建设知识型、技能型、创新型农业经营者队伍。坚持农业发展“专业化、市场化”的理念，按照主体多元、形式多样、服务专业、竞争充分的原则，大力发展农技服务、土地托管、粮食银行等各类社会化服务组织，充分发挥不同服务主体各自的优势和功能，促进小农户生产和现代农业发展有机衔接。鼓励新型经营主体与小农户建立契约型、股权型利益联结机制，健全社会化服务体系，推动小农户集聚发展，加强农业适度规模经营，不断提高农业规模化、组织化程度。大力发展农业生产托管服务，收集并及时发布农业社会化服务组织服务供给清单和乡村托管服务需求信息，推动农户通过电话、微信等方式下订单、点菜单，发展“一站式托管”服务。

（三）走好文旅活县路，绘就乡村新图景

近年来，山阳县充分整合文旅资源优势，通过产业联动、完善服务体系、培育“旅游 +”发展新业态等方式，推动全县文化和旅游业态高质量发展，聚焦新时代民众的精神文化需求，把扩大内需和深化供给侧结构性改革有机结合起来，走出一条文化和旅游深度融合、联动发展的新路径。

第一，推进文化振兴，以加大基础社会投入力度为“先”。以乡村公共文化基础设施建设为依托，夯实乡村文化振兴的根基。公共文化基础设施是否健全和完善，在一定程度上直接反映着乡村文化的发展水平，影响着乡村文化振兴的顺利推进。全面推进乡村振兴以来，山阳县不断加大财政投入力度，推进乡村公共文化基础设施建设，为乡村文化振兴奠定了坚实的基础。近年来，山阳县农村文化环境持续向好，在乡风文明建设上取得显著成效。这有赖于山阳县在面对农村文化基础设施建设供不应求，存在与农村实际文化需求脱节，文化设施使用效率普遍偏低，供不适需的情况时的积极作为。一方面，山阳县在农村文化基础设施布局规划方面下大功夫，既立足当前，又着眼长远，不断加大投入，建立了可持续的投入机制。另一方面，山阳县努力实现农村文化基础设施的精准供给，通过配置专兼职人员，着力破解过去单纯由政府提供的“自上而下”的刚性模式，建立了“上下互动”的柔性供给机制，充分对接农民的实际需求。同时，还把保护利用农业文化遗产纳入农村文

化建设。真正做到了让文化基础设施精准对接农村实际需求，不断缩小文化供给与群众需求之间的差距，化解“供需错位”矛盾。

第二，文化是乡村的灵魂所在，振兴乡村文化要挖掘和传承创新优秀传统文化。习近平总书记指出：“我国农耕文明源远流长、博大精深，是中华优秀传统文化的根。”党的十八大以来，为传承和保护乡村优秀传统文化，我国先后出台一系列相关文件。从2013年到2023年，中央“一号文件”多次就乡村优秀传统文化的传承与保护作出具体部署。近年来，山阳县贯彻落实有关安排部署，积极以乡村优秀传统文化为着力点，牢牢把牢乡村文化振兴的命脉。一方面，山阳县深入挖掘传承“秦风楚韵”之历史文化，充分发挥袁家沟红色教育基地、党性教育中心、党员远程教育平台、新时代文明实践站（所）等平台，广泛开展理想信念和社会主义核心价值观教育。近年来，山阳县持续推动红色基因的传承接续和特色资源的利用发展，为红色资源的保护和绿色资源的开发夯实了发展基础，书写了特色文旅的山阳佳话。一方面，不断加强红色资源保护。2022年以来，户家塬镇积极挖掘和传承红色文化，对全镇革命旧址、遗址进行全面调查、普查，摸清红色文化遗存情况，加快实施修缮和保护工作。此外，户家塬镇依托中央专项彩票公益金支持，积极动员群众参与，实施党家塬村占地200平方米苏维埃政府“五圣宫”革命旧址修缮项目，追寻英雄脚步，开展红色教育，红色基因得到有序传承，红色旅游得到进一步发展。小河口镇利用袁家沟红色资源优势，依托鄂陕边区苏维埃政府纪念碑和袁家沟市级党性教育基地，规划提升红军小屋、石板街、红军医院、烈士陵园等革命旧址，有力保障了红色旅游的发展。截至去年9月，共吸引各级各单位3000余人参观革命旧址，传承红色基因，革命精神得到进一步弘扬。另一方面，山阳县扎实推进文化高质量发展示范县创建，传承发展中村社火等民间传统文化，同步配套建设乡村舞台、文化广场、农家书屋等服务设施，山阳汉剧和传统技艺“猫碗”入选第七批省级非遗名录，歌剧《乖姐》山阳县非遗保护中心紧紧围绕“保护为主，抢救第一，合理利用、传承发展”的工作方针，持续加强非遗传承与保护工作。目前，全县共有各级非遗代表性项目106项，其中省级6 项，市级29项，县级71项。2023年春节期间，山阳县积极开展“我们的中国梦——文化进万家”“城市迹忆·致敬非遗”山阳区百场非遗项目展示展演活动，在城市书房、商业街区、承享欢乐世界灯会等消费集聚地，共惠及群众2万余人，让群众在逛街区、赏灯展、品美食、游玩乐的同时，还能体验沉浸式的DIY手工制作，感受到非遗的魅力，提高了群众对传统文化非遗的了解与认知，壮大了非遗保护和传承的年轻队伍。入选第十届陕西省艺术节参评剧目，地方曲艺“漫川大调”走上国际舞台。

第三，不断推进全域旅游发展。山阳县全力推进国家全域旅游示范区创建，进一步提升县域景区、景点品质内涵，完善旅游业态，强化旅游宣传，不断提升旅游基础服务设施，推动全县旅游业转型升级、提质增效。一方面，实施设施、服务、产品、文化、品牌五大提升工程，积极推进天竺山5A级景区创建和漫川国家旅游度假区建设。挖掘漫川关、天竺山独特的旅游资源，以山地度假、运动休闲、文化体验、健康养生等为重点，进一步整合旅游资源，打造独具山水田园特色的国家级全域旅游"漫式生活"文化区。强化文化遗产保护和利用，利用天竺山道教文化、民俗文化、漫川关秦楚文化及民俗文化，打造一批文化旅游景点。完善旅游交通设施，开通景区直通车、摆渡车、旅游环线，修建旅游步道、风景绿道，打通景区和景点之间的通道。建设集游客集散、信息咨询、停车餐饮、旅游购物等功能于一体的游客服务中心，提升旅游服务能力和水平。另一方面，以创建高A级旅游景区为目标，提升改造县域景区、景点，培育"旅游+"业态，不断提升全县景区综合竞争力。按照"精品景区+美丽乡村+特色小镇"的发展思路，重点推进天蓬山寨、月亮洞、法官秦岭原乡4A级提升，茶创小镇完成3A级创建，提升漫川古镇历史文化研学区、前店子乡村休闲区、袁家沟红色旅游区等主题文化旅游片区服务质量，培育房车露营、户外运动、研学旅游等旅游业态，打造一批定位差异、主题鲜明、特色突出、功能互补的文旅融合聚集区，推动全县旅游业转型升级、提质增效。最后，实施全域旅游标准化建设工程，加快推进旅游基础设施及配套服务建设，全力补齐"吃住行游娱购"要素短板，推进旅游服务标准化建设，全面提升旅游品质和服务质量。推进餐饮、住宿等业态集群化、多元化发展，培育精品文创、民间手工艺品、民俗演艺、影视制作等旅游文创产品研发、生产及销售，策划"朝秦暮楚、漫俗体验""农耕原乡、问道天竺"等一批有影响力的旅游项目及活动，打造高铁、高速交通网络一体化体系，通过景区旅游小火车、观光云轨、自驾车营地建设等项目实现旅游交通网络全域覆盖。加快智慧旅游平台建设，实现“一部手机游山阳”。

第四，打响“康养山阳”品牌。山阳县坚持用好“中国气候康养之都”“省级森林城市”及“天竺山国家级森林康养基地”名片，依托医药、生态、文化、区位等优势，以“药、食、养”为重点，推进“药、医、健、食、游、研、养”融合发展，打响“健康养生在山阳”品牌。一方面，加快建设十里医药康养中心。依托十里生物医药产业园，在西十高铁山阳站周边，实施医药健康养生小镇、陕南生态康养中心、秦岭养生谷、“康养悦身”养生馆等项目，建设中医药博览园、康养文化馆、养生步行街、文体活动中心、养生产品加工产业园、高端康复中心、健康管理中心、养生休闲山庄、七彩花田花海景观带、特色养生馆、养老公寓等，打造以医药康养、田园生态为特色，集生物医药技术创新转化与医疗养老服务为一体的秦岭医药康养中心。另一方面，推进天竺山养生基地的建设。充分发挥天竺山森林公园国家级森林康养基地名片效应，在天竺山开发森林疗养、湿地疗养、中医疗养、高山避暑、户外探险、水上娱乐等项目，修建养老公寓、高端静修民宿、疗养院、禅意养生、避暑山庄、研学基地、中医疗养院等项目，打造以山地康养、森林康养、研学康养为特色的宜居宜游、休闲养生的康养基地。加快推进静心谷二期项目进度，建造康养综合体、康养护理培训学院，再培育引进一批专业医疗机构和知名康养机构，大力发展“候鸟式”和“度假式”康养，完善融游、乐、学、康、养、居为一体的康养产业链，打造以农业康养、休闲康养、中药康养为特色的康养基地。

（四）走好城乡兴县路，做好融合大文章

加快农业农村现代化不能就乡村论乡村，必须走城乡融合发展之路。乡村振兴战略与城乡融合发展互为支撑、互相推动。在城乡融合发展中推进乡村振兴，要坚持一体发展、全面进步，加快梳理和破解城乡融合发展堵点，为全面推进乡村振兴开山凿路、积势蓄能。山阳县坚持“城乡统筹、交通串联、辐射带动”的差异化发展之路，按照“一核、两轴、多区”城镇空间格局，全面推进中心城市扩容提质，增强城镇辐射带动作用，进一步增强城市体系的承载能力，推进新型城镇化建设进程。

第一，推进城镇扩容质量。山阳县坚持以人为核心的城镇化，实施城市更新行动，推进县城中心城区、特色小镇等的生态修复、功能完善工程，促进县城中心城市、高铁小镇和特色小城镇协调发展。创新城镇发展方式，坚持新型城镇化与乡村振兴战略一体化推进，促进城乡协调发展。按照“一核、两轴、多区”的原则优化城镇空间布局，提升城市功能和品质。加快县域户籍制度改革的步伐和力度，深化实施居住证制度，建立健全农业转移人口市民化成本分担机制，推进人口城镇化进程，带动农民进城入镇。全面落实基本公共服务城镇常住人口全覆盖，推进城乡基本公共服务的均等化。健全人口信息管理制度，加强和完善人口基础信息登记、统计调查等制度，全面掌握人口动态信息。以创建国家卫生县城为抓手，持续推进国家新型城镇化综合试点、全省县域经济发展和城镇建设试点工作，进一步完善城市公共配套设施，优化完善城市路网

结构，新建物资路、文景路以及拓宽文化路、东城路及育才路，加强城市更新与功能提升、产业升级、民生改善、安全生产等联动。改造提升老旧小区，完成县剧团、西关等老旧小区水、电、气、智能充电桩等基础设施配套建设。实施老车站迁建工程，推进老旧城区及城乡接合部的人行道、路灯亮化等设施改造提升。充分利用公共用地资源配建地下停车场，优先在城区新建智能立体车库。加快县城片区及各乡镇的垃圾处置、污水处理、智慧停车“三大体系”建设，实现垃圾分级分类处理、镇区和移民安置点污水处理设施全覆盖、城市管理智慧化水平，进一步增强城市行政效能，提升城市生活品质。到2025年，城区建成公厕十座，立体化智慧停车场二十处，新增停车位8000个，城区公共服务设施建设项目配套完备，县城建成面积达到65平方公里，常住人口城镇化率达到55%。

第二，不断加快重点城镇建设。山阳县加快县域重点城镇建设，以山水、田园、森林等生态空间为分隔，以高速公路等复合型交通廊道为轴带，推进以县城中心城区为核心载体的县域新型城镇化体系建设，构建山清水秀的生态空间、集约高效的生产空间、宜居适度的城镇生活空间。按照“城乡统筹、交通串联、辐射带动”的差异化发展战略，加快县城中心城市、国家级重点镇、高铁小镇、特色小镇等城镇体系建设，持续推进漫川关、高坝2个国家级重点小镇巩固提升，加快推动十里街办、色河铺镇融入县城中心城市发展，形成以县域中心城市为核心的层级网络化城镇体系。从辐射和带动山阳县域经济发展全局的角度，高起点、高站位对山阳、漫川两个高铁站点进行功能设计、产业策划和空间布局，重点打造以康养产业为主导产业的高铁新城或高铁小镇，促进周边都市圈和城市群产业加速向山阳梯度转移，引进和承接重大产业转移项目，加快山阳产业结构的优化升级。推动山阳融入大西安都市圈、长江中游城市群为核心的“城市群+都市圈”，成为联结关中平原城市群和长江中上游城市群的重要节点和枢纽。发挥国家级重点镇示范引领作用，加快山阳特色城镇的产业发展和人口聚集，围绕“药、菌、果、畜、茶、中蜂”等特色农业资源、康养旅游资源以及独特地理环境，大力挖掘西照川、王阎、板岩、南宽坪、杨地、小河口、两岭、中村、户家塬等重点小镇的特色产业项目和亮点工程，坚持生产、生态、生活“三生融合”，培育多元化服务业态。加快完善县域重点特色小城镇的水、电、路、网、污水和垃圾处理等配套功能，美化人居环境，改善城镇环境面貌，突出各个特色小镇的产业亮点，在不同城镇之间错位发展，着力打造一批产业特色鲜明、美丽生态宜居、基础设施完善、资源要素齐全、宜居宜业宜游的特色小城镇集群，形成山阳经济发展的重要支撑点。

第三，提高城镇管理水平。山阳县巩固扩展国家卫生县城和省级文明县城创建成果，启动国家文明县城创建。加强城镇老旧小区改造和文明社区创建工作，加快丰阳印象、棚户区改造、育才路拓宽改造二期等重点城镇建设项目，完成郭山路改造、203省道西延等路网提升工程。全力抓好城区公共卫生设施建设，完善城镇公共服务功能。加大市容市貌、交通秩序等专项整治力度，实施背街小巷综合改造，推动空中管线入地，不断提升城市管理的人文化、规范化、精细化、智慧化水平，打造干净、卫生、整洁、文明有序的城镇环境。健全城市管理机制和执法机制，提升城市管理智慧化水平。加强数字社会、数字政府建设，加快城市管理数字化平台建设和功能整合，推进部门系统联网，建设综合性城市管理数据库，提高交通、水务、电网、安全等基础设施和社保、医疗等公共服务智能化水平，推进“智慧城市”建设，加快公共服务、社会治理等数字化进程，由“一网通办”转向“一网办好”，逐步实现全县“一网通管”，提升全民数字技能，实现信息服务全覆盖。加快“智慧城管”平台和数据库建设，结合“雪亮工程”等综合治理信息化建设，推进部门系统之间联网，加强对市容市貌、交通秩序、垃圾处置等领域的智慧化监管能力建设，不断提升城市管理规范化、精细化、智慧化水平。全面推进城镇规范化、精细化管理。加大市容市貌、社区环境、交通秩序等专项整治工作力度，因地制宜出台城镇规范化管理规则和条例，着力解决城镇占道经营、流动摊点、乱堆乱放等顽疾，不断巩固和提升城市文卫创建成果。破解城市停车难问题，严格落实城市建设项目配套停车场规定，加快停车场项目建设，有效缓解城区停车压力。加强集镇管理，落实乡镇属地管理责任，按照“街道整齐、卫生整洁、道路畅通、管理有序”的基本要求，做好集镇管理工作，打造干净整洁、文明有序的集镇环境，让人民群众在城镇生活得更方便、更舒心、更美好。

第四，打造精致宜居县城。县城是我国城镇体系的重要组成部分，是城乡融合发展的关键支撑，对促进新型城镇化建设、构建新型工农城乡关系具有重要意义。山阳县把“生态立县”作为县域发展的基本战略，深入践行绿水青山就是金山银山理念，坚定不移走生态优先、绿色发展之路，让良好生态环境成为高质量发展的持久动力，成为山阳人民的幸福增长点。对标全市打造“中国康养之都”和“双50”目标，山阳县着力打造名县美城、精美建设县城。山阳县精细管理城市，完成县城国土空间规划编制，配套编制完成县城功能区修建性详规，做实县城片区管理服务，常态化开展执法巡查，抓好重点商圈、学校周边、集贸市场、背街小巷等重点区域管理，探索推进城市环境卫生市场化改革，推动城市亮化绿化美化。同时，山阳县也精心打造乡村。星罗棋布的县城不是城市群的配角，而是新旧动能加快转换、实现高质量发展的广阔舞台。以合理的时序、节奏、步骤，把培育发展特色优势产业、优化市政设施体系、强化公共服务供给、提升人居环境质量、促进县乡村功能衔接互补等重点工作任务一一落到实处，就能构建起各具特色、富有活力、宜居宜业的现代化县城。

二、做强县域经济促进乡村振兴的“五大支柱产业”

习近平总书记指出：“如果在现代化进程中把农村4亿多人落下，到头来‘一边是繁荣的城市、一边是凋敝的农村’，这不符合我们党的执政宗旨，也不符合社会主义的本质要求。”[①] 走中国式现代化的乡村振兴道路，就是基于中国农村人口规模巨大这一主要特征，加快补齐“三农”工作短板，推动农业全面升级、农村全面进

① 《习近平谈治国理政》第三卷，外文出版社2020年版，第257页。

步、农民全面发展。乡村产业根植于县域，以农业农村资源为依托，以农民为主体，以农村一二三产业融合发展为路径，地域特色鲜明、创新创业活跃、业态类型丰富、利益联结紧密，是提升农业、繁荣农村、富裕农民的产业。山阳县五年脱贫攻坚实践使其深刻认识到，只有把产业发展起来了，巩固衔接才有坚实的物质基础，农民增收才有可靠的保障。面对水源涵养地保护和乡村产业振兴的双重政治责任，山阳县始终把发展绿色产业作为推动乡村振兴的关键之举，齐心协力奏响了乡村振兴的“致富曲”。

（一）做强生态旅游产业，铺就花样“富民路”

山阳县生态旅游业的兴起与发展，始终坚持以习近平生态文明思想为指引，充分推动经济与生态的协调发展。山阳县大力实施“文旅活县”战略，全力打造精品景区，推进全域旅游和服务业快速发展，打响“秦风楚韵、康养山阳”品牌，将山阳打造成国内著名、秦岭特色的综合性旅游度假目的地，在实践中将“绿水青山就是金山银山”化为生动的现实。

第一，山阳县本地具有丰富的生态旅游资源。山阳县集山、水、林、洞、峡、温泉、文化、历史等资源于一体，旅游资源单体数量较多，类型较为齐全，集融合的文化资源、优质的生态资源、特色的产业资源、悠久的文化资源、优美的乡村资源于一体，在旅游资源上具有较强竞争力。其核心旅游资源主要有生态资源、产业资源、文化资源和美丽乡村，可进一步提炼为“气候”“地质”“文化”和“秦岭”四大特色。山阳县气候资源丰富多样，一年四季适游区域广，全年空气质量达到和好于二级以上天数350天左右，森林覆盖率达到64%以上。其核心生态资源主要有金钱河、天竺山、月亮洞、天蓬山寨等，此外还有苍龙山公园、百亩荷塘、茶园等山水生态资源，大山大水大绿的优美自然山水风光，必将吸引大批游客前来观光游览、休闲度假。其中，具有代表性的是天竺山国家森林公园与漫川国家旅游度假区。天竺山国家森林公园是国家4A级旅游景区，森林覆盖率88%。景区内有珍稀植物200余种，珍奇野生动物40余种，珍稀中草药500余种，被称为“动植物天堂”和“中药材宝库”。漫川关古镇是国家4A级旅游景区，漫川古镇地处秦南边陲，陕鄂交界，以地貌广阔，水域宽衍而得名。因地势险要历代为兵家必争之地，素有秦楚咽喉要塞之称。“朝秦暮楚”“南腔北调”的典故便源于此地。是一个边贸重镇、文化名镇、千年古镇。

第二，山阳县本地生态旅游业始终坚持贯彻新发展理念。坚持创新、协调、绿色、开放、共享五大发展理念，以区域区位交通、农业资源、自然生态、历史人文为基础，以市场需求为导向，以“产业围绕旅游转、产品围绕旅游造、结构围绕旅游调、功能围绕旅游配、民生围绕旅游兴”的发展理念。高起点规划，科学定位，找准山阳文旅融合发展的突破点，打造独具山阳特色和亮点的旅游产品，推动山阳旅游产业加快成为富民强县的优势产业。以政府为主导坚持实施设施、服务、产品、文化、品牌五大提升工程，积极推进天竺山5A级景区创建和漫川国家旅游度假区建设。挖掘漫川关、天竺山独特的旅游资源，以山地度假、运动休闲、文化体验、健康养生等为重点，不断整合旅游资源，打造独具山水田园特色的国家级全域旅游“漫式生活”文化区。强化文化遗产保护和利用，利用天竺山道教文化、民俗文化、漫川关秦楚文化及民俗文化，打造一批文化旅游景点。完善旅游交通设施，开通景区直通车、摆渡车、旅游环线，修建旅游步道、风景绿道，打通景区和景点之间的通道。建设集游客集散、信息咨询、停车餐饮、旅游购物等功能于一体的游客服务中心，提升旅游服务能力和水平。

第三，以创建高 A 级旅游景区为目标，不断提升全县景区综合竞争力。按照“精品景区 + 美丽乡村 + 特色小镇”的发展思路，重点推进天蓬山寨、月亮洞 4A 级提升，提升漫川古镇历史文化研学区、前店子乡村休闲区、袁家沟红色旅游区等主题文化旅游片区服务质量，培育房车露营、户外运动、研学旅游等旅游业态，打造一批定位差异、主题鲜明、特色突出、功能互补的文旅融合聚集区，推动全县旅游业转型升级、提质增效。近年来，山阳县抢抓全域旅游和康养产业发展历史机遇，立足资源优势，以建设“中国康养之都”示范县为目标，全面落实全市“双对标、双 50”和西商融合发展战略，大力实施“旅游活县”“文化兴县”战略。先后建成国家 4A 级旅游景区 4 个、3A 级景区 3 个，连片打造美丽乡村 59 个，中国美丽休闲乡村 1 个、全国特色小镇 1 个、省级旅游度假区 1 个、省级乡村旅游示范村 6 个、市级特色民宿集群 2 个，初步形成了以县城为核心，以漫川古镇、天竺山、月亮洞、天蓬山寨等重点景区为支撑，以美丽乡村为串珠的全域化旅游格局。先后被评为中国最美乡村休闲旅游名县、中国美丽乡村建设示范县、影响世界的中国文化旅游名县、美丽中国·深呼吸小城、2023深呼吸生态旅游魅力名县、国家级全域森林康养试点县、陕西省全域旅游示范区。

第四，充分发掘农业农村的生态、观光、文化、体验等功能。大力挖掘农村的村落建筑、田园风光、农耕文化、风土民情等乡村文明及特色卖点，依托稻田、公园、养殖池塘等农业资源，大力发展景观农业、农耕体验、观光采摘、民俗体验、休闲垂钓等农业休闲旅游项目，设计推介一批视觉美丽、体验美妙、内涵美好的乡村休闲旅游精品景点线路。选择主导产业，建设一批“小而精、特而美”的“一村一品”示范村镇，打造和提升“秦岭原乡桃源地、农业休闲在山阳”品牌形象。开发特色食品、弘扬特色文化，强化特色产品品牌化打造和宣传推介，将农业生产、农产品销售、农业会展等与乡村旅游、健康养生深度融合。用好“源味山阳”区域公用品牌，开发“后备箱”“伴手礼”等旅游产品。以法官秦岭原乡、漫川万福、宽坪黄花岭万亩有机茶等产业基地为支撑，配合全域旅游开发、精美特色小镇和美丽休闲乡村提升建设，打造集农业产业发展、乡村休闲观光和产品展销、餐饮娱乐为一体的产业融合发展示范区，完善综合配套设施及相关服务体系，构建全产业链，打造产业链条完整、功能多样、业态丰富的三产发展新格局。

第五，实施全域旅游标准化建设工程，加快推进旅游基础设施及配套服务建设。全力补齐“吃住行游娱购”要素短板，推进旅游服务标准化建设，全面提升旅游品质和服务质量。推进餐饮、住宿等业态集群化、多元化发展，培育精品文创、民间手工艺品、民俗演艺、影视制作等旅游文创产品研发、生产及销售，策划“朝秦暮楚、漫俗体验”“农耕原乡、问道天竺”等一批有影响力的旅游项目及活动，打造高铁、高速交通网络一体化体系，通过景区旅游小火车、观光云轨、自驾车营地建设等项目实现旅游交通网络全域覆盖。加快智慧旅游平台建设，实现“一部手机游山阳”。

（二）做强绿色食品产业，打好增收“有机牌”

山阳县地处秦岭腹地，特殊的地理环境使得山阳不仅山上有“摇钱树”，而且地里也能生出“金疙瘩”。近年来，山阳县深入学习习近平总书记来陕考察重要讲话重要指示精神，坚持“生态立县”发展战略，把绿色循环产业作为富民强县的主导产业，积极建园区、兴基地、带农户，真正实现了绿水青山变成农民群众增收致富的金山银山。

第一，立足环境资源优势和产业发展基础推进主导产业。山阳县将食用菌作为巩固脱贫攻坚成果、推进乡村振兴的主导产业，加快实施“一十百”产业规划布局，积极推行企业抓“前端”菌袋生产和“后端”产品回收销售、“中间”种植管理环节交给农户的“抓两头、带中间”发展模式，有效解决了生产技术、经营管理、产品销售等难题，推动食用菌产业高质量发展、群众持续增收。截至目前，全县食用菌发展规模达到 8510 万袋，总产量 7.18 万吨，实现产值 4.63 亿元。在做法方面，一方面是抓“前端”，强化技术攻关和菌袋生产。建成和丰阳光省级食用菌产业园区，聘请西北农林科技大学专家组建技术研发团队，进行菌种研发、品种选育等核心技术攻关，菌袋生产采取统一原料、统一配方、统一技术规范，实行产品质量检验制度，保证菌袋质量好、产量高。另一方面是抓“后端”，做好产品回收和加工销售。企业与农户签订产品回收合同，实行保护价回收，让广大农户不担风险、经营主体少担风险、龙头企业担主要风险；对回收产品进行包装加工，采取“线上 + 线下”相结合方式，依托 832 平台、各主流电商平台及直播带货等方式进行线上销售，在西安、南京等地设立 4 个直营门店，畅通产品销售渠道。其次是带“中间”，加强经营主体和农户种植管理。按照“园区 + 基地 + 农户”联带方式，把技术操作简单、劳动密集的中间种植管理环节交给经营主体和农户，带动更多农户参与食用菌生产；组建技术服务团队巡回开展培训指导，强化种植管理技术保障服务，让农户成为食用菌产业发展的主力军和受益者。在成效方面，推动了食用菌全产业链发展。全县在 10 条流域建成 79 个生产基地、3300 个标准化大棚，培育经营主体 67 家，年发展食用菌 8000 万袋，形成了集菌袋生产、技术研发、加工包装、产品销售于一体的食用菌全产业链，基本实现“一个核心园区带动、十大流域推进、百个基地种植”的发展格局。提升了科技支撑和品牌效应。建成珍馐食用菌研究院和富硒木耳研发中心，选育出适合本地栽培的“黑威 15”“敦化一号”两个木耳品种，开发出“好菇菇”“丰阳硒耳”等 9 个系列产品，木耳、杏鲍菇等 5 个深加工休闲食品，提高了产品附加值，提升了产业综合效益。完善了联农带农增收模式。通过土地流转挣租金、园区务工挣薪金、自主经营挣现金、入股分红挣股金带动农户持续稳定增收，全县 3616 户农户通过流转土地，户均年租金收入450元；带动2300余农户自主发展食用菌生产，户均年增收1.5万元以上；产业园区提供就业岗位400余个，带动1.13万人在家门口务工就业，人均年增收1.1万元以上；食用菌资产收益为114个村6719户配股分红，户均年分红400元。

第二，核桃产业品种突出，提质增效成果显著。山阳县作为商洛市核桃产业发展的第一大县，几乎家家都有种核桃的传统，村村都有核桃园。尤其是近年来，从零星栽植到集中连片规模化，从种苗繁育到良种建园，山阳核桃种植面积一路突飞猛进。一方面，山阳县委、县政府把发展以板栗、核桃为主的经果林作为治理贫穷这一“综合症”的重要措施，也成为生态经济强县的重要建设内容。自脱贫攻坚工作开展以来，山阳持续把核桃产业作为群众脱贫致富的“当家”产业，截至目前已经打造了核桃干果、核桃仁、核桃糖、核桃露、核桃油等系列产品品牌，产值达6亿元，累计带动了3.1万贫困群众增收致富。另一方面，山阳县大力推动核桃种植业发展，筹措核桃产业资金750万元，共组建专业队伍13个220余人，以磨沟河、峒峪河等五大流域示范村为重点，新建红仁核桃示范基地0.2万亩，实施红仁核桃嫁接改造0.35万亩、核桃示范园病虫害飞防1.5万亩、核桃标准化管理4.08万亩，建成核桃示范路11条，培育新型经营主体12个。截至2022年年底全县核桃发展到65.3万亩，其中良种核桃28万亩、红仁核桃0.485万亩，核桃年产量2.6万吨，实现产值3.9亿元，户均增收3500元。最后，山阳县培育新型经营主体12个，以家金、智源、金桃、鑫淼为主的核桃加工、收购企业发展到 4 家，开发核桃系列产品 6 大类 13 个品种。加工企业通过务工、订单收购等方式，带动农户 3900 户，户均增收 1500 元。近年来，山阳县筹措核桃产业资金 750 万元，以磨沟河、峒峪河等五大流域核桃示范基地建设为重点，新建红仁核桃基地 0.3 万亩，实施红仁核桃嫁接改造 0.35 万亩、核桃良种示范园病虫害飞防 1.5 万亩、核桃标准化管理示范 4.2 万亩。截至目前，全县核桃总面积发展到 65.5 万亩，挂果面积 28.8 万亩，2022 年产量 30400 吨、产值 36480 万元。

第三，加快发展绿色生态板栗园，助推乡村振兴再上新台阶。一方面，山阳县现有板栗 50.3 万亩，为了促进全县板栗产业高质量发展，县林业局积极在资金、技术、人力等方面给予大力支持，争取不少于 300 万元的资金用于扶持板栗产业，对户家塬镇下庙关上、高坝店镇小洛峪沟、小河口镇六窝蜂、延坪镇马家店、漫川关镇万福等板栗主产区实施交替性综合科管，不断提高产量质量，增加群众收入。同时，大力引进高校毕业生，不断增强技术力量，助力产业发展，并成立了板栗产业提质增效工作领导小组，建立实行分片包抓工作制度，统筹县林业局、镇办林业分站干部力量，强化督查检查，扎实有序做好板栗产业提质增效工作。将群众基础好、板栗实生树多、带动群众增收效果好的漫川关镇莲花池社区确定为今年板栗提质增效的主战场。将全村 3 个组 2000 亩板栗实生树全部纳入今年嫁接改造规划范围，做到一次改造到位。在充分听取群众的意见后，引进了镇安大板栗接穗，作为嫁接改造主要品种。从 3 月开始，县林业局组建嫁接专业队，抽派专业技术人员带队，按照“逐株过、不漏块”的原则，对适宜嫁接的实生树全部改造到位。另一方面，山阳县按照“川垣地高标准建园，四旁地见缝插针，退耕地复合间套”的思路，以流岭、鹘岭13个镇浅山为重点，以百亩以上连片板栗建园为重点，把良穗建园与退耕还林、农业综合开发、小流域治理有机结合，实行集中连片栽植，促进板栗产业规模化发展。同时，充分利用与西农大开展“校地合作”的大好机遇，每年以西农大4名专家教授为主体、48名林业技术干部为骨干组成培训服务队，通过看教学视频、听专家讲座、实地指导等方式，积极推广丰产建园技术，提高建园标准和质量。县上包抓13个示范镇，镇上包抓1个示范村、20个示范户，集中人力、物力、财力，高标准建设板栗高接换优示范基地，辐射带动板栗产业发展。目前，全县板栗总面积已发展到46.7万亩，万亩以上基地镇8个、千亩以上专业村15个、500亩以上示范基地26处。板栗年收入20万元以上村25个、5000元以上示范户168户。

（三）做强生物医药产业，开出振兴“新良方”

联农带农机制是资金项目发挥带动效应、促进农户持续稳定增收的重要保障。山阳县坚决贯彻落实党中央决策部署，探索优化联农带农机制，促进了产业和县域经济快速发展，激发了群众的内生动力，全县呈现出“要我发展”向“我要发展”转变的浓厚氛围。近年来，山阳县立足中药材资源禀赋，以建设国家现代中药材产业基地为抓手，通过政府推动、企业带动、市场拉动，走大企业引领、大项目支持、大产业集群之路，持续擦亮“西部药乡”亮丽名片。以中药材产业基地建设为目标，近年来总投资达到 1.8 亿元，建设黄姜、丹参、茯苓等地道中药材基地 15 万亩，形成了保障农民持续增收的物质基础。

第一，成立工作领导小组，专题研究部署林下经济发展工作。山阳县制定出台《山阳县中药产业发展扶持办法》，每年投入林下经济产业发展资金 4000 多万元，带动全县新型经营主体投入发展资金 1.4 亿元。将林下经济发展纳入年度目标责任制考核，实行产业发展半年观摩评比、通报排名、年底交账工作机制，强力推进林下经济产业快速发展。聚焦"中药材—中间体提取—中成药—药渣综合利用"产业链延伸，制定《中药材种植保险试行办法》，鼓励农户推广订单种植、药果间套立体生态种植模式，推动生物医药转型升级、做大做强、创新发展、形成集群，全县发展规上生物医药企业 13 家、中药材专业合作社 183 个，建成万亩药材基地 6 个、千亩标准化示范基地 22 个、百亩标准化示范基地 39 个，必康 5 万吨、德润康产业园中药材中间体提取和必康口服液、恒瑞肝素钠等 25 个项目集群化发展。

第二，立足优势药材品种，优化产业布局。提升中药饮片、中药材中间体提取、现代中药、中药保健品、动物兽药等新型生物医药系列产品研发生产水平，积极开发肝素钠针剂、生物活性肽、免疫球蛋白等新型生物医药产品，建设必康、金川、德润康、恒瑞等特色显著、要素丰富、链条完整的生物医药产业聚集区，把山阳打造成国家生物医药产业基地。按照"因地制宜、一镇一业、集中连片"原则，建成流岭沿线猪苓（天麻）、磨沟流域苍术、西照川及杨地等镇连翘、两岭天麻及黄芩、王阎镇连翘及五倍子等基地 39 个，发展城关、十里铺、高坝店等镇（街道）林麝、鼯鼠、梅花鹿等特种养殖基地 11 个。推行“企业 + 基地 + 农户”联农带农机制，带动全县发展林下种植 8.4 万亩、林下养殖 16.83 万头（只、箱），产值 5.1 亿元，覆盖林农 3.3 万户，户均增收 9800 元。

第三，推动现代医药产业迈向“四化同步”发展新轨道。山阳县按照“公司（合作社）+ 基地 + 农户”的模式，大力推进中药材规模化发展、标准化种植、科学化管理，建成道地中药材示范基地 39 个、中药材专业村 104 个，发展中药材专业合作社 129 个，形成流岭南坡黄芩（黄芪）、银花至户家塬川塬丹参、金钱河两岸薯蓣、鹘岭沿线木本药材四大产业带，中药材年产量达 40.2 万吨。集约化培育医药企业。坚持走大项目支撑、大循环发展、大产业集群之路，全力打造发展理念最先进、专业性最强、成长最快的现代医药园区，先后建成必康现代医药、金川生物医药、德润康中药提取产业园区 3 个，引进企业 22 家。必康医药产业园一期建成片剂、口服液、颗粒剂等生产线 15 条，二期建成全自动制药生产线 16 条、饮片加工厂 1 个、制剂厂房 2 栋，三期中药材战略储备库主体建成，项目建成后将发展成为集原料药、中成药、化学药品、生物制剂、疫苗研发、健康产品、健康饮品生产营销和信息平台交易于一体，届时可实现年销售收入 100 亿元、利税 20 亿元。

第四，品牌化研发医药产品。山阳县始终把医药产品品牌化培育作为主攻方向，积极与西安交大、西北农林科技大学、陕西中药研究所等高校院所合作，加大医药品种研发培育，建成中药中间体提取、胶囊剂、软胶囊、糖浆剂、注射剂等通过 GMP 认证的生产线 25 条，五酯软胶囊、平溃散、心荣胶囊、补肾强身胶囊分别获省名牌产品。网格化销售医药产品。积极搭建销售平台，建成城关、十里铺、漫川关、西照川、宽坪、法官等药材交易市场 12 个，发展中药材种植购销专业合作社 45 个、购销大户 55 户，年中药材吞吐量达 1.5 万吨。通过"互联网 +"建成电子商务物流中心 1 个，农村电商服务站 160 个，年销售中药材 4000 吨。必康、天之润、德润康等医药企业在西安、江苏、江西等地建立营销网点 20 个，药材、药品流通体系得到不断完善。

第五，推动林下经济与康养产业融合。山阳县积极开展森林康养品牌创建，天竺山国家森林公园创建为国家森林康养基地，天蓬山寨创建为省级森林康养基地，北竺林麝生态驯养、森泰农牧科技、秦泰中药材贸易等 3 家企业获评"陕西省林下经济示范基地"，中合养蜂专业合作社蜂蜜产品获全省中蜂蜂蜜品质大赛金奖，申报认定山阳连翘、猪苓、黄芩、天麻等名特优新产品 4 个。围绕延链、补链、强链，发挥林下经济优势，推动企业创新发展，扶持建成陕西德润康中医药产业园，培育壮大天之润、金川封幸中间体提取及崇本堂饮片、络亿公司天麻加工、金森岭五味子深加工等中医药企业 17 家，产业链不断延长，综合效益有效提升。未来，山阳县将加快中药材种植、加工、流通、科研体系建设，打造优质道地中药材药源基地和生物医药及化学原料药产业集聚区，构建中药化学原药生产、生物制剂研发、医疗器械制造和保健品生产"四位一体"的现代医药产业体系。策划实施一批集生态度假、森林康养、健康养生等功能于一体的康养综合体项目，构建“一个中心、两个基地、一个示范区”的大健康产业创新发展格局，培育壮大食药养生、生态康养、中医药康养等康养新业态，构建集养生、保健、康复、健身、医疗于一体的康养体系。

（四）做强现代材料产业，开辟致富“新阵地”

工业化是主流，乡村发展是必须，产业经济是基础，推动乡村产业融入工业元素，是壮大乡村产业的重要路径。山阳县充分发挥矿产资源优势，启动实施铜、金整装勘查，强化技术创新突破，加大重点产品和核心技术攻关，建设高新区新材料科技园、中村钒产业园、银花尾矿综合利用产业园、小河—鹘岭黄金产业园，全力打造国家现代材料产业基地。以五洲、丰源、秦鼎和奥科等企业为依托，重点发展以钒金属为代表的有色金属材料，以碳酸钙粉体材料、纳米天然硫酸钡分散剂为代表的无机非金属化工材料、以新型外墙保温装饰材料和耐火砖为代表的新型建筑材料，推进现代材料产业高端化，打造现代材料产业集群。

第一，大力挖掘钒矿优势。钒铝合金是生产钛合金的重要中间合金，可以显著改善钛合金的强度、韧性、延展性、耐腐蚀及耐高温性。随着我国航空航天等高端制造业的迅速发展，钛合金的市场需求大幅增长，也带动了钒铝合金的快速发展，国内年消耗量约在 5000 吨以上，市场前景可观。过往在钒的“钢铁时代”，头部供应商多是四川攀西、河北承德等地钢铁企业。而随着钒在新材料领域应用推进，山阳钒产业迎来新机遇。山阳县的钒矿深藏于寒武系水沟口组的碳质黏土岩内，不仅层位稳定、矿化均匀，而且矿体延伸稳定，矿带分布面积广。从钒产品初级加工，到延伸为全钒产业链，山阳不断放大产业优势。目前，山阳县钒氮合金产能居全国第二，99.95%高纯金属钒产业化生产走在全国前列，宇航级钒铝合金规模化生产打破了依赖进口局面。不仅仅是一家企业、一条产业链，山阳县勇于破局，蹚出了一条秦岭山区产业突围之路，实现传统产业从有到优，新兴产业从无到有。

第二，以资源为依托推动材料产业园区建设。五洲高端钒产业园位于中村钒矿核心区，是由陕西五洲矿业股份有限公司投资建设的一家集五氧化二钒采、选、冶及高端钒材料研发加工贸易、新能源开发于一体的专业园区。五洲高端钒系列开发项目占地170亩，计划总投资50亿元，分三期建设。一期投资12亿元，实施资源开发整合。在完成5000吨五氧化二钒生产线建设的基础上，实施钒系列初级开发项目。已建成年产3000吨片钒、3500吨氮化钒、2000吨50钒铁，配套建设的240套公租房投入使用。二期投资5亿元，实施创新驱动，开展高端钒材料研发及产业化。与武汉科技大学、中南大学联合建设科研中心，建成年产1000吨高纯五氧钒及提钒工艺清洁生产技术改造项目；与北京有色金属研究总院组成新材料科研团队，建成3 00吨钒铝合金、100吨高纯金属钒生产线；与西安交大联合成立钒产业研究院，开展全钒液流储能电池技术攻关，建成年产1000立方米储能电池电解液项目及千瓦级储能示范站。三期计划投资33亿元，实施区域钒资源整合，钒产业延伸，打造钒产品全产业链。同时，建成国家级高端钒材料研发实验中心、检测中心和配套设施。

第三，工业发展与环保并重。在生态保护与矿业开发冲撞中寻找共赢，在新的理念中探索脱胎换骨的发展模式，是摆在山阳甚至整个中国地矿行业面前的重大课题。石煤提钒主要采用湿法提取工艺，废水排放量大，且废水中金属离子含量高。我国含钒废水排放有严格控制，处理过的含钒废水也应该尽量回收利用。工业含钒废水的无害化处理既是对环保的要求，又能实现有价值资源的回收利用，意义十分重大。为了解决这一问题，山阳县将矿山废水治理列为重点工作，通过争取相关项目，建设起专门的污水处理站。矿区产生的废水直接引流，再统一集中处理，达标后才能排放。五洲矿业也在为绿色生产进行科技攻关。针对页岩钒行业全过程污染防治清洁生产的关键技术，五洲矿业发明的含 Ca 介质替代氨水中和高酸浸出液法、无铵沉钒工艺，从源头消除了氨氮产生，并大幅度降低萃原液中 SO_4^{2-}，氨氮排放削减 99.5%，实现了废水氨氮污染源头控制和循环利用。绿色矿山建设追求的是人与自然的和谐，需要优先解决资源环境问题，实现以优化产业结构、节能降耗、生态保护为核心的绿色发展模式。

第四，大力开展工业集中区建设。山阳县委、县政府紧紧抓住省、市支持县域工业集中区建设的良好机遇，坚持把工业聚集区建设作为促进工业发展的“发动机”和“新引擎”来“装备”、把工业聚集区建设作为实施“工业强县”战略、加快产业聚集、扩张经济总量、实现转型发展的重大举措，坚持高起点规划、高标准建设、大项目招商，取得了突破性进展。山阳县域工业集中区位于商洛市山阳县城西，203省道纵穿东西，东与福银高速接壤。集中区近期规划2平方公里，远期规划6平方公里，是一个以现代材料、绿色食品和生物医药为主的综合性工业园。围绕打造精品县域工业集中区目标，在学习借鉴外地工业园区建设经验的基础上，山阳县按照“规划引领、创新提升、特色突出、循环发展”的总体思路，聘请陕西东西部经济研究院编制了山阳县工业集中区总体规划与基础设施、土地利用、产业布局和修建性规划，构筑起“两核、一轴、一心、四园”的带状空间结构和功能布局。

第五，山阳县未来将积极实施工业倍增计划。按照健康医药激活、新材料提质、电子信息延链、清洁能源开发、建筑业升级的思路，制定出台全县工业倍增计划方案，推进优势资源集群化链条化发展。加快必康公司内部资产重组，支持五洲、丰源公司扩能增产延链，努力形成百亿元以上的现代医药和新材料产业集群。推进电子信息产业园三期、金诚五氧化二钒、富新振兴黄金等项目及早竣工投产，力促钒液流储能产业园开工建设，全年新纳规上工业企业5家、限上单位16家、规模以上服务业企业4家以上。新建标准化厂房3万平方米，招商入驻企业3家以上。抓好高新区“一区多园、一园一业”建设，新增入园企业6家以上，亩均税收46万元以上。

（五）做强电子信息产业，奏响科技“兴农曲”

近年来，山阳县聚焦绿色循环发展定位，打破固有思维和路径依赖，以理念之变引领产业之变，以产业之变促进发展之变，无中生有谋项目、建园区、兴产业，推动电子信息产业实现从无到有、由小到大的跨越，打造了县域经济发展新的增长极，构建了以健康医药、电子信息、新材料为主导的产业集群发展新格局。电子信息产业园项目连续三年代表商洛接受全省重点项目现场观摩，2022年实现地区生产总值179.77亿元、规上工业总产值250.09亿元、均居商洛第一。

第一，勇于破局，积极转变。山阳全域处于秦岭腹地，属南水北调中线水源涵养区，如何在秦岭保护优先与强县富民中求得最优解，山阳县着力在以下三个方面寻求突破。一是绿色转型的突破。习近平总书记2020年来商洛考察时，特别强调要当好秦岭生态卫士。山阳县在发展中必须牢记“国之大者”，毫不动摇坚持生态优先、绿色发展，厚植生态优势、聚力绿色转型，努力让绿水青山变成金山银山。二是产业结构的突破。过去山阳一直是矿业独大、占工业比重70%以上，加之科技型、成长型新兴产业偏少，突破资源瓶颈、优化产业结构、寻找发展新路迫在眉睫。三是移民就业的突破。山阳“十二五”“十三五”累计搬迁34647户137479人，特别是城区搬迁群众8390户33819人，其中劳动力20285人，全县在外从事电子信息行业约1.16万人。伴随着东部产业转移、县域经济发展活力兴起，出现了“返乡热”“回流潮”。山阳县积极发展劳动密集型产业，将这些劳动力资源优势转化为发展优势，转变观念、跨界思维，大胆想、超前谋，突破靠山吃山、靠水吃水的发展依赖，抢抓东部沿海产业转移机遇，精心制定发挥劳动力资源密集优势的产业规划，从2018年开始无中生有谋划建设电子信息产业园，开创了把外向型电子产业从东南沿海搬到秦岭腹地的先河，走出了一条“变不可能为可能”的产业转型发展新路子。

第二，筑巢引凤建园区，实现集约发展。山阳立足“八山一水一分田”的县情，把集约节约用地作为拓宽发展空间的根本途径，坚决改变过去简单粗放、圈地而建的发展方式，着力提升资源利用效益。一是集约用地建标房。按照电子信息产业发展需求，把标准化厂房作为承接产业转移、集约拓展空间的有力抓手，先后投资4.6亿元建成多层标房26万平方米，吸引雷博等12家企业轻装上阵、拎包入住、快速投产，既减轻了企业负担，也提高了园区承载力。二是集智创新搭平台。每年设立电子信息产业科技研发专项基金1000万元，实施科技创新型企业倍增计划，在深圳、西安等地建成产品研发中心5个，培育电子类高新技术企业4家、“专精特新”企业3家，推动形成越来越多的“山阳制造”。三是集成服务提效能。创新开展惠企政策、手续办理、用工招聘等“五个送上门”活动，从项目招商、落地、建设到投产全过程跟进、“一站式”服务，全国电源行业前五的迈思普5G电源适配器项目，从签约到投产不到4个月时间，刷新了山阳项目建设速度。

第三，凝聚乡情靶向招商，完善电子信息产业链。山阳按照“突破一点、延伸一链、聚集一片”的思路，坚持政府主动招、链主接续投、企业相互引，推动形成链主引领、链条延伸、聚链成群的发展态势。一是乡情招商引链主。发挥山阳在外从事电子行业人数较多优势，创新开展“迎老乡、回故乡、建家乡”主题招商活动，动员7名企业家返乡投资，吸引500余名在外精英回乡创业就业，瑞裕、迈思普等一批链主企业相继落户园区。二是以商招商延链条。顶格制定落实激励奖励办法，采取政府搭平台、团队专业招、链主接续投、企业相互引的方式，成功招引关联企业 9 家、实施延链补链项目 16 个，电源制造、触控显示、智能家居“三条产品链”日趋完整、聚链成群。三是链式效应建集群。牢固树立“给企业安好家、更要配好邻”的理念，通过政府牵线搭桥、协调衔接，促进企业抱团发展、互利共赢，构建联系紧密、互补配套的产业链体系，以链式效应推动电子信息产业集群化发展，着力打造百亿级电子信息产业集群。2022 年实现产值 20.6 亿元、利税 2.5 亿元，被命名为省级特色园区，获得“亩均效益领跑者”称号。

第四，立足本地人力资源优势，推动劳动力结构转变。山阳始终坚持以工带农、以农促工，把县域产业发展与群众就地就近就业统筹考虑、一体谋划。一是带动搬迁群众就业，目前电子信息产业园已带动就业 3200 余人，人均年增收 3 万元以上。今年实施的印制电路板等 4 个项目将于年底建成投产，可新增就业岗位 1000 余个，预计“十四五”末项目全部建成达效后，可带动就业 5000 人以上。二是带动技能培训提升，针对用工不稳、技能不强等制约企业发展难题，山阳依托电子信息产业园，组建跨部门联动培训专班，整合人社、教育、农业、移民、妇联等 10 个部门培训资源，发挥校企合作、政企联动作用，常态开展订单、定向、定岗培训，打造一支高素质的电子信息产业技能工人梯队，推动就业从劳力型向技能型、从季节性向长期性、从农民工向产业工人“三个转变”。

三是带动村集体增收，对自然条件差、无业可扶的高寒边远村，按照飞地合作模式，采取村集体异地参与电子信息产业园建设，或整合村集体资金入股厂房等设施项目，每年收取租金 300 万元、带动 16 个村分红 15 万元以上，构建园区带村、借力发展新局面。

第五章
陕西山阳县发展县域经济促进乡村振兴的成效评价

县域经济的发展在促进乡村振兴方面具有重要作用。县域经济的发展还能够带动农村基础设施建设、公共服务水平提升等方面的发展，进一步促进城乡一体化进程，缩小城乡差距，让农民享受到更多改革发展的成果。在乡村振兴战略中，应该注重发挥县域经济的作用，制定科学合理的发展规划，加强政策扶持和引导，推动县域经济健康、可持续发展，为实现乡村振兴提供有力支撑。山阳县坚持以县域经济推动乡村振兴，在产业发展、经济实力、城乡融合、生态宜居和公共服务等方面都取得了显著成效。

一、产业发展跑出“加速度”

习近平总书记指出：“乡村要振兴，因地制宜选择富民产业是关键。”[①]产业振兴是乡村振兴的物质基础，产业发展不仅有助于提高农民收入，促进农村经济发展，更是实现乡村可持续发展的关键所在。山阳县通过扩大特色产业优势、工业转型带动、发展第三产业等方式，不断推动产业发展跑出“加速度”，为乡村振兴注入了强劲动力。

（一）特色产业优势加速壮大

产业振兴必须发展乡村特色产业。习近平总书记指出：“发展特色产业是实现乡村振兴的一条重要途径，要着力做好‘土特产’文章，以产业振兴促进乡村全面振兴。”[②]山阳县在特色产业优势的壮大上，采取了一系列有力措施，加速了其特色产业的快速发展，先后制定出台了《山阳县“十四五”农业农村发展规划》《山阳县“十四五”食用菌产业发展专项规划》《木耳产业高质量发展实施意见》《有效衔接期间到户产业发展扶持办法》《食用菌产业高质量发展扶持办法》，不断促进特色产业发展壮大，初步形成了药、菌、果、畜、茶等“5+X”特色产业体系，带动农民群众增收致富。

1. 中药材产业：蕴含深厚的自然宝库

全县累计发展中药材 60 万亩。山阳县现有野生中药材 1000 多种，已开发利用的有 498 种，挂牌收购 123 种，素有“西部药乡”

---

① 《在服务和融入新发展格局上展现更大作为　奋力谱写全面建设社会主义现代化国家福建篇章》，《人民日报》2021 年 3 月 26 日第 1 版。

② 《“在推进中国式现代化建设中走在前列”——习近平总书记考察广东纪实》，2023 年 4 月 15 日，http://www.news.cn/politics/leaders/2023-04/15/c_1129525066.htm。

之美誉。近年来，山阳县始终坚持把中药材作为“山阳特色农业十大件”的重中之重来抓，按照“市场牵龙头、龙头带基地、基地连农户、品牌兴产业”的发展思路，大力推广林下种药和药果间套，鼓励林农规范化、标准化、规模化发展中药材产业。同时，山阳县还大力扶持龙头企业，通过“市场牵龙头、龙头带基地、基地连农户”的发展模式，形成了一条完整的中药材产业链。

山阳县以打造国家中药材产业基地和战略储备库为目标，通过龙头企业的引领，如必康、络亿、天之润等，重点发展“五大商药”和“五大产业带”，大力推进“国家现代中药材产业基地”的建设。在基地建设过程中，山阳县坚持人工抚育与野生家管相结合的方式，推行中药材订单种植、订单加工和订单销售，以促进中药农业、中药工业、中药商业的协同发展。为了进一步做大中药农业，山阳县围绕“五大商药”，精心打造“五大产业带”。同时，他们积极引进和培育中药材加工企业，以络亿公司、天之润公司和照兴公司等为龙头，重点发展紫菀、何首乌、前胡、射干、白刺花、油用牡丹等中药材的订单基地。

为了提升中药材产业的竞争力，山阳县还加快了中药材交易市场和战略储备库项目的建设。这些项目将为中药贸易、中药信息和中药品牌的发展提供有力支撑，进一步推动中药材产业的全面发展。此外，山阳县还积极发展中药保健、药膳养生、健康旅游等新兴业态，实现三次产业的深度融合，为乡村经济的繁荣和振兴注入新的活力。到 2022 年，山阳县已基本建成国家现代中药材产业基地和名副其实的“西部药乡”“秦岭药都”；全县中药材面积达到

60万亩；全县培育中药材龙头企业10家，其中：产值过亿元的企业5家，过10亿元的企业2家；全县中药材产业总产值达到100亿元。

2. 食用菌产业：蓬勃发展的绿色经济

食用菌产业一直是山阳县的传统特色产业，近年来更是依托其得天独厚的自然环境和产业发展基础，实现了快速的发展。为了推进食用菌产业的进一步发展，山阳县以高品质木耳、优质香菇和海鲜菇生产为重点，通过推行“企业+园区+农户”的发展模式，成功建设了79个食用菌园区。这些园区不仅为食用菌的生产提供了良好的环境，更为农户提供了稳定的收入来源。在这些园区的带动下，山阳县的食用菌产业发展迅猛，目前已经发展到了8000万袋的规模。这一数字的背后，是山阳县对食用菌产业的高度重视和大力支持。

为了实现食用菌产业的持续高质量发展，山阳县采取了一系列的措施。以和丰阳光和陕西诚惠公司为引领，山阳县按照“做强香菇、做大黑木耳、做优其他菌类”的策略，结合“抓两头、放中间”的思路，积极引进现代生产设备，并充分利用区域资源，围绕“一心、二带、三流域”进行布局，迅速建设了一批现代化的食用菌工厂、园区和基地。同时，山阳县也积极构建和依托现有的以及新成立的食用菌专业合作组织，为菌农提供全方位的服务，包括培训、技术指导、规范种植以及市场信息传送等，确保他们在产业发展中得到实实在在的帮助。此外，山阳县还大力推行“工厂化统一制袋、认领式分散出菇、订单化统一收购”的发展模式，鼓励农户通过“借袋还菇”等方式参与食用菌产业中来，以实现产业的快速翻番发展。

为了进一步拓展食用菌产业的发展路径，山阳县还积极开发与食用菌相关的体验活动，如采摘体验、农家乐和观光游览等，从而促进一二三产业的深度融合，为乡村经济的繁荣和振兴注入新的活力。到 2022 年，年发展食用菌 8000 万袋，产值达到 15 亿元以上。

3. 林果产业：硕果累累的甜蜜事业

林果产业作为山阳县的本地产业，拥有得天独厚的自然资源和丰富的品种资源。近年来，通过与西北农林科技大学“校地共建”协议签订机遇，山阳县得以积极引进优良的核桃、板栗品种，进一步优化了林果产业的品种结构。这些新品种具有更高的产量和更好的品质，为山阳县的林果产业带来了更大的经济效益。同时，新品种的引进也促进了山阳县林业技术的更新换代，提高了果农的种植技术和管理水平。

为了更好地推广这些新品种，山阳县还加强了与科研机构的合作，邀请专家为果农提供技术指导和培训，通过室内授课、实地培训、现场教学、交流学习等方式，强化全县林果产业发展的科技人才支撑。此外，山阳县还积极延伸了产业链条，开发了以核桃油、核桃糖等为主的系列产品，做大了以“家金”“博汇”为代表的核桃系列产品品牌。到 2022 年，全县林果业面积已达到 140 万亩，其中核桃 65 万亩、板栗 50 万亩、水杂果 20 万亩，林果产业年产值达到 10 亿元。

4. 畜禽养殖产业：生态循环的绿色引擎

畜禽养殖产业在山阳县也呈现出了蓬勃的发展态势。山阳县畜禽养殖产业从农户零散自养，到经营主体带动，实现规模养殖打造品牌，验证了“好酒不怕巷子深”这个道理。山阳县生态养殖秉承“绿色循环、创新共享”发展理念，实行“养殖 + 品牌”，带动示范作用愈加明显，产品价值不断提高。通过生态养殖产业延链补链，山阳县推动了种养加、产供销、农工贸有机结合，畜牧业实现华丽转身，“源味山阳”农特产品品牌影响力持续放大。

为了加强技术推广，山阳县还定期积极组织畜禽养殖技术培训，通过印发科普宣传资料、发放畜牧生产物资和提供现场技术指导等方式，不断增强农户养殖技巧和疫病防控知识。到 2022 年，山阳生态畜禽产品质量、品牌与效益全面提升，全县猪、鸡、牛和羊已分别达到 65 万头、500 万只、2.5 万头和 25 万只，养殖品种良种率达到 95% 以上，畜禽就地屠宰加工率达到 60% 以上，畜禽污染物处理利用率达到 80% 以上，实现畜牧业产值 20 亿元。

5. 茶叶产业：清香四溢的文化传承

山阳县茶叶产业起源于 20 世纪 70 年代初，当时商洛“南茶北引”取得成功，为山阳县的茶叶产业奠定了基础。经过多年的发展，山阳县的茶叶产业已经成为当地的特色产业之一，为当地经济发展和农民增收做出了重要贡献。如今，山阳县正加快标准化茶园建设、老茶园改造、产业链条延伸，以实现茶叶产业标准化、茶旅一体化、销售网络化，推进茶叶产业全面转型升级。

为了提高茶产品质量水平，确保质量安全，加快茶叶品牌培育，山阳县以“天竺翠峰”和“天竺红茶”两个系列品牌为主导，积极推进全县茶叶品牌整合，实现“六统一”管理运作模式，形成发展合力，实现抱团发展。到2022年，全县茶叶种植面积已扩大到18万亩以上，全县茶叶单产平均达到20公斤以上。

（二）工业转型质效带动明显

近年来，山阳县依托当地资源不断进行转型升级和科技创新，着力培养支柱产业，助力山阳县域工业持续向“绿”发展，推动县域经济高质量发展。“十四五”以来，山阳县坚定不移实施“工业强县”战略，大力培育“现代材料、生物医药、绿色食品、电子信息、清洁能源”五大支柱产业，工业经济实现了规模从小到大、结构从单一到多元、产业链从低端到中高端的跨越式发展，为全县经济社会高质量发展提供了强大支撑。截至2023年9月底，全县规模以上工业企业达到57家，完成总产值154.93亿元。

1. 聚焦国家高端钒材料基地建设，打造现代材料产业集群

山阳县围绕钒资源循环利用和深度开发，招引金诚杰出钒业落户山阳，建成高纯金属钒、钒铝合金等项目9个，丰源公司1万吨氮化钒和五洲公司3000吨高纯钒、3000吨钒铁、100吨金属钒生产线建成投产，全县氮化钒产能扩大到1.2万吨，居全国第一。同时，扶持黄金、建材等现代产业发展壮大，引进陕西天铝、欣阳美航等新材料企业，对润联诚、隆元商砼等建筑材料企业升级建设，实现新材料产业标准化、规模化发展。

2. 聚焦国家中药材产业基地建设，打造生物医药产业集群

山阳县的生物医药产业沿着“中药材—中间体提取—中成药—药渣综合利用”的产业链进行布局，取得了显著成效，建成必康5万吨、德润康产业园中药材中间体提取和必康口服液、恒瑞肝纳素等项目25个。这些项目的建成不仅提升了山阳县的生物医药产业规模，也为其转型升级、做大做强、创新发展、形成集群提供了有力支撑。

3. 聚焦秦岭绿色生态农产品基地建设，打造绿色食品产业集群

在乡村振兴的机遇下，山阳县以工业化思维谋划农业园区，建成金鸡蛋品加工、和丰阳光木耳、诚惠香菇酱和家金核桃系列产品深加工等项目26个，配建纸箱厂、饲料厂等项目4个。这些项目的建设不仅提高了农产品的附加值，还推动了农业产业链向更高效、高附加值的环节延伸，为农业深加工产业提供了必要的支持和保障。在推动绿色循环发展方面，山阳县利用农业废弃物建成了金鸡、意发等沼气发电厂2个，大型沼气站8个，实施有机肥加工项目3个，实现了绿色循环发展。

4. 聚焦东部产业发展转移机遇，打造电子信息产业集群

山阳县突出打造“玻璃盖板—触摸屏—显示屏—背光板”的光电显示产品链，通过实施年产3000万片光学玻璃盖板和复合板材、2000万片触摸屏等重大项目，成功建立了20条自动化生产线，不仅大幅提升了产能效率，更填补了陕西在光学玻璃盖板产业领域的空白。此外，该县还建成了23条LED显示屏和智能终端电子类产品生产线，以及26条5G电源适配器和小家电等生产线，实现了电

子信息产业多元化发展。在积极引进智能装备制造、智慧交通等高新技术项目的过程中，山阳县已成功吸引了 9 家电子信息类企业入驻，初步构建了一个充满活力和创新精神的电子信息产业集群。这一系列举措不仅推动了山阳县电子信息产业的迅猛发展，也为区域经济的转型升级和高质量发展注入了强劲动力。

5. 聚焦生态优势，打造清洁能源产业集群

山阳县以循环低碳发展为方向，大力推动清洁能源产业集群建设，实施了色河抽水蓄能电站、钒储能电站、光伏电站等能源产业项目 11 个，建成运营光伏发电项目 214 个、总装机 55.96 兆瓦。这些项目的建成不仅充分利用了山阳县的自然资源，提高了清洁能源的供给能力，还为山阳县的能源结构调整和绿色发展做出了积极贡献。

（三）第三产业发展潜力无限

山阳县群山绵亘，缺少耕地，自古以来就有“八山一水一分田”之说。尽管山阳县面临自然条件的挑战，群山绵亘、耕地稀缺，但这也为其第三产业的发展提供了独特的潜力和机会。近年来，山阳县围绕“文化旅游、电子商务”精准发力，不仅优化了其经济结构，更开创了县域经济发展的新格局，推动了其第三产业的蓬勃发展。

1. 文化旅游：传承和创新的双向融合

山阳县深入挖掘本地文化资源，以“山水人文”为主题，打造了一系列精品旅游线路和特色文化体验活动。按照“突出特色、打

造精品，扩大容量、构建循环”的思路，山阳县积极推进乡村旅游发展，着力打造一批集农事体验、民俗文化、休闲度假、康体养生等类型于一体的乡村旅游示范村。为了完善乡村旅游功能，山阳县加快了“吃、住、行、游、购、娱、厕”等综合配套建设，使得乡村旅游功能不断完善，提升了游客的旅游体验。

在旅游的重点项目上，山阳县已经建成了天竺山、漫川古镇、天蓬山寨、月亮洞 4 个 AAAA 级旅游景区，漫川小河口、法官秦岭原乡、翠屏山森林公园 3 个 AAA 级旅游景区，以及天竺山僧道关村等 17 个乡村旅游示范村。这些项目的建成不仅提升了山阳县的旅游形象，也带动了当地经济的发展。其中，天竺山镇僧道关村被评为国家乡村旅游模范村，漫川关镇前店子村也获得了“中国美丽休闲乡村”的称号。

此外，山阳县还注重推动农旅、文旅、体旅的深度融合，已经开发了“漫川锅巴”“法官草编”等山阳农特旅游商品 60 种 200 余件。同时，山阳县还编导了地方演艺剧目 6 个、歌曲 10 首，以及推出了“山阳羊肉泡”“漫川八大件”等系列特色美食，受到了游客的广泛欢迎。

2. 电子商务：技术与市场的双重驱动

电子商务作为新兴的产业领域，为山阳县的经济发展带来了巨大的机遇。借助互联网技术的优势，山阳县的特色商品得以走出大山，走向全国市场。通过电子商务平台，这些商品实现了与消费者的高效对接，大大提高了销售效率和市场份额。同时，电子商务的发展也为山阳县创造了大量的就业机会，为农民提供了新的收入来源。在技术与市场的双重驱动下，山阳县的电子商务产业呈现出蓬勃发展的态势，成为推动县域经济发展的新引擎。

自 2019 年以来，山阳县围绕“引导产业”“扩大销售”“完善网络”“强化培训”“健全业务”五大重点工作，大力推进电子商务进农村综合示范项目建设，实现了电子商务产业的跨越式发展。目前，山阳县已累计开发产品 158 个，其中优势网货 40 多种，使一批“藏在深闺无人识”的农村土特产品走向了全国各地。同时，山阳县还依托邮政完善的镇村网络优势，实施了县、镇、村三级物流体系建设，开辟邮路 4 条 810 公里，建设县级物流中心 1 个、镇级仓储配送中心 21 个。全县快递物流直达 120 个村，服务辐射覆盖 70% 以上的村，均全部实现信息化管理。

二、经济实力迈上“新台阶”

“十三五”期间，山阳县在习近平新时代中国特色社会主义思想的指引下，全面落实习近平总书记来陕视察重要讲话精神，紧紧围绕“五个扎实”的要求，以脱贫攻坚为重点，以追赶超越为目标，积极推进经济社会发展。同时，山阳县聚焦全面小康和撤县设市两大目标，加快“一区三基地”的建设步伐，统筹推进稳增长、促改革、调结构、惠民生、防风险、保稳定等各项工作，经济实力稳步提升，迈上了新的发展台阶。

（一）全县经济总量持续扩大

“十三五”时期，山阳县经济社会取得了显著的发展成果。全县生产总值年均增长5.8%，规上工业增加值年均增长9.0%，固定资产投资年均增长12.2%，这一系列的数据表明山阳县的经济实力稳步提升，呈现出良好的发展势头。

1. 经济结构逐步优化

在经济结构的深层次变革中，山阳县的三次产业比重从2015年的16.78∶52.13∶31.09逐渐优化并提升至15.15∶46.98∶37.87。这一转变不仅反映了当地产业结构的升级，更彰显了经济发展的新趋势。具体来看，第一产业比重的轻微下降，表明山阳县在保持农业基础地位的同时，正逐步向更加高效、生态的现代农业转型。第二产业的比重虽然有所降低，但依然占据了近一半的经济份额，显示出工业在山阳县经济中的重要地位。然而，更为显著的变化发生在第三产业。其比重的显著上升，意味着服务业在山阳县的经济增长中发挥了越来越重要的作用。

这种产业结构的优化，不仅提升了山阳县的经济效率，更为其经济增长的可持续性注入了新的活力。第三产业的快速发展，尤其是现代服务业的崛起，为山阳县提供了新的经济增长点，同时也为当地居民提供了更多的就业机会和更高的生活水平。山阳县产业结构的优化是当地经济持续、健康、稳定发展的有力证明。未来，随着产业结构的进一步升级和转型，山阳县有望在保持经济高速增长的同时，实现经济质量的全面提升。

2. 经济发展稳步增长

在经济发展方面，山阳县的 GDP、工业增加值等关键指标一直稳居全市前列，2022 年，山阳县 GDP 达到 179.8 亿元，位居商洛第一。这一成绩不仅凸显了山阳县坚实的经济基础和强大的竞争力，更是对其经济发展策略的有力验证。特别是在当前复杂多变的国内外经济环境下，山阳县能够保持如此稳健的发展态势，实属不易。此外，山阳县连续三年在全市年度目标责任考核中荣获优秀格次，这无疑是对山阳县在经济社会发展方面所取得成就的极高认可。这一荣誉不仅是对山阳县过去一年辛勤努力的肯定，更是对其未来发展潜力的极大信心。

这些骄人成绩的取得，离不开山阳县全体人民的共同努力和拼搏，更离不开县委、县政府的正确领导和科学决策。正是因为有了这样一支团结一心、奋发有为的领导团队，山阳县才能在激烈的区域竞争中脱颖而出，实现经济社会发展的全面提升。我们有理由相信，在全县人民的共同努力下，以及县委、县政府的正确领导下，山阳县的经济发展必将再上新台阶，为全面建设社会主义现代化国家贡献更大的力量。

同时，山阳县还积极推进乡村振兴战略，大力发展村集体经济。通过优化农业结构、加强基础设施建设、培育新型农业经营主体等措施，提高农业综合效益和农民收入水平。在村集体经济的带动下，农村经济发展取得了显著成效，为全县经济社会发展提供了有力支撑。

（二）农村集体经济壮大发展

山阳县充分运用“党支部 +‘三变’改革 + 集体经济 + 贫困户”的发展模式，盘活了农村资源、资产和资金，农民们被鼓励以土地使用权、林权、房屋产权等方式入股，从而培育和壮大农村集体经济。集体经济组织得以利用未承包到户的集体资源，如“四荒”地、果园、养殖水面等，集中开发或通过招投标发展现代农业项目。到 2022 年，山阳全县村集体经济总收入突破了 2000 万元，为农村的可持续发展奠定了坚实的基础。

1. 发展模式：“2+X”

针对山阳县立地条件差，集体经济发展困难大的现状，山阳县委、县政府在充分调研的基础上，结合脱贫攻坚政策、资金情况，从全盘着眼，提出了“建设大基地、打造大园区，发展大产业，推动大扶贫”的工作思路，成立了山阳县扶贫开发移民搬迁投资有限公司，整合中央和省级财政扶贫资金 5.63 亿元，建成以 120 万只大型金鸡扶贫产业和 38.22 兆瓦“农光互补”光伏扶贫项目为重点的两大园区，分别以配资入股和确权认购形式，带动 239 个村（社区）和 6719 户特殊困难户共同增收，年分红收益村均 5 万元至 10 万元，户均 800 元，搭建了全县村集体经济的两项共性增收框架，即“2+X”发展模式中的“2”。

在金鸡、光伏两大共性收益带动增收、实现原始积累的基础上，山阳县委、县政府继续鼓励引导各村，积极依托当地资源和村集体项目资金，因地制宜、因村施策，通过“三变”途径，走差异化发展道路，每村再发展1—2项其他增收项目，即为“2+X”发展模式中的“X”。至2020年，山阳县已将建成的730个标准化食用菌大棚和16个社区工厂项目资产收益，纳入村集体经济配资分红范围，稳步扩大了“X”的影响范围。目前，“2+X”的村集体经济发展模式正在全力促进山阳县村集体经济的发展壮大，不断为山阳县农业农村发展注入新的、更大的活力。

2. 产业模式:“三带三创”

在村集体经济的产业模式上，山阳县创新性地提出了“三带三创”的产业模式，大力培育新型经营主体，建立完善带贫益贫机制，将有劳动能力的贫困户全部镶嵌在产业链上，无劳动能力的贫困人口通过资产受益、入股分红等方式确保收入有支撑。

所谓“三带”，即通过龙头企业、合作社和能人大户带动有发展能力的贫困户发展产业，让贫困户在产业基地建设、产品加工、市场营销等环节中增收，实现经营主体发展壮大和贫困户稳定增收“双赢”。截至2019年，山阳全县培育农业龙头企业133家、其中市级以上龙头企业26家，发展合作社776个、专业大户316个，与1.2万户贫困群众结实了利益联结，带动全县发展中药材基地54.29万亩，林果基地133.68万亩，食用菌6000万袋、天麻1650亩，畜禽养殖497.3万头（只），茶叶基地15.61万亩，中蜂4.68万箱，新建光伏电站39.37兆瓦。

所谓“三创”，即围绕“缺资金”“缺技术”和“销售难”等问题，实施金融帮扶、科技帮扶、营销帮扶“三大创新”，为产业发展注入动力。通过大力推广“三带三创”的产业模式，山阳县的村集体经济得到了显著的提升。这一模式不仅为山阳县的农村经济发展提供了有力支持，也为其他地区提供了有益的借鉴和参考。

3. 激励方法："五项措施"

要发展壮大村级集体经济、提升乡村造血功能、实现乡村振兴，必须依靠村级干部的引领和组织作用。近年来，山阳县针对村（社区）干部待遇偏低、发展村级集体经济积极性不高的问题，探索制定出了激励村级干部发展壮大集体经济"五项措施"。通过建立村干部报酬与集体经济收益挂钩机制，激发了村级干部内生动力，走出了一条组织引领、多元发展、利益联结、发展共赢的新路径，为巩固脱贫攻坚成果、接续实施乡村振兴提供了重要支撑和组织保障。

一是推行绩效考核，让基层干部肩上有担子。每年初由村（社区）"两委"根据上年度村级集体经济实际收益等情况，提出本年度村级集体经济收益任务目标，经镇（街道）审定后，列入村级班子和干部年度考核内容。完成年度收益目标任务并且账务管理规范、资金支出合规、运行安全的村（社区），经镇办考核，择优对村（社区）干部实行定额奖励，奖励范围不超过本镇（街道）村（社区）总数的50％，奖励金额划分等级，每人最高不超过3000元。对未完成年度任务的，给予适度处罚。

二是实行差异奖励，让务实重干者得实惠。对生产经营类村级集体经济增加幅度较大的村（社区）实行按比例奖励。奖励额度不超过超任务部分的20%，奖励比例由镇（街道）核准后确定，奖励上限为10万元，奖励资金在生产经营类集体经济收益中列支，按贡献大小由村（社区）“两委”会集体研究提出，经公示无异议后，报镇（街道）审定后执行。

三是规范核算监管，让资金使用公开透明。每年年末，由村（社区）“两委”向镇（街道）提出村级集体经济收入年度核算申请，镇（街道）负责审核项目属性，并由专业机构对村级集体经济年度收入进行审核认定。县农业农村局、各镇（街道）负责抓好村级集体经济收入账务的规范和监督，确保资金使用符合相关规定。

四是丰富激励方式，让干部活力充分释放。对在发展村级集体经济方面做出突出贡献的村（社区）干部，优先推荐参加县级以上各类评优表彰、各级“两代表一委员”人选、招考公务员、事业单位工作人员。设立全县村级集体经济增收贡献奖，每年由县农业农村局制定考核奖励办法，评选一定数量的先进集体和先进个人进行表彰奖励，对先进集体和先进个人颁发证书，分别给予1000元、500元奖励。

五是强化监督管理，让经营风险降到最低。严格村级集体经济发展项目的评估论证、决策管理，探索多元化发展模式和增收渠道，建立投资决策风险防控机制，切实降低经营风险。加强村级债务管理，严格控制村（社区）举债行为，防止新增债务发生。对造成集体资产流失的，由纪检监察机关按照相关规定，予以严肃处理。

（三）农民人均可支配收入稳步提高

从人均可支配收入上来看，在政策性增收增资不断发力、农村居民务工扶持、农业产业化发展等政策举措的驱动下，山阳县农村居民人均可支配收入保持逐年同步上升。2016 年至 2021 年，山阳县农民人均可支配收入年均增长 9.6%，2021 年时已达到 12755 元。这一成就的取得，离不开政策性增收增资的不断发力、农村居民务工扶持以及农业产业化发展的有力推动。

1. 政策性增收增资

政策性增收增资是促进农民人均可支配收入增长的重要因素之一。在“十三五”期间，国家加大了对农业农村的扶持力度，出台了一系列惠农政策，为农民提供了更多的增收机会。山阳县积极响应政策，加大对农民的政策性扶持力度，提高了农民的经济收入水平。为此，山阳县强化了各类政策协同，落实了就业服务、人才激励、教育培训、资金奖补、金融支持、社会保险等就业扶持政策，着力解决了返乡下乡创业过程中融资、人才、用地、服务、风险应对等问题，改善了劳动条件，提高了就业稳定性和收入水平。

2. 农村居民务工扶持

农村居民务工扶持也是促进农民人均可支配收入增长的重要途径。随着城市化进程的加速和产业结构的调整，农村剩余劳动力向城市转移成为必然趋势。山阳县积极引导和帮助农民进城务工，加强技能培训和就业指导，提高农民的就业能力和工资水平。为此，山阳县强化了农民创业就业体制建设，完善了市场运行规则，破除了就业制度障碍，建立健全了城乡劳动者平等就业、同工同酬制度。健全人力资源市场法律法规体系，尊重农村劳动者和用人单位市场主体地位，依法保障其合法权益。全面落实进城务工人员子女入托、入学及异地中考、高考政策，形成更有效、更公平的制度体系。深化户籍制度改革，放开建制镇落户限制，促进农业转移人口在城镇有序落户。完善政府、工会、企业共同参与的协调协商机制，构建和谐劳动关系。通过这些措施，山阳县进一步增加了农民的非农产业收入，提高了整体收入水平。

3. 农村产业化发展

农业产业化发展是推动农民人均可支配收入增长的另一重要举措。山阳县积极推进农业产业化经营，引进龙头企业、推广先进技术、打造品牌等，促进农业的规模化、集约化、专业化发展。通过建立农业合作社、发展农产品深加工等方式，延长产业链条，提高农产品的附加值和市场竞争力。为此，山阳县紧扣“一村一品”，突出“一园一业”，精心打造和丰阳光食用菌产业园、金鸡产业扶贫园、黄花岭生态茶园等一批要素集聚、技术集成、效益集约和一二三产深度融合的现代农业示范园。按照集中连片发展、整流域推进和适宜区全覆盖的思路，先后建成6条食用菌流域产业带、百万袋以上基地10个，万亩有机茶园3个，万头（只）畜禽养殖基地78个，千亩以上中药材基地23个、林果基地18个，千箱中蜂养殖基地21个，发展食用菌8000万袋，饲养畜禽492.72万只（头）、茶叶15.61万亩、中蜂4.86万箱。加大“三品一标”申报认定力度，叫响创亮“山地农产”品牌，累计认定“三品”农产品52个、地标产品2个，注册商标33个，培育省级著名商标和市级知名商标6个。这不仅增加了农民的收益，还带动了相关产业的发展，为农村经济注入了新的活力。

三、城乡融合展现“新面貌”

乡村振兴不能就乡村论乡村，而要着眼于重塑城乡关系。习近平总书记曾指出：“我们一定要认识到，城镇和乡村是互促互进、共生共存的。能否处理好城乡关系，关乎社会主义现代化建设全局。”[①]山阳县坚持以协调推进乡村振兴和城乡融合为抓手，以缩小城乡发展差距和居民生活水平差距为目标，推进城乡基础设施和基本公共服务一体化、均等化发展，优化城乡融合体制机制，促进城乡要素自由流动、平等交换。

（一）城乡收入差距逐步缩小

“与农民群众对美好生活的期待相比，农民增收致富奔小康还是一项极为艰巨的任务。突出表现为城乡收入差距仍然大。”[②]为了增加农民收入，缩小城乡收入差距，山阳县采取了一系列措施，包括“拓宽农民就业渠道”“强化乡村就业服务”“完善制度保障体系”等。

1. 拓宽农民就业渠道

为了拓宽农民就业渠道，山阳县采取了一系列措施。依托当地优势特色产业，山阳县大力发展了乡村特色产业，如文化、科技、旅游和生态等。这些产业的兴起为农民提供了更多的就业机会，同

① 《论把握新发展阶段、贯彻新发展理念、构建新发展格局》，中央文献出版社 2021 年版，第 238 页。

② 习近平：《论“三农”工作》，中央文献出版社 2022 年版，第 59 页。

时也促进了农村经济的多元化发展。通过振兴传统工艺、建设乡村创业基地和农民工返乡创业园等措施，山阳县培育了一批家庭工场、手工作坊、乡村车间和社区工厂，为农民提供了灵活的就业平台。这些创新就业形态不仅增加了农民的收入，也为农村经济的发展注入了新的动力。山阳县还积极鼓励大学生、复转军人、外出创业成功人士、科技工作者和下岗工人等在乡村兴办企业。通过提供政策支持和优质服务，吸引更多的人才和资本投入农村经济发展中，进一步推动了农村产业的升级和转型。这不仅创造了更多的就业岗位，也提高了农民的收入水平和生活质量。

为了方便农民就近就地就业，山阳县依托大型企业集团培育和中小企业扶持，深化与工业园区等劳动密集型企业的合作。通过扩大生产规模和建立镇村加工厂，这些企业为农民提供了更多的就业机会。同时，山阳县还结合新型城镇化建设，合理布局引导产业梯度转移，让农村富余劳动力从土地上解放出来，实现土地租金和打工工资的双重收入。此外，山阳县还注重提升农民的技能水平，加强新型农业经营主体培育，发展多种形式适度规模经营。通过培训和教育，提高农民的专业技能和综合素质，使他们能够更好地适应市场需求和现代农业发展的需要。这不仅有助于增加农民的就业机会，也为农村经济的可持续发展奠定了基础。

此外，山阳县还积极发展农产品电子商务，为农民创业开辟了新的途径。通过搭建网上创业平台，提供电商培训和技术支持，鼓励农民利用互联网开展农产品销售、品牌推广等活动。这不仅拓展了农产品的销售渠道，增加了农民的收入来源，也为农村经济的创新发展注入了新的活力。

2. 强化乡村就业服务

山阳县全面落实基层就业政策法规咨询、信息发布、职业指导和职业介绍、就业登记和失业登记等公共就业服务制度。通过这些基础服务的提供，帮助农民了解就业政策、获取就业信息、提升职业素养，从而更好地融入劳动力市场。同时，组织开展就业服务专项活动，如“春风行动”等，为农民提供更多的就业机会和技能培训。

同时，山阳县还在加快公共就业服务的信息化建设，建立了信息共享标准化平台。通过现代化信息技术手段，实时、准确交换互通人力资源信息与主要业务，实现信息共享和动态监控。这样能够更好地满足农民对就业岗位信息的需求，提供“信息真实、内容完整、岗位有效、查询便利”的就业岗位信息服务。山阳县还加强基层人力资源和社会保障服务机构建设，不断将公共就业服务网络向基层延伸。通过建设和完善县、镇（街道）、村（社区）和各经办机构的网络体系，农民更加方便地享受到公共就业服务。这不仅提高了服务的可及性，也有助于提高农民的组织化程度和就业率。

此外，山阳县还坚持以就业为导向，依托各类职业培训机构和职业学校，建设一批实训基地。通过开展技能培训和实际操作训练，强化农民的职业素质和技能水平。同时，加强就业援助，健全就业困难人员分类帮扶机制，完善就业援助政策和公益性岗位开发安置制度。对于就业困难人员和零就业家庭，提供针对性的帮扶措施，帮助他们实现稳定就业。

3. 完善制度保障体系

山阳县积极强化农民创业就业体制建设，完善市场运行规则，破除就业制度障碍，建立健全城乡劳动者平等就业、同工同酬制度。为了保障农民的平等就业权利，山阳县加强了人力资源市场法律法规体系建设。通过完善相关法律法规，尊重农村劳动者和用人单位的市场主体地位，依法保障其合法权益。同时，通过强化各类政策协同，落实就业服务、人才激励、教育培训、资金奖补、金融支持、社会保险等就业扶持政策，着力解决返乡下乡创业过程中融资、人才、用地、服务、风险应对等问题，改善劳动条件，提高农民就业稳定性和收入水平。

通过山阳县委县政府的一系列努力，山阳县的城乡收入差距稳步缩小。2016 年，山阳县城镇居民人均可支配收入 25135 元，农村居民人均可支配收入 8501 元，差距达 16634 元，城乡居民人均可支配收入比为 2.95∶1，而到 2023 年，山阳县城镇居民人均可支配收入 29568 元，农村居民人均可支配收入 13775 元，差距缩小至 15793 元，城乡居民人均可支配收入比为 2.15∶1。

（二）城镇化建设取得重要进展

新型城镇化是中国经济社会发展进程中的一个重要阶段，也是乡村振兴的一条必由之路。习近平曾在中国共产党第二十次全国代表大会上提出，要构建“以城市群、都市圈为依托构建大中小城市协调发展格局，推进以县城为重要载体的城镇化建设”[①]。山阳县坚持“城乡统筹、交通串联、辐射带动”的差异化发展之路，按照“一核、两轴、多区”城镇空间格局，全面推进中心城市扩容提质，增强城镇辐射带动作用，进一步增强城市体系的承载能力，推进新型城镇化建设进程。

所谓“一核”，即建设以县城为核心，辐射带动十里、高坝店、色河。在全面拉大县城中心骨架的基础上，完善基础设施，提升城市的人口承载力，形成县城体系核心。“两轴”，即形成沿丹宁高速轴线发展的中村镇、银花镇、户家塬镇；沿福银高速轴线发展的天竺山镇、漫川关镇、法官镇、延坪镇。“多区”，即协同推进西照川、王阎、板岩、南宽坪、杨地、小河口、两岭 7 个镇发展。

近年来，山阳县坚持以新型城镇化为引领，突出抓好规划修编、设施建设、用地供应、资金保障、环境整治等重点工作，城乡面貌大幅改观，城市品质不断提升，推进城镇扩容提质，加快重点城镇建设，提高城镇管理水平。

1. 突出地域特色抓规划

山阳县按照城镇总体规划、产业发展规划和土地利用规划“三规合一”的原则，突出空间布局、地域风貌，融入绿色、低碳、生态、智慧、宜居“五大要素”，修编了《县城第四轮总体规划》，漫川关、高坝、户家塬等重点镇《控制性详细规划》和法官秦岭原

① 习近平：《高举中国特色社会主义伟大旗帜　为全面建设社会主义现代化国家而团结奋斗：在中国共产党第二十次全国代表大会上的报告（2022 年 10 月 16 日）》，人民出版社 2022 年版，第 38 页。

乡、天竺养生度假等特色小镇建设规划。目前，城镇总规覆盖率达到 100%，详细规划覆盖率达到 80%。

2. 突出城乡一体抓建设

山阳县按照建设资金同等保障、工作力量同等分配的原则，同步推进城镇建设，相继实施了滨河休闲长廊、城区供暖、必康大道、中街停车场、高坝垃圾填埋场、中村污水处理厂等一批城镇配套项目，加快推进了以棚户区改造、保障房建设、易地搬迁安置为主的宜居安居工程，建成了县医院迁建、城区三中、城区三小、老年公寓、农村幸福院等一批社会事业项目，城镇功能不断完善。

3. 突出用地需求抓保障

山阳县严格执行土地征用政策要求，积极盘活存量土地，认真清理闲置和未按期动工的土地，不断提高城镇建设土地利用率。抢抓易地搬迁旧宅腾退和城乡建设用地增减挂钩政策机遇，加快贫困户旧宅基地腾退复垦、工矿废弃地复垦和土地整理项目实施，累计完成移民搬迁腾退复垦 3978 亩、增减挂钩拆旧复垦 2574.61 亩，有力保障了城镇建设用地需求。

4. 突出争引并举抓融资

山阳县充分发挥县城投公司的融投资载体作用，加强与国开行、农发行沟通对接，争取金融机构在供水、供气、供热、公共交通、污水处理、垃圾处理等市政建设方面的资金 12.5 亿元。强化项目策划包装，加大招商引资，先后引进陕西星丰、陕西隆元等 6 家大企业参与新型城镇化建设，累计引进资金 9.2 亿元。规范实行 PPP 合作模式，广泛吸纳民间资本进入棚户区改造、市政设施等建设领域，有效减轻了财政负担。

5. 突出防治结合抓管理

山阳县成立了市容环境保洁、市政设施维护、专业绿化养护“三支队伍”，全天24小时不间断巡回检查，加强街道路面保洁，及时维护更换市政设施，城镇保洁率达到100%、亮化率达到95%、绿化率达到38.5%，垃圾和污水处理率均达到省市考核指标。建立县住建、城管、交通、市监等部门联合执法机制，每周开展一次联合执法活动，集中对县城和镇办乱占乱建、乱停乱放、占道经营、户外广告等开展专项整治，城镇市场秩序得到明显改善。

（三）美丽乡村建设深入推进

美丽乡村建设是推进新型城镇化和乡村振兴战略的重要内容之一，旨在通过提升农村基础设施、生态环境、公共服务等方面的水平，改善农村生产生活条件，促进农村经济社会发展。习近平总书记在2013年便提出：“要继续推进社会主义新农村建设，为农民建设幸福家园和美丽乡村。”①

近年来，山阳县在美丽乡村建设方面取得了显著成果。以法官镇法官庙村为例，山阳县法官镇法官庙村面积35.1平方公里，有耕地999亩、林地8300亩，辖5个村民小组465户1712人。该村聚焦乡村建设“183”行动重点任务，坚持规划引领、先行先试、抓点示范，美丽宜居村庄建设高效推进，先后荣获“国家美丽宜居村

① 习近平：《论坚持人与自然和谐共生》，中央文献出版社2022年版，第78页。

庄”“中国美丽乡村百佳范例”“全国乡村旅游重点村”“陕西省生态村”等荣誉称号。

1. 立足当地实际，突出规划引领

法官庙村在建设中立足当地实际，突出规划引领，高规格聘请专业团队，利用三个月时间，通过“四步走”，精心编制了总体规划和专项规划，为今后发展打下了坚实基础。一是精准分析现状条件。规划编制团队通过实地走访、访谈群众和查阅资料，全面了解该村建筑风貌、人文景观、自然环境、资源状况及产业发展等情况，总结分析该村发展的优势和不足，厘清未来发展面临的机遇和挑战。二是科学确定规划理念。在全面翔实地掌握发展现状后，按照国家对乡村建设最新要求，明确了规划落成的基本思路和理念，即坚持保护原乡原味。注重保护白墙、灰瓦、坡屋顶的乡村特色风貌，通过改造提升民居，传统村落民宅越来越有型。坚持因地制宜发展。各项建设要同地方经济发展水平相适应、同当地文化和风土人情相协调，合理确定公共基础设施配置和基本公共服务标准。坚持循序渐进推进。实行一次性规划、分年度实施，合理安排村庄建设时序，把保障和改善民生建立在财力可持续和农民可承受的基础之上，防止超越发展阶段搞大融资、大拆建、大开发。坚持绿色循环发展。坚持生态优先、绿色发展，综合运用经营城镇、营销景区的理念来建设秦岭山水乡村，将美丽风景转化为美丽经济。三是合理划分功能布局。坚持保护传统与创新发展相结合，初步形成以精心打造中国康养之都为核心，以旅游和度假为两轴，以公共服务休闲区、茶叶制作体验区、荷韵水田漫步区、民俗风情游憩区、古庙传奇探秘区、乡村民宿度假区六大板块为重点的“一心两轴六区”空间格局，着力打造百亩荷塘主题公园和秦岭原乡特色研学基地，推动秦岭山水乡村整体发展。四是积极完善专项规划。该村在做好总体规划的基础上，高度重视各个专项规划编制，真正让一张图绘到底体现到落实层面。目前，该村精心编制了《法官庙村实用性村庄规划》《法官庙村乡村振兴规划》和《法官庙村乡村旅游发展规划》，细化了年度建设任务清单，计划通过3年努力，力争把法官庙村打造成国家级乡村振兴示范村。

2. 多元保障发力，确保规划落地

法官庙村通过做到“五到位”，多元化保障发力促进度，确保先前规划的顺利实施和落地生根。第一个是党建引领到位。探索“党建+乡村振兴”机制，将乡村振兴纳入基层党建工作日程和村支部书记领办实事硬事项目，坚持支部带动党员，党员带动群众，支部每月开展组织生活会、主题党日活动，围绕乡村振兴建设全面推进各项工作任务。第二个是群众主体到位。出台串户路硬化补助、小菜园建设补贴等政策引导，鼓励群众参与。积极探索乡贤参与乡村治理新模式，通过讲好乡贤故事，用身边的事来教育和影响身边的人，引导群众由“让我干”向“我要干”的转变，全面形成了以党员、乡贤为核心，村“两委”为基础，群众为主体，全员共参与的良好氛围。第三个是资金整合到位。采取“政府专项资金补助、发动群众筹资、社会人士捐赠”三种集资方式，切实加大人力、财力、物力投入，确保串户路硬化、圈厕改造、绿化苗木配置到位、整治到位。第四个是网格责任到位。采取落实科级领导包片、镇村干部包段、网格员包户、群众包门前的“四包”模式，落实“人盯人 +”基层社会治理创新机制，压紧各片长责任，确定每周四为环境综合整治日，村“两委”分头带领公益岗位开展卫生清洁，考评第一的颁发流动红旗，资金奖励，倒数的授予流动黄旗，表态发言，以此倒逼网格员主动作为，履职尽责，做到道路保洁有人管、塘沟水体有人问、乱堆乱放有人理。第五个是长效监管到位。持续完善《人居环境整治成效“红黑榜”评价制度》《五美庭院评选方案》，形成“村自查、群众监督、代表评议”三线监管机制，充分发挥党员群众能动性，确保人居环境整治常态化、长效化、精细化推进。

通过一年多来的努力建设，年度任务基本完成，乡村建设取得明显成效。一是特色产业得到了发展。立足当地生态资源，因地制宜建成梯田有机茶园 2000 亩、艾草基地 1000 亩、水产养殖 500 亩，通过农产品初加工，推出高山有机茶、红薯粉条、小磨香油、富硒水稻等一批特色农产品，开发了一批集群农家乐和农家民宿。二是公共服务得到了改善。建成了法官庙村党群服务中心、邻里中心、卫生室、文化广场、新时代文明实践所、旅游公厕等服务阵地，服务水平显著提升。三是人居环境得到了提升。按照全流域连线成片建设目标，围绕秦岭山水乡村建设 18 项重点任务，推行“净面、塑形、铸魂、增颜”四步走，落实环境整治常态化管理，村域内实现了从“全域整治”向“全域美丽”的华丽蜕变。

四、生态宜居建成“示范县”

生态振兴是推动乡村振兴发展战略，建设美丽中国的重要组成部分。习近平总书记曾提道：“生态宜居，是乡村振兴的内在要求，从‘村容整洁’到‘生态宜居’，反映了农村生态文明建设质的提升，体现了广大农民群众对建设美丽家园的追求。”[①] 近年来，山阳县牢固树立绿水青山就是金山银山理念，把“生态立县”作为县域经济社会发展的基本战略，探索出了一条生态和经济可持续协调发展、人与自然和谐共生的绿色生态发展之路。

（一）基础设施短板全面补齐

山阳县建设成为生态宜居示范县，首要任务是补齐其生态基础设施短板。在推进生态宜居示范县的建设中，山阳县高度重视设施建设、垃圾污水治理工作和农村厕所革命。为了实现“六清六治六无”的目标，山阳县不断完善农村垃圾收集处理体系建设，县城建成了一座现代化的垃圾填埋场，并配备了相应的垃圾中转站，确保垃圾能够及时、安全地得到处理。此外，在各镇和村也分别建设了垃圾填埋场和垃圾中转站，形成了覆盖全县的垃圾处理网络。

1. 农村环境综合整治

山阳县注重推进农村环境综合整治工作。通过开展“六清”行动，清理河道、清理田园、清理村庄等，改善了农村环境卫生状

---

① 习近平：《论“三农”工作》，中央文献出版社 2022 年版，第 278 页。

况。同时，加强了对农村污水的治理，建设了县级、镇级和村级污水处理设施。县级污水处理厂、镇级污水处理厂和村级污水处理站的建设，为农村污水治理提供了有力保障。为了确保污水处理设施的高效运行，山阳县采取了专业运维的模式。所有的污水处理设施都委托给专业的运维机构进行管理，确保设施的正常运转和污水治理效果的可持续性。此外，为了全面提升污水治理水平，山阳县还开展了农村污水治理 PPP 项目建设。通过引入社会资本和先进技术，推进农村污水治理的规模化、专业化和市场化。该项目覆盖了多个村（社区），提高了污水治理率，为农村生态环境改善做出了积极贡献。

2. 深入推进厕所革命

为了推进农村厕所革命，山阳县采取了分类施策的方法，结合实际情况制定了一系列的实施方案。县政府印发了《山阳县农村改厕三年（2023—2025 年）攻坚行动实施方案》和《山阳县 2023 年农村厕所革命实施方案》，明确了农村厕所改造的类型和时限。在资金筹措方面，山阳县采取了多种方式，包括政府奖补、集体帮补、乡贤捐赠和群众自筹等，以调动各方力量积极参与农村户厕改造工作。通过这些方式，成功筹措了充足的改厕资金，为农村厕所改造提供了有力的保障。在具体实施方面，全县完成了 12690 座农村户厕改造，并建成了 220 座农村公厕，超额完成了省市下达的改厕任务。这一成果得益于山阳县的分类施策和有力执行，使得农村厕所改造工作取得了显著成效。

山阳县还注重改厕工作的质量监管和技术支持。在施工过程中，加强了对改厕质量的监督检查，确保每一座厕所都能达到预期的效果。同时，积极引进先进的厕所技术，提高厕所的使用舒适度和卫生标准。通过推进农村厕所革命，山阳县改善了农村居民的生活环境，提高了他们的生活质量。农村厕所改造不仅有助于改善农村卫生条件，还能促进农村生态环境的改善和旅游业的开发。这一举措不仅取得了良好的社会效益，也为山阳县的可持续发展奠定了基础。

（二）人居环境得到全面改善

在山阳县，政府对于城乡人居环境的改善给予了高度重视。为了实现生态宜居的目标，县政府采取了一系列切实有效的措施，取得了显著的成果。

1. 垃圾处理步入正轨

在垃圾处理方面，山阳县新建了12个镇的垃圾热解气化厂。这些工厂采用了先进的垃圾处理技术，通过热解气化工艺将生活垃圾转化为可再生能源，既解决了垃圾处理问题，又为能源利用提供了新的途径。同时，全县18个镇（街道）新建了71个垃圾压缩中转站，实现了垃圾的集中收集和转运。这些中转站的建设提高了垃圾处理效率，减少了二次污染，为改善城乡环境卫生状况打下了坚实基础。

2. 农村环境全面改善

在农村环境改善方面，全县建设了15座农村垃圾处理场和20座生活污水处理厂。这些设施的建设有效地解决了农村环境问题，提高了农村居民的生活质量。同时，通过垃圾分类、回收和资源化利用，推动了农村生态环境的可持续发展。此外，山阳县还实施了农村厕所革命，完成了3万户农村厕所改造。通过推广使用无害化卫生厕所，改善了农村卫生条件，减少了疾病传播的风险。同时，拆除废旧房屋和乱搭乱建，新修排水管网，新建公厕和户厕等措施进一步提升了村容村貌。

3. 污水治理稳步推进

在污水治理方面，山阳县完成了10个行政村的污水治理工作，敷设了3500米长的雨水管网。这些工程有效地提高了污水治理水平，改善了农村水环境质量。同时，实施了银花镇五色沟等15个村的集中饮用水水源地保护和4个镇办的万人千吨集中饮用水水源地保护工程。通过采取水源保护措施，确保了居民的饮用水安全。为了实现城乡供水一体化，山阳县建设了水源保护工程，实施了21处水源保护措施，新建（改建）了14个水源工程。这些水源工程的建设提高了供水保障能力，为城乡居民提供了稳定、安全的饮用水。

山阳县在人居环境方面的总投资达到了4.3073亿元，人居环境得到了显著的改善。如今，山阳县已完成了从“脏乱差”到“洁净美”的华丽蜕变，一幅“望得见山、看得见水、记得住乡愁”的美丽乡村画卷已然呈现眼前。

（三）县域生态环境持续向好

为了保护县域生态环境，山阳县制定了《山阳县“十二五”生态环境保护规划》《山阳县"十三五"生态环境保护规划》《山阳县"十四五"生态环境保护规划》《山阳县农业农村污染治理攻坚战实施方案》等文件，细化生态环境保护责任清单，落实生态环境损害责任追究等制度，以最严格的管控坚守秦岭生态安全底线，多措并举，持续推进生态环境保护。

1. 强化综合治理，保障空气质量

印发了山阳县年度蓝天保卫战工作方案和铁腕治霾保障工作方案，制定了《山阳县大气污染治理专项行动方案（2023—2027年）》，实施建筑扬尘、道路扬尘、机动车尾气防治，强化餐饮油烟、油气回收等挥发性有机物污染治理，扎实推进夏季臭氧（O_3）专项整治行动和秋冬季大气污染综合治理攻坚行动。积极落实夏季VOCs走航和秋冬季颗粒物走航，全面开展涉挥发性有机物企业监督性监测、非道路移动机械监测、机动车尾气超标排放深度治理和工业炉窑大气污染综合治理等工作。2017年以来，山阳县空气环境质量优良天数年均达到343天（2016年之前空气自动监测站未建成、无数据，2017年336天、2018年336天、2019年332天、2020年350天、2021年347天、2022年355天、2023年345天），空气质量综合指数稳定向好（2017年3.54、2018年3.49、2019年3.23、2020年2.91、2021年2.73、2022年2.86、2023年3.06）。

2. 强化水源保护，保障水环境安全

编制了集中供水水源地保护项目实施方案，完成薛家沟城区集中式饮用水源地和中村镇洛峪沟河"万人千吨"水源地规范化建设项目，7个"千人以上"集中式饮用水水源地规范化建设项目顺利推进。对农村集中供水水源地一级保护区和蓄水池周围进行防护隔离，在水源地保护区主干道设立警示牌、标志牌300多个，完成集中供水水源地规范化建设117处。县城集中式饮用水水源地和“万人千吨”饮用水水源地水质达标率100%。狠抓重点流域综合治理、禁养区内畜禽养殖等专项整治，积极实施农村污水处理和管网建设工程，提高农村生活污水的收集率和处理率。近年来，县内四条主要河流出境断面水质稳定达到国家地表水Ⅱ类标准。

3. 强化资源利用，保障土壤安全

印发了《山阳县2023年净土保卫战实施方案》《山阳县畜禽粪便无害化处理规范》等文件，大力开展建设用地土壤污染状况环境调查，建立了重点建设用地安全利用基础信息台账，持续加强“一住两公”地块监管，累计完成19个项目地块的土壤污染状况调查，防范建设用地土壤污染风险发生。统筹开展农村面源污染治理工作，推广使用无害化农膜、农药，建设减肥、减药、增效示范田，发展绿色高效农业，全面提升粪污资源化利用水平，全县规模以上畜禽粪污处理设施装备配套率100%，粪污资源化利用率96%以上。

4. 强化生物保护，保障生态安全

严格执行长江“十年禁渔”，全面落实生态环境损害赔偿制度。聚焦“三年强基础”目标，加大水生野生动物保护宣传力度，强化涉渔行为管理，以“零容忍”的态度，依法从严打击各类非法捕捞行为，持续巩固“四清四无”成果。今年，累计出动宣传车46车（次），发放禁食野生鱼挂图、警示标识4800余份，张贴《禁渔公告》980余份，悬挂横幅152条，群众政策知晓率进一步提高。

创建生态文明建设示范区是山阳全方位发展的新机遇和挑战，山阳县将立足地理区位优势和自然资源禀赋，不断提升创建工作水平，加快打通绿水青山和金山银山双向转化通道，让生态产品真正转化为真金白银，推动山阳县生态文明建设迈上新台阶，为打造“一都四区”、谱写山阳经济社会高质量发展新篇章提供重要支撑和保障。

五、公共服务创造“新佳绩”

“公共服务体系建设是乡村振兴的有力保障 完善的农村公共服务体系可为增加农民收入提供有力的保障。”习近平总书记曾提出，要“着力解决好人民群众急难愁盼问题，健全基本公共服务体系，提高公共服务水平，增强均衡性和可及性，扎实推进共同富裕”①。山阳县持续改善公共服务条件，全面优化了教育资源布局，有序推进了医疗养老服务，稳健发展了群众体育事业。

（一）教育资源布局全面优化

教育公平是社会公平的重要基础，也是实现可持续发展的重要保障。山阳县在教育资源布局优化的过程中，始终坚持教育公平的原则，努力让每个孩子都能享受到优质的教育资源。为此，山阳县实施了“五项清零举措”，保障义务教育得到有效贯彻，并用“六

① 习近平:《习近平重要讲话单行本：2022 年合订本》，人民出版社 2023 年版，第 129 页。

个一”推行教师常态化结对帮扶学生机制。

1.“五项清零举措”——控辍保学

长期以来，受自然条件限制，山阳全县校点众多、分布星散，群众送子女入学接受义务教育的意识比较淡薄，且青壮年劳动力大量外出务工，留守儿童和县外就读学生较多，控辍保学工作面临很大困难。同时，工作中还存在控辍保学责任还不够明确，劝返合力不足、程序不够规范，厌学学生难管理等短板。为深入推进控辍保学工作，依法保障每一位适龄儿童少年不失学辍学、接受完整的义务教育，2019 年以来，山阳县创新控辍保学工作举措，全面实施建立台账、精准管理，明确任务、夯实责任，分类施策、依法控辍，精准资助、全面保障，强化考核、从严问责“五项清零举措”，切实筑牢控辍保学防线，高质量实现了义务教育有保障。

摸清底数建台账。依托国办、户籍、学籍、资助 4 个系统数据，全面比对核实全县 6—15 周岁适龄人口信息，建立以村为单位的适龄儿童少年、县内就读、县外就读、不属于辍学类型、送教上门、精准资助等 6 类台账，精准掌握适龄儿童少年就学情况和资助情况，做到底数清、情况明，为做好控辍保学工作打下坚实基础。

夯实责任建机制。明确“七长”责任，健全立体联动控辍体系，分管县长、县科教局负总责，各镇办政府主抓，“四支队伍”协抓，各村社、学校、辖区派出所配合抓；建立镇办、村社包动员保入学率，各级各类学校包管理保巩固率，学科教师包教学保合格率的“三包三保”责任体系，健全行政、教育“双线”联动控辍保学机制，确保控辍保学责任落到实处。

组建专班抓劝返。县上成立以县政府分管县长为组长、县科教局长为副组长的督导专班；各镇办成立由镇办政府分管领导牵头，镇宣传科教文卫办公室、司法、派出所、中心小学负责人参与组成的劝返专班；各村社成立以村委会主任牵头，包村干部、政村学校校长参与的动员专班，分类开展控辍保学劝返工作，确保应上尽上、一个不少。

精准资助全覆盖。严格按照国家资助标准，精准兑付资助资金；“四支队伍”、村组干部配合学校及时送达《山阳县困难学生享受资助告知单》；各镇中小学对本镇在县外就读的脱贫户、监测户子女享受资助情况进行核查，并向就读学校函询督促落实资助政策，确保资助政策应享尽享、不漏一人。

强化考核严问责。县委督查室、县科教局定期不定期采取明察暗访的方式，对义务教育控辍保学和教育资助工作开展专项督查。对措施得力、成效显著的责任主体给予表彰，对工作不力、出现疏漏的责任主体严肃追责问责，确保控辍保学各项工作落到实处，确保全县适龄儿童少年无因贫失学辍学、劝返复学学生能留得住、学得好。

义务教育有保障是“两不愁三保障”的重要内容，控辍保学是义务教育有保障的核心任务。通过实施“五项清零举措”，山阳县精准掌握了适龄儿童少年基本情况，建立起联动机制，动员各方力量合力解决控辍保学这个难中之难、坚中之坚，更好地保障了适龄儿童少年接受义务教育的权利，为阻断贫困代际传递奠定了坚实基础，为巩固拓展教育脱贫成果与乡村振兴有效衔接提供了有力保障。

2.“六个一”——结对帮扶

实现义务教育有保障，最大的风险点是学生厌学“不想上学”，最大的难题是如何“把心留在校内”，最大的障碍是家长“不配合”。为破解控辍保学难题，2017 年以来，山阳县持续推行“六个一”教师结对帮扶困难学生机制，组织广大教师用心用情用力帮扶、感化、引导困难学生，实现了全县义务教育阶段学生“留得住、学得好、零辍学”的目标。

每天关注一次。每天细致观察帮扶对象到校、学习、生活、健康、情绪等方面，及时发现、跟进、化解潜在问题。每周辅导一次。每周辅导一次课程和作业，或指导一次学习方法、课外活动等，及时解决学生学习上的困惑和问题。每月谈心一次。在详细了解学生的心理、学习、生活及家庭情况基础上，按照“一生一主题”，每月至少进行一次心理辅导，重点聚焦矫正学生品德行为、消除心理障碍、树立理想信念，引导其自尊、自信、自立、自强。每季度沟通一次。每季度主动与学生家长进行一次面谈或电话沟通，向家长宣讲教育资助、“双减”、“五项管理”、“新高考”等教改政策，汇报其子女在校学习、生活情况。每学期家访一次。学期末向家长反馈学生在校学习、生活情况及品德表现，深入家庭了解和获取学生生活习惯、个性特点、家庭表现、生活环境、家庭困难等信息，与家长共同探讨促进学生健康成长的帮教措施和方法，为制定下一步“一人一策”“一户一策”帮扶举措提供依据，同时，悉心听取家长的建议和意见，增进家校融合。年终送温暖一次。年终联系相关部门和社会爱心人士或者本人力所能及地向结对学生送一次温暖，让学生感受到党和政府以及社会大家庭的关爱和温暖，培养学生知恩感恩意识。

2021 年以来，在学习贯彻习近平总书记关于巩固脱贫攻坚成果同乡村振兴有效衔接重要论述、扎实推进“双减”政策、全面落实“五项管理”、实施“新高考”的背景下，山阳县紧紧围绕义务教育有保障核心目标，按照“四个不摘”要求，及时调整帮扶重心，进一步规范帮扶行为，重点从经济困难学生的生活、学习、品德养成、心理调适等方面入手，通过校内关注、课下谈话、课业家访、电话沟通、答疑辅导等形式，帮助脱贫户、监测户家庭学生优化学习方法，提高学习成绩，培养良好品行。全县近 4000 名教师结对帮扶 1.6 万名全学段监测户、脱贫户家庭学生，发放资助政策宣传彩页 2 万余份，家访 3.2 万次，开展课外辅导 6.4 万节次，为学生送温暖 1.6 万人次。全县除 76 名因身体原因由教师“送教上门”外，所有适龄儿童少年无一人失学辍学，呈现出“山阳教师人人奉献爱心，困难学生个个得到帮扶”的良好态势，有效实现减负增效“双赢”，教育脱贫成果巩固拓展工作取得了显著成效。

“六个一”结对帮扶机制常态化运行，全面有效消除了厌学学生辍学风险，对因厌学情绪引发的有辍学苗头学生早发现、早干预、早帮扶，确保留得住、学得好，顺利接受九年义务教育；及时破解了问题学生矫正难题，教师“一对一”“多对一”结对帮扶，像对待自己孩子一样对待问题学生，感化引导学生向上向善；搭建了家校之间的“连心桥”，畅通家校沟通交流渠道，学校工作得到广大家长的理解和支持，教育方针政策延伸到千家万户，有效有力地推动了巩固拓展教育脱贫攻坚成果同乡村振兴有效衔接工作。

除了对农村地区保障义务教育外，山阳县还稳步实施了“撤点并校”工程，加强农村寄宿制学校建设，扩大优质校区办学规模，整合农村校区资源，逐步破解教育资源分散难题。并深入推进乡村教师“特岗计划”，不断解决县域乡村学校教师数量不足和结构不优问题。积极开展“免费师范生计划”，用足用活政策措施，鼓励免费师范生回山阳基层学校任教。大力实施“人才振兴计划”，着力解决偏远山区师资质量问题，大大优化了教育资源布局不合理的问题。

（二）医疗卫生服务有序推进

山阳县坚持以习近平新时代中国特色社会主义思想为指导，全面贯彻党的二十大精神，落实新时代党的卫生与健康工作方针，把乡村医疗卫生工作摆在乡村振兴的重要位置，在医疗养老服务方面有序推进，以满足人民群众日益增长的医疗养老需求。

1. 夯实基础建设，医疗卫生基础设施不断完善

县人民医院启动“三乙”医院创建，山阳县人民医院医共体中村分院、山阳县中医医院医共体漫川关分院启动县域医疗次中心建设，全市功能最齐全的公共卫生服务中心和全市首家肿瘤中心建成投用，县妇保院整体搬迁，杨地、法官两家镇卫生院住院综合楼建设建成并投入使用，西照川镇卫生院、漫川关镇中心卫生院通过优质服务基层行推荐标准，232 个行政村（社区）建成标准化公有制村卫生室，18 个镇（街道）卫生院全部建成标准化中医馆，50 个村卫生室建成中医阁，县镇村医疗卫生服务能力持续提升。

2. 加强内涵建设，医疗卫生服务能力不断提升

一是紧密型医共体建设全面推进。将县镇医疗机构整合为两个紧密型医共体，由县人民医院和县中医医院分别托管 9 个镇办卫生院、分别与妇保院和 7 家民营医院建立远程会诊和转诊机制，建立“1+9+4”整合模式，开通诊间会诊、远程诊疗等业务，努力让基层群众就近享受到与县级医院同质化的医疗服务，转外就诊率稳步下降，县域内就诊率和住院患者占比分别达到 93% 和 67.9%, 基层就诊率达到 71.2%, 分别较去年提升 1.8%、2.4%、6.1%。二是全力打造“30 分钟急救圈”。一改往日 120 急救车统一从县级医院出发的惯例，在 6 家卫生院建设标准化院前急救站，12 家卫生院建设急救点，为基层就诊患者争取有效抢救时间，规范双向转诊，进一步完善急诊急救体系，做到早发现、早诊断、早治疗，打通了急诊急救服务“最后一公里”。三是“心电一张网”项目上线运营。在全市率先开展“心电一张网”建设，为 18 个镇办卫生院和 244 个村卫生室配备心电采集设备，在医共体总院建设“心电诊断中心”，患者在家门口就能做心电图检查，并享受县级医院远程诊疗服务，有效破解了院前急救服务群众“最后一公里”的问题。

3. 构建“数字健康一张网”，打造智慧健康新模式

一是智慧医疗，健康信息实现互联互通。由县域医共体总院牵头对县镇村医疗机构使用的 HIS、LIS、PACS、电子病历、心电等信息系统进行全面升级更新，所有医疗卫生数据信息全部上云存储，基本建成覆盖县镇村各级各类医疗卫生机构标准统一、融合开放、有机对接、分级管理、安全可靠的县域“数字健康一张网”信

息系统，县域医疗卫生信息系统架构更加完整，功能更加优化，规范性和安全性得到极大提高。打破信息孤岛，打通各医疗机构之间、医疗与公卫之间、机构与个人间的信息壁垒。各个医疗机构医生通过就诊记录可以查看患者在县、镇、村三级医疗机构的诊断结果、检验检查结果、用药处方等详细诊疗记录，做到检验检查结果互认，全面实现县、镇、村三级医疗数据的纵向互通。二是智慧公卫，家医服务质量不断提升。县、镇医疗机构就诊时被确诊为原发性高血压、Ⅱ型糖尿病、肺结核、严重精神障碍等慢病患者的人员信息从 HIS 系统同步自动推送至公卫系统并反馈各村卫生室，核查纳入，避免了漏签、漏服等盲点问题，同时全面实行电子化签约服务，家庭医生通过信息系统手机端就可以直接开展家庭医生签约、慢病随访等公卫服务，公卫服务更高效简便。三是智慧服务，便民惠民措施成效明显。群众通过扫描健康山阳二维码办理电子健康卡，就诊扫码就可以显示个人基本信息，实现全程导诊、线上缴费等全流程就医服务，实现检查检验报告、缴费信息实时手机查询服务，群众人均就诊时间从一个小时缩短至二十分钟，提高了就诊效率，群众在手机端就可以查看自己的家庭医生签约信息、公共卫生服务记录和健康档案，健康档案中的各项身体数据可根据其就诊和公卫服务情况实时更新，将档案柜中的纸质“死档案”变为了可随身携带随时更新的数字“活档案”，人民群众的健康获得感不断增强。四是智慧管理，县域医共体运行更高效。医共体总院适时通过“数字健康一张网”对医共体内各个分院的门诊、住院人数、床位使用率、药物使用情况、检验阳性率、住院次均费用等数据进行统计分析，并进行信息化、科学化、精准化考核，为总院各项决策提供更加真实准确的数据支撑，实现医共体内人财物的智慧管理，紧密型县域医共体运行效率持续提高。

（三）群众体育事业稳健发展

山阳县高度重视群众体育工作，前期工作扎实有效，建成文化活动广场 244 个，为加快全省群众体育工作的开展提供了有力支持。这些广场遍布城乡，不仅为群众提供了广阔的活动空间，更成为当地文化体育活动的重要载体。每到傍晚或周末，这些广场便热闹非凡，各类体育活动如太极拳、广场舞、篮球赛等如火如荼地开展，群众参与度高涨，体育氛围浓厚。

1. 建设全民体育活动场所

近年来，县科教体局认真贯彻习近平总书记关于体育工作的重要指示精神，全面落实《中华人民共和国体育法》和《全民健身条例》，以增强人民体质为根本目的，扎实做好群众体育工作，为 16 个村安装了健身器材，新建 6 个社会足球场和 2 个多功能运动场，城区现有健身步道达 14.2 公里，全县人均体育场地面积达到 2.4 平方米。组建各类体育协会 15 个、体育健身俱乐部 6 个，18 个镇办 1473 名社会体育指导员坚持长年对城区 23 个健身站点、基层 42 个活动站点进行指导，形成了体制顺畅、责任落实、上下联动、齐抓共管的县、镇、村三级群众体育服务体系。2023 年成功举办了全县职工运动会、武术城际联赛、社区运动会等全民健身活动 28 场次，大力发展踢毽子、健身操、广场舞、太极拳、花样跳绳等群众喜闻乐见的运动健身项目，通过这些活动，宣传了全民健身文化，弘扬了终身运动观念，强健了市民群众体魄。

2. 构建全民健身服务体系

山阳县还以“五强化”来推进国家全民运动健身模范县创建，实施“体育惠民”工程，积极构建全民健身服务体系。一是强化体制机制保障。将全民健身公共服务体系建设纳入“十四五”规划，编制《全民健身实施计划》和《实施方案》，成立创建工作领导小组，定期调度推进，形成了体制顺畅、责任落实、上下联动、齐抓共管的全民健身工作机制。二是强化资金投入力度。把全民健身作为最直接的民生，从2016年开始按照人均0.5元的标准，将全民健身经费纳入县级财政预算，同时每年追加预算200万元至300万元用于全民健身事业，引导撬动社会投资1900余万元参与场馆设施建设。三是强化健身设施建设。大力实施城市功能优化和农村设施补短行动，相继建成县体育运动中心、城市运动公园和健身广场等设施447个，城区实现10分钟公园圈、15分钟健身圈全覆盖，244个村（社）实现健身器材全覆盖。四是强化服务载体打造。积极承办各类体育比赛，成功组织“国际青年四国男篮挑战赛”“中国环秦岭公路自行车赛”等国省赛事20余场次；建立完善健身指导服务体系，成立体育协会13个、培养社会体育指导员1473名。五是强化产业融合发展。坚持体育教育、体育康养、体育文旅融合发展，培育体育特长培训机构34个，在县医院等医疗机构设立体育健身指导门诊22个，正在加快打造天竺山“全国全民健身户外活动基地”和“山地户外运动训练基地”。

第六章 陕西山阳县发展县域经济促进乡村振兴的经验启示

脱贫攻坚以来，山阳县干部群众凝心聚力、砥砺前行，走出了一条高质量发展的新路子。如今的山阳县，综合实力大幅提升，产业结构不断优化，发展活力加速释放，生态环境持续改善，城乡面貌焕然一新，社会事业全面发展，处处充满生机与活力。山阳县始终牢记习近平总书记殷殷嘱托，坚决扛牢乡村振兴时代重任，大力弘扬脱贫攻坚精神，站位中国式现代化建设县域实践的高度，紧紧围绕乡村“五大振兴”，扎实推进巩固拓展脱贫攻坚成果同乡村振兴有效衔接，深入实施宜居宜业和美乡村建设，促进农业全面升级、农村全面进步、农民全面发展，着力打造了中国式现代化建设乡村振兴山阳模板，为其他同类地方提供了可借鉴、可推广、可复制的经验。

一、坚持党的全面领导，巩固乡村振兴之“本”

习近平总书记强调，“办好农村的事情，实现乡村振兴，关键在党”[①]。山阳县政府完整、准确地领会习近平总书记关于乡村振兴的重要论述和重要指示，充分发挥了党的领导的政治优势，站在践行初心使命、坚守社会主义本质要求的政治高度，凝聚并增强基层党组织领导力、优化并推进干事举措增实效，落实并解决督查指导问题补齐发展短板，健全并巩固制度机制提高发展质量，彰显了党的根本宗旨和我国社会主义制度优势，毫不动摇地确保了党在农村工作中始终总揽全局、协调各方，为乡村振兴提供坚强有力的政治保障。

（一）提升党组织领导能力

党的力量来自组织。上下贯通、执行有力的严密组织体系，是马克思主义政党的优势所在、力量所在。基层党组织是实施乡村振兴战略的“主心骨”。基层党组织软弱涣散，乡村振兴将步履维艰；基层党组织坚强有力，乡村振兴便会蹄疾步稳。山阳县整顿软弱涣散基层村党组织，充分发挥了基层党组织的政治功能，汇聚了乡村振兴的骨干力量，练就了乡村振兴的过硬本领，提升了基层村党组织的领导力和凝聚力，以乡村组织振兴保证乡村振兴战略实施。

---

① 中央农村工作领导小组办公室组织编写:《习近平关于“三农”工作的重要论述学习读本》，人民出版社、中国农业出版社 2023 年版，第 133 页。

1. 整顿软弱涣散村党组织

党的基层组织是党的肌体的“神经末梢”，是党执政大厦的地基。山阳县筑牢乡村振兴基层堡垒，抓住了村级党组织建设这个“牛鼻子”，精准有力整顿软弱涣散基层村党组织，将党组织和党的工作覆盖到县域经济发展的方方面面，培养基层党组织带头人，开展相关整治活动，充分激发基层党组织活力，引领乡村振兴高质量发展。

一是实行党组织和党的工作全覆盖。山阳县把建强基层组织作为推进乡村振兴的基础，突出一切工作到支部的鲜明导向，以织密组织体系为重点，以村级党组织标准化建设为抓手，一方面利用组织联建、活动联办、队伍联育等党建联建途径，实现了党的组织和党的工作全覆盖，有效发挥了党组织的核心作用，保证乡村振兴能始终沿着正确的方向前进；另一方面紧跟产业发展形势，采用建立产业联合党总支、产业链党支部、功能性党小组的做法，围绕种植、养殖、手工加工等产业，成立产业型党小组 284 个、区域型党组织 5 个、村企共建型党组织 13 个、重点项目型党组织 7 个，实现产业党组织全覆盖。

二是培养农村基层党组织带头人。农村基层党组织带头人是实现乡村振兴的具体领导者、推动者和实践者，在乡村振兴中发挥着带富领路、发动群众、表率示范等作用。山阳县把培养农村基层党组织带头人作为提升基层党组织领导凝聚力领导力促进乡村振兴的关键，着眼农村发展的现实需要，建立常态化培养机制，从政治建设、能力建设、廉政建设等方面，全方位提高干部队伍素质。围绕

“以县域经济发展促进乡村振兴”这一重点，突出培养村党组织带头人产业发展意识、市场经济意识和发展致富能力，以思想转变，带动工作转变，充分发挥“领头羊”在推动乡村农业现代化发展、打造特色产业上的引领作用，使村级组织凝聚力、战斗力得到持续大幅提升。

三是开展相关整治活动。山阳县贯彻落实《关于开展村（社区）党组织标准化建设三年提升行动实施方案》，开展相关精准整顿软弱涣散村党组织活动，实施“万名党员进党校”，推行书记领办基层党建“五件实事硬事”制度，开展“晒成绩、夺红旗、争红星、固成果、促振兴”党建主题活动，有序实施5个流域乡村振兴示范带、2个乡村振兴示范镇、10个乡村振兴示范村建设。这些举措将党组织强大的聚合力转化为乡村振兴中的内生性力量，以组织带领、指导个体，充分发挥党组织在乡村振兴中的作用。

2. 汇聚乡村振兴骨干力量

农村党员干部是全面推进乡村振兴的骨干力量。山阳县着力汇聚一支结构更优、素质更高、能力更强、活力更足的乡村振兴“领头雁”队伍，推动全县村干部队伍整体优化提升，为全面推进乡村振兴提供坚强人力支撑和队伍保障，发挥乡村骨干人才力量促进乡村振兴。

一是加强镇领导班子建设。山阳县聚焦“绘出好蓝图、选出好干部、配出好班子、树立好导向、形成好气象”目标要求，配备镇领导班子成员162名，其中“五类人员”41名，女干部16人，实现每个镇领导班子中有1名女干部的要求，同时大力实施“干部能力素质提升”工程，深化党员干部教育培训，使党员干部的政治判断力、政治领悟力、政治执行力得到提升。

二是充实基层干部力量。山阳县注重在基层一线和急难险要岗位上培养锻炼年轻干部，拓宽基层干部招录渠道，不断为乡村振兴一线注入活力。其中选优配强村（社区）“两委”干部1523名，落实“一肩挑”233人，大力实施“千名领跑人”学历提升计划和“归雁计划”，储备村级后备干部1525名。脱贫摘帽以来，累计为基层招录公务员217名，其中优秀村干部4名，保障了乡村振兴人才后备力量。

三是派强用好驻村干部。山阳县坚持驻村队伍不撤、帮扶力量不减，严格落实驻村工作队派驻要求，为171个“五类村”选派新一轮驻村第一书记和工作队员509名，并出台《山阳县乡村振兴驻村第一书记和驻村（帮扶）工作队选派管理工作实施办法（试行）》《山阳县进一步加强驻村帮扶工作“十条措施”》，健全常态化驻村工作机制，加强管理考核和激励保障，注重关心关爱，推动“第一书记”和驻村工作队履职尽责、发挥作用。

3. 练就乡村振兴过硬本领

习近平总书记强调：“乡村振兴，关键在人、关键在干。”[①]只有练就乡村振兴过硬本领，才能解决基层工作中遍布的“棘手事”“矛盾窝”。山阳县着力解决党员干部“本领恐慌”问题，用党的创新理论武装党员干部头脑，提高党员干部办事能力，以实实

① 中央农村工作领导小组办公室组织编写：《习近平关于“三农”工作的重要论述学习读本》，人民出版社、中国农业出版社2023年版，第137页。

在在的工作成效回应群众关切，以“功成不必在我”的精神境界和“功成必定有我”的历史担当推动乡村振兴。

一是政治训练强根基。山阳县委理论学习中心组带头学习研讨党的二十大精神，举办科级干部学习贯彻党的二十大精神专题培训班、分期完成 895 名科级领导干部培训全覆盖。举办全县县级领导干部和科级主要领导干部深入学习贯彻习近平总书记在听取陕西省委和省政府工作汇报时的重要讲话精神学习班、培训干部 154 人。组织动员各级党组织和党员学习贯彻党的二十大精神和习近平新时代中国特色社会主义思想 1.6 万人次。

二是党性教育增信念。山阳县通过主题教育学习，认真开展党员党性教育和理想信念教育。一方面以镇（街道）、村（社区）党群服务中心为阵地，以村（社区）党支部为单位，兴办“农民党员夜校”，定期开展主题党日、过“政治生日”等活动，宣讲党的政策；另一方面利用袁家沟党性教育基地、县党性教育中心和廉政教育中心，有计划、分批次组织各党委（总支、党支部）党员参加现场教学。全县 8600 余名党员干部接受教育，实现以党性信念滋养初心使命。

三是专题培训提素养。山阳县聚焦乡村振兴基层干部培训工作，多次举办村（社区）党组织书记素能提升专题培训班，培训基层党支部书记 244 人。在南京市六合区委党校举办山阳县基层干部能力提升助推高质量发展专题培训班、培训干部 52 人。协调指导财政、水利、发改、卫健、农业、科教、医保、住建、民政等部门举办业务培训 86 期次，培训干部 4649 人次。全年开展驻村专题培训4期，培训县、镇、村乡村振兴一线干部1.2万人次，实现了全县驻村干部培训全覆盖。

（二）优化推进举措增实效

乡村振兴重在实践。为了切实提升乡村振兴效能，推动实现强村富民，山阳县聚焦责任落实、底线任务、持续增收、产业发展、乡村建设等重点任务，广泛开展实地调研、分解细化各项建设任务，多方联动夯实责任、制定严格成果验收标准，持续用力推进落实，把天然禀赋转变为发展优势，全力确保巩固成果上台阶、乡村振兴见实效。

1. 深化实践调研集需求

在乡村振兴工作中，干部们要在实践中办实事，广泛开展调查研究，勇于挑大梁，敢于承重压，善于做实事，才能得民心，真正做到扎根于民、问政于民、问计于民、问需于民。山阳县积极推进基层理论宣传宣讲工作，通过“院落会”“堂屋会”等形式听民声、集民智、解民忧，组织各级党员干部深入村组院落，采取“双向互动”“一问一答”“一访一馈”等多种方式，将工作落实与群众实际需求相结合，提高了工作效率，密切了干群关系。

2. 细化任务分解严标准

山阳县将建设任务细分到各个干部的身上，精准落实事务进度，严格成果验收标准，有力地督促干部以实干解决现实问题。山阳县制定、落实《落实“百名市县领导联链条包抓产业”实施方案》，明确14名县级领导、11名县级部门负责人包抓9条重点产业链，着力打造高质量发展强力引擎。

3. 强化主体责任抓落实

抓落实，是党的政治路线、思想路线、群众路线的根本要求，也是衡量领导干部党性和政绩观的重要标志。中国特色社会主义取得伟大成就，离不开各级领导干部的真抓实干、攻坚克难。推动新时代组织工作高质量发展，必须大力弘扬真抓实干的作风，坚持实事求是、一切从实际出发，坚持实践实干实效，确保组织工作目标任务件件落地见效。山阳县从强化思想、压实责任、健全机制三方面出发确保政策落地为乡村治理实效，来推动乡村发展，促进乡村振兴。

一是强化学习抓落实。山阳县委带头深入学习习近平总书记关于“三农”工作、乡村振兴的重要论述，认真贯彻落实中央和省市抓党建促乡村振兴会议精神，以上率下引导各级党组织和广大党员干部增强“四个意识”，切实把“两个确立”转化为做到“两个维护”的思想和行动自觉。

二是压实责任抓落实。山阳县成立由县委书记担任组长的抓党建促乡村振兴工作领导小组，印发《山阳县抓党建促乡村振兴重点任务及分工方案》，明确各部门（单位）工作职责，充分发挥县委“一线指挥部”和镇办党（工）委“一线作战部”的作用。实行 28 名县级领导联镇，165 个部门（单位）包村，171 支队伍驻村主抓，一般干部帮户到人，形成三级书记一起抓、全县上下齐推进的工作格局。

三是健全机制抓落实。山阳县政府建立目标、责任、任务三个清单，将县直44个行业部门“有效衔接”责任落实落细。从县“一办八组”抽调干部集中办公，定期对标对表、查漏补缺，制订政策落实指导方案，行业部门出台政策文件43个，常态化开展联合督查，强力督促镇办抓落实。

（三）实化督查指导补短板

作为国家重大战略，乡村振兴具有显著中国特色探索创新、“摸着石头过河”又时不我待的特性，要确保从上至下、一以贯之、方向正确地全面落实乡村各领域政策，政府目标督查指导是必不可少的保障。山阳县强化党内监督与指导，成立专门领导班子和工作组，针对山阳县开展的乡村振兴各项工作进行监督、检查与指导，确保各项建设工作切实落地，促进乡村振兴。

1.成立专班领导工作组

针对乡村振兴中的问题，山阳县成立由县长任组长，县委、县政府分管领导任副组长，相关部门负责人为成员的“两改两转三促进”工作领导小组和专班，认真听取乡村建设、产业发展和年度巩固脱贫成果后评估反馈问题整改等情况汇报，督导检查反馈问题整改成果。各镇办也成立了相应组织机构，形成了全县上下联动、齐抓共管的工作格局，全面查摆剖析问题，全面落实整改工作，全面压实整改责任，全面提高整改实效。县委、县政府主要领导先后多次深入现场调研，相继召开县委常委会、县政府常务会、巩固衔接领导小组会专题研究部署，制定印发《实施方案》及《责任清单》，明确目标任务，细化职责分工，严格时限要求，推动工作落实落细落到位，扎实巩固拓展脱贫攻坚成果，全力以赴推进乡村振兴。

2. 强化党内监督与指导

党内监督是党的建设的重要内容，也是全面从严治党的重要保障。强化党内监督，是党在新的历史条件下加强党的全面领导，推进党的自我革命、深化全面从严治党，推进国家治理体系和治理能力现代化的重大举措，对于确保党始终成为中国特色社会主义事业的坚强领导核心具有重大而深远的意义。强化党内监督与指导，要督促落实党中央关于强化五级书记抓乡村振兴责任的部署要求，形成上下联动、向基层延伸的责任落实机制。山阳县牢牢抓住主体责任这个“牛鼻子”，通过约谈提醒、问题督办、调研督导、明察暗访等，督促相关职能部门切实履行巩固拓展脱贫攻坚成果、全面推进乡村振兴责任，结合职能职责切实担当起对相关政策落实、项目推进和措施实施的监管责任，保证振兴工作保质保量按时完成。

二、坚持城乡融合发展，夯实乡村振兴之“基”

我国乡村多元化、地域化的特点，暴露出乡村难以单纯依靠自身力量实现跨越式发展的短板，因此迫切需要搭建城乡融合的体制机制，构建乡村可持续发展的政策体系，从而推动城乡融合与乡村振兴。山阳县围绕山水园林城市发展定位，加快梳理和破解城乡融合发展堵点，完善城乡规划体系，高标准实施城镇项目，以城乡融合统筹推进城乡发展，带动新型城镇化建设步伐不断加快，为全面推进乡村振兴开山凿路、积势蓄能。

（一）打造精美宜居乡村

山阳县精细管理城市，致力打造精美宜居乡村，完成县城国土空间规划编制，配套编制完成县城功能区修建性详规，做实县城片区管理服务，常态化开展执法巡查，抓好重点商圈、学校周边、集贸市场、背街小巷等重点区域管理，探索推进城市环境卫生市场化改革，推动城市亮化绿化美化。

1. 确立“生态立县”战略

山阳县牢固树立绿水青山就是金山银山理念，把“生态立县”作为县域经济社会发展的基本战略，坚持以绿水青山为承载，以生态文明建设示范区创建工作为重要载体和平台，在提升创建水平上下足功夫，不断擦亮生态文明建设名片。

一是把牢创建引领“风向标”。山阳县委、县政府高度重视生态文明建设示范区创建工作，成立了工作推进专班，落实专项工作经费，补足“干粮”，定期召开创建工作部署会，着力解决疑点难点问题。同时，印发《山阳县生态文明建设示范区规划（2022—2030 年）》，为创建工作指明方向。

二是筑牢创建制度“篱笆墙”。山阳县政府制定了《山阳县创建国家生态文明建设示范县工作方案》《月调度工作方案》《2022 年工作任务清单》《2023 年工作任务清单》《考核办法》《督查办法》《宣传工作方案》等文件，将创建工作纳入镇（街道）和县级有关部门年度综合考评，扎紧了创建工作机制的“制度笼子”，为推进创建工作提供了有力的机制保障。

三是争做创建工作“宣传员”。山阳县委书记带头在《中国环境报》和秦风网发表署名文章《守护绿水青山，筑牢发展基底》，宣传全县生态文明建设的新思路、新举措，为山阳县生态文明建设代言，引导全民积极参与生态文明建设示范区创建。在“山阳生态环境”微信公众号开办了50余期“生态文明示范建设”专栏，《千年古镇焕新颜　秦风楚韵入画来》《“生态佳”变“生态+”解锁秦岭原乡生态密码》等3个典型案例被《陕西日报》专版连载刊发，极大地推动了全县创建进程。

2. 推动人居环境整治

山阳县全域推进秦岭山水乡村建设，深入实施农村人居环境整治提升五年行动，全面加强农村人居环境综合整治，分类创建康养、宜居、旅游型秦岭山水示范村，让“望得见山、看得见水、留得住乡愁”的崭新画卷在丰阳大地精彩呈现。

一是加强设施建设，推进垃圾污水治理。山阳县聚焦“六清六治六无”目标，持续完善农村垃圾收集处理体系建设。鼓励农村利用清洁能源，加快推进天然气进农村。深入推进“厕所革命”，加强农村厕所标准化建设。推进农村生活垃圾分类和收运处理一体化、无害化，建立农村垃圾清扫、清运和处理系统，推进清洁村庄全覆盖。做好农村生活污水集中处理，实施雨污分流和生活污水无害化处理，实现生活污水全处理和中水再利用。

二是加强分类施策，推进农村厕所革命。山阳县印发了《山阳县农村改厕三年（2023—2025年）攻坚行动实施方案》《山阳县2023年度农村厕所革命实施方案》，明确了农村厕所改造类型和时限。通过“政府奖补、集体帮补、乡贤捐赠、群众自筹”的改厕资金筹措方式，调动各方力量，积极参与农村户厕改造工作。全县完成农村户厕改造12138座、建成农村公厕220座，超额完成省市改厕任务。

三是加强环境整治，推进“干净山阳”创建。山阳县全面开展“干净山阳”创建活动，紧盯公路沿线、景区周边、集贸市场、河道沟渠、农户院落、乡村田园等重点领域，集中时间、集中力量全面对积存垃圾、黑臭水体、杂草杂物、乱搭乱建、乱堆乱放等进行整治清理，有效解决农村环境脏乱差问题，农村人居环境持续向好。

（二）坚持培育乡风文明

山阳县从县域实际出发，以新时代文明实践中心为引领，以“美丽乡村·文明家园”建设为抓手，以环境卫生整治为突破口，全面提升群众文明素养和乡村文明程度，不断深化农村精神文明建设，取得了良好效果，为县域经济和社会发展提供了强大的精神动力和道德支撑。

1. 深耕文明实践，弘扬时代新风

新时代文明实践中心的建设，是推动乡村文化振兴的重要抓手，也是满足农民精神文化生活需求的战略之举。山阳县以新时代文明实践中心为培育乡风文明重要平台和载体，凝聚群众、引导群众，以文化人、成风化俗，整合各种资源，创新方式方法，用中国特色社会主义文化、社会主义思想道德牢牢占领农村思想文化阵

地，助力乡村振兴。

一是上下联动，绘好文明实践“施工图”。山阳县坚持县、镇（街道）、村（社区）三级协调联动，定期召开联席会议，专题研究部署工作，结合党委政府中心工作和群众急难愁盼，按月发布活动主题。出台中心测评体系，将新时代文明实践工作纳入意识形态工作责任制考核范围，纳入文明单位创建、文明城市巩固创建等考核体系，督促各部门各单位把工作牢牢抓在手上、落实到具体行动中。

二是多维整合，打造文明实践“大矩阵”。山阳县整合各镇（街道）、村（社区）党群服务中心、便民服务中心、文化服务中心、农家书屋、乡村学校少年宫、健身广场、爱心超市、妇女儿童之家、幸福院等活动阵地，打造县级文明实践中心 1 个、镇（街道）文明实践所 18 个、村（社区）文明实践站 244 个，覆盖率 100%，用好用活辖区百个文明实践点，形成了纵向贯通县镇村、横向辐射党政群企的“三纵四横”文明实践工作格局，并且建成了全县新时代文明实践“云平台”和手机端小程序，线上线下同频共振，为文明培育、文明实践、文明创建和志愿服务等提供系统性、一体化、高智能“云”服务，做到“一个中心、N 点辐射、全域覆盖、多重功能、共享使用”。

三是建强队伍，培育文明实践“生力军”。健全完善招募注册、积分管理和嘉许回馈等机制，广泛吸纳先进典型、党员干部、乡贤能人等，组建了新时代文明实践志愿服务总队；成立了县直 12 个党委、11 个总支、40 个支部志愿服务分队；县直志愿服务分队按照各单位工作职能，成立了10个特色志愿服务队；18个镇办成立了志愿服务大队，下设志愿服务分队，244个村（社区）站成立了志愿服务队。目前，已组建县、镇（街道）、村（社区）三级志愿服务队伍432支，注册志愿者36467人，年志愿服务时长达42.3万小时。积极对接省内外优秀人才为全县文明实践队伍赋能，特聘上海交通大学“声入人心”宣讲团成员代表作为“丰阳新声”特邀讲师，两地适时开展线上线下校地共建交流。

四是品牌引领，奏响文明实践“大合唱”。山阳县按照“一村一品牌、一镇一路径、一行业一亮点”要求，紧扣群众急难愁盼问题，精准设计和实施了一批具有鲜明特色的“丰阳新声”、“把山阳讲给你”、“点亮微心愿”、“筑梦”爱心助学、“因为有你 山阳更美”等10个文明实践志愿服务项目，挖掘培育文明实践典型案例9个，策划特色志愿服务项目20个，参与群众9万余人次，不断推进文明实践志愿服务精准化、常态化、便利化、品牌化。

2. 突出价值引领，培塑文明风尚

乡村振兴既要塑形，也要铸魂。山阳县坚持以社会主义核心价值观为引领，传承弘扬传统文化，完善乡村公共文化服务体系，培育文明乡风、良好家风、淳朴民风，为推动乡村振兴提供精神动力和文化支撑。

一是加强文明创建，筑牢思想之基。山阳县深入开展群众性精神文明创建活动，以文明村镇、文明家庭、美丽乡村·文明家园示范点建设为载体，修订《山阳县文明单位管理办法》和文明单位测评体系，将乡村振兴内容纳入创建指标体系；召开文明单位创建工作推进会，开展业务指导培训，提升文明村镇创建工作水平。

二是选树优秀榜样，点亮精神坐标。以加强社会公德、职业道德、家庭美德、个人品德建设为着力点，山阳县政府挖掘基层凡人善举。成功举办山阳县第四届道德模范颁奖典礼、商洛市2023年度新时代好少年颁奖仪式，涌现出全国第七届道德模范提名奖1人、中国好人10名、陕西好人27人，陕西省美德少年8名、感动商洛十大人物4名，陕西省道德模范8名、商洛市道德模范30名，累计开展各类先进典型评选表彰活动3100余场次、参与群众10万人次，表彰“好媳妇、好公婆”“最美家庭”等先进模范2400人，文明之花遍地开放，好人好事蔚然成风。

三是推进移风易俗，破除陈规陋习。山阳县衔接办专题下发《关于在全县开展移风易俗“1423”专项行动的通知》，创新开展移风易俗“1423”（“一约”即村规民约，“四会”即村民议事会、道德评议会、禁毒禁赌会、红白理事会，“两榜”即红、黑榜，“三制度”即一举报、一奖励、一问责）专项行动。积极发挥党员领导干部“关键少数”率先示范作用，在婚丧嫁娶等家庭事务上带头简办、带头不办、带头宣传，引导广大群众形成婚事新办、丧事简办、其他事不办的“两办一不办”良好风气，凝聚全县群众自觉抵制高价彩礼思想共识。做好“道德超市”的建设管理和运营工作，积极争取“道德超市”建设资金150万元，在全县18个镇办打造第一批“道德超市”示范点50个。

3. 丰富文化生活，助力文化振兴

完备的文化基础设施和形式多样的文化活动扮靓了村民的文

化生活空间，充实了人们对美好生活的向往，同时也支撑了乡村振兴战略的扎根入地。山阳县以文化振兴激活乡村振兴，走出了一条具有本地特色的发展之路，为全县乡村振兴提供了源源不断的内生动力。

一方面不断完善文化基础设施。山阳县围绕乡村文化振兴工作，持续推进县、乡、村三级公共文化服务体系建设。县级文化馆达到国家一级馆标准，18 个镇（街道）文化馆、244 个村社图书馆配备图书 3000 册以上、报刊 20 种以上、电子音像出版物 50 张以上，同步建成文化活动广场 244 个，并配备文化、体育、灯光、音响等设施，满足群众对文化的需求。

另一方面深入开展文化惠民活动。山阳县通过文化科技卫生"三下乡"、"农村电影放映"、"全民悦读"、"送戏下乡"等平台载体，广泛开展理论宣讲、科技普及、普法教育、文化娱乐等各类活动，不断丰富农民群众文化生活。积极组织动员文艺工作者开展农村题材文艺创作生产，编排《山区人民感谢党》《莫把乖姐晒黑了》《商洛明天更美好》《移风易俗换新颜》等一批具有浓郁地方特色、充满正能量、深受农民欢迎的文艺作品，丰富农村群众精神文化生活。

（三）提升乡村治理效力

党的十九届四中全会对坚持和完善中国特色社会主义制度、推进国家治理体系和治理能力现代化作出重大战略部署，并提出要推动社会治理和服务重心向基层下移。实践证明，中央政令的贯彻落实、地方政策的制定执行、社会秩序的管理维护、百姓民生福祉的保障等等，关键都维系于良好的县域治理。山阳县紧紧围绕基层社会治理体制、布局、方式现代化要求，以“打造市域社会治理创新区”示范县为目标，积极构建党委领导、政府负责、民主协商、社会协同、公众参与、法治保障、科技支撑的体制机制，提升乡村治理效力，助力乡村全面振兴。

1. 围绕“三不”目标，织密基层治理网络

习近平总书记曾形象地指出，如果把国家比喻成一张网，县就像这张网上的“纽结”。山阳县牢牢把握国家治理体系和治理能力现代化总要求，坚持问题导向、突出实际实效，优化组织体系、做细治理单元，着力织密基层治理网络，构建“小网格”带动“大服务”的新格局，有效引领基层治理能力新提升，扎实推进县域治理现代化助力乡村振兴工作。

一是围绕“矛盾不上交”，坚持和发展新时代“枫桥经验”。山阳县深化“无黑无恶镇（街道）、村（社区）”“无访村（社区）”以及平安镇（街道）、平安单位、平安企业、平安校园、平安乡村等系列创建活动。认真落实全市镇（街道）“枫桥式”工作法调处矛盾纠纷现场会精神，用好《五类基层易发民事纠纷调处工作指引》，坚持人民调解、行政调解、司法调解“三调联动”，重点关注邻里纠纷、情感婚姻、宅基地、林地、欠薪欠资等基层易发矛盾纠纷，及时排查化解，做到小事不出村、大事不出镇、矛盾不上交。

二是围绕“平安不出事”，划细划小微治理网格。山阳县政府按照“工作便捷、反应迅速，分工明确、服务便利”原则，将全县

18 个镇（街道）、244 个村（社区）共划分 5383 个网格（综合网格 5129 个、专属网格 254 个），选聘网格员 5383 名，构建扁平化、网格化管理运行机制，实现齐抓共管、群防群治、共建共治。

三是围绕“服务不缺位”，搭建党群干群连心桥。山阳县始终把群众需求作为出发点和落脚点，印发“党群联心卡”，建立微信工作群，明确政策宣传、民事帮办等 6 项服务事项，做到重心下移，不断提升精细化服务水平，确保服务群众不缺位。

2. 落实“六项”制度，夯实基层治理根基

乡村治理是国家治理的基石，是乡村振兴的重要内容。山阳县深入推进乡村善治，落实乡村基层治理“六项”制度，持续为夯实振兴根基保驾护航。

一是落实风险防范化解制度。山阳县各级各部门针对“6 大安全领域”风险隐患，坚持全覆盖、常排查、严督办工作机制，动态排查发现各类风险矛盾隐患，分类建立台账，制定工作方案和应急预案，集中力量化解整治，实现堵漏洞、补短板、防风险、护安全。

二是落实平安稳定信息研判“3+N”工作制度。山阳县坚持平战结合、平战转换原则，平时实行 3+N 平安稳定信息日报告、周研判、月会商、季总结制度，战时实行日调度、日研判、日督查、日通报、日报告、日汇报的每天“六个一”制度，确保第一时间防范各类风险隐患，确保社会大局平安稳定。

三是落实“逢四研事”制度。山阳县各镇（街道）、各部门坚持每周四召开周例会，对本辖区、本行业滚动排查的矛盾纠纷集中

分析研判，制订方案，明确化解时限、责任、措施，确保影响平安稳定的突出问题全力攻坚化解。

四是落实“遇事解事”制度。山阳县各镇（街道）、各部门聚焦引发矛盾纠纷和影响预防化解成效的源头性、根本性、基础性问题，落实“遇事解事”制度，实现“小事不出村、大事不出镇、矛盾不上交”。

五是落实“居民说事”制度。山阳全县244个村（社区）推行村（居）民说事制度，通过院落会、恳谈会、小组会等群众“说事”平台，采取说、理、商、办、查、评“六步工作法”，搭建说事平台、倾听百姓心声、化解基层矛盾、融洽邻里关系，全面提升社区治理水平。

六是落实网格化管理制度。山阳县政府按照“工作便捷、反应迅速，分工明确、服务便利”原则，农村每30户、城市社区每50户选聘一名网格员，统一配发装具装备，坚持网上网下巡查，网格员当好“六员”，做好“十防”工作，做到访民情、知民意、解民难。

3. 坚持“五治”融合，提升基层治理效能

基层社会治理是国家治理的基石，提升基层社会治理效能，是推动国家治理体系和治理能力现代化的关键一环。山阳县树立“五治融合”发展的城乡基层社会治理理念，加强城乡社区治理，不断优化完善网格化管理、精细化服务、信息化支撑的社会治理平台作用，形成共建共治共享工作格局。

一是坚持政治引领聚合力。山阳县委组织部牵头印发《关于深

化新时代党建引领加强基层社会治理的实施方案》，以“党建+”为引领，推动基层党建与基层治理深度融合。加强基层党组织建设，推动机关事业单位党组织与社区党组织结对共建，常态化组织在职党员参与社区治理，增强街道社区党组织政治功能和组织功能。

二是坚持法治保障提水平。山阳县政府运用法治思维和法治方式推进基层社会治理，持续深入开展法治宣传，积极营造办事依法、遇事找法、解决问题用法、化解矛盾靠法的良好社会氛围。

三是坚持德治教化树风尚。在全县18个镇（街道）、244个村（社区）设立新时代文明实践站，大力开展道德模范、见义勇为、好人好事评选活动，树立先进典型，弘扬社会正能量，厚植基层社会治理的道德底蕴。户家塬镇康乐村通过建立“道德超市”，通过弘扬孝善文化美德、倡树文明新风等活动累积家庭道德积分，兑换物品，进一步激发了群众内生动力。

四是坚持自治强基促和谐。择优推荐、从严审查、配优配强村“两委”成员，同步健全红白理事会、互助合作社等其他社会组织，引导规范村规民约等村民自治制度，激发群众参与基层社会治理的积极性与主动性，推动民事民议、民事民办、民事民管，244个村（社区）实现“村规民约”全覆盖，板岩镇安门口村被民政部确定为“全国村级议事协商创新实验试点村”。

五是坚持智治支撑提效能。山阳县加快推进5G、智慧停车场、智慧安防、信息化办案中心等建设，完善“探头站岗、鼠标巡逻”视频图侦监控网，安装平安乡村治安监控视频探头6500个，“雪亮工程”视频监控1234个，建成横向联通12个县直部门、纵向贯通县、18 个镇（街道）、244 个村（社区）的综治视联网系统，实现了线下网格化管理，线上信息化支撑。

（四）激活智力支撑实力

人才振兴是乡村振兴的基础。习近平总书记强调：“要推动乡村人才振兴，把人力资本开发放在首要位置，强化乡村振兴人才支撑。”①做好新时代乡村人才工作，就要下力气培养造就一支数量充足、结构合理、素质优良的乡村振兴人才队伍，为乡村振兴提供坚实人才支撑。山阳县始终坚持“人才优先”工作理念，大力推进人才强县战略，全方位培养、引进、用好人才，为县域经济社会高质量发展提供有力人才支撑。

1. 聚焦需求引进人才

山阳县聚焦县域发展实际需求引进人才，让真正想干事、能干事、干成事的人，成为乡村振兴的中坚力量。认真落实鼓励引导人才向基层流动《若干措施》，制订《山阳县推进乡村人才振兴的具体措施》《山阳县关于加快推进乡村人才振兴的具体措施》，围绕农业科研、生态环保、新媒体运营等急需紧缺岗位，实施乡村人才振兴战略，引进硕士研究生 108 名，招录公务员和选调生 420 人，柔性引进钒产业、医疗、电子信息领域专家人才团队 10 个、专家 27 人，实现人才与资源要素有效聚集。

---

① 中央农村工作领导小组办公室组织编写：《习近平关于“三农”工作的重要论述学习读本》，人民出版社、中国农业出版社 2023 年版，第 131 页。

2. 发挥人才服务作用

山阳县同时建立健全人才培养机制，为人才打造成熟成长空间，充分发挥人才服务县域经济发展促进乡村振兴的作用。深入开展“智汇发展·才富丰阳”主题实践活动，加强卫健、科教等10支人才服务团队管理，落实“两承诺、一评议”制度，集中开展各类服务91场次，为基层单位和群众办理实事203件。深化国家科技医疗教育干部人才“组团式”帮扶和宁商协作人才交流，引进国家科技医疗教育干部人才36名，宁商协作“三支人才”75名，选派专业技术人才229人赴六合区开展学习交流；深化“造血扶贫”式宁商协作模式，合作开设的关节镜微创手术等特色诊疗填补了商洛县级医院空白，“2.5+0.5”职校学生双向培养模式走在全省前列。

三、坚持做强特色产业，铸牢乡村振兴之“擎”

乡村振兴，关键是产业要振兴。习近平总书记曾鲜明地指出：“产业兴旺，是解决农村一切问题的前提。”[①] 加快发展乡村产业是实施乡村振兴战略的首要任务和工作重点，也是巩固和拓展脱贫攻坚成果的基础，更是农民致富增收的长远保障。山阳县将“特”贯穿到发展乡村特色产业的全过程，突出地域特点和独有资源环境，探索和开发自身潜在优势，走差异化特色化的产业发展道路，使乡村特色优势产业成为乡村居民致富增收，县域经济繁荣的增长极。

---

① 《推进中国式现代化，必须全面推进乡村振兴》，《人民日报》2023年4月16日第3版。

（一）把牢工业发展主要动脉

工业化是主流，乡村发展是必须，产业经济是基础，推动乡村产业融入工业元素，是壮大乡村产业的重要路径。山阳县把牢工业发展主动脉不仅有利于以工业化发展的思维，把乡村产业进行科学规划，推动乡村产业科学合理布局，也有利于推动乡村产业实现市场化、品牌化。在融入工业元素之后，乡村产业将更加符合市场需求，根据自身独一无二的特色元素，逐步走向品牌化道路，打造行业标准，成就行业标杆。

1. 打造现代工业产业集群

山阳县按照“区域化布局、园区化承载、集群化发展、项目化支撑”的原则，依托资源、依靠科技，建链补链延链强链，不断提升产业基础能力、提高产业链现代化水平，推动全产业链优化升级，持续增强产业质量效益和核心竞争力。

一方面，打造现代材料产业集群。山阳县充分发挥矿产资源优势，启动实施铜、金整装勘查，强化技术创新突破，加大重点产品和核心技术攻关，建设高新区新材料科技园、中村钒产业园、银花尾矿综合利用产业园、小河—鹘岭黄金产业园，全力打造国家现代材料产业基地。以五洲、丰源、秦鼎和奥科等企业为依托，重点发展以钒金为代表的有色金属材料，以碳酸钙粉体材料、纳米天然硫酸钡分散剂为代表的无机非金属化工材料、以新型外墙保温装饰材料和耐火砖为代表的新型建筑材料，推进现代材料产业高端化，打造现代材料产业集群。

另一方面，打造电子信息产业集群。山阳县以高新区电子信息产业园为载体，积极承接东部产业转移，以雷博光电、瑞裕电子、三秦触控、品佳科创为龙头，以电子元器件、玻璃盖板、触摸屏、显示模组、柔性电路板等产品需求为突破口，不断提升技术创新能力，延伸产业上下游，增强产业关联配套能力，形成配套西安、武汉的电子信息产业园区，打造陕南具有影响力的电子信息产业集群。

2. 持续完善工业园区建设

山阳县按照“创新驱动、园区承载、项目支撑、集群发展”的思路，着力优布局、扩规模、提价值、增效益，构建和完善了园区现代产业体系，不断提升园区产业规模、技术创新能力、市场竞争力，打造了一批具有核心竞争力和领先优势的工业产业园区。

一方面，完善园区配套基础设施。持续开展水、电、路、讯、仓储物流、标准化厂房等设施建设，加大土地、资金、项目、技术统筹力度，力促各类优质资源向高新区聚集。健全完善园区投融资体系，增强创投公司融资担保能力，支持银行、保险及投资基金等各类金融机构在高新区设立分支机构，为科技创新和科技型企业发展提供投融资服务。提升各类科技研发服务平台支撑能力，加快建设科技孵化器、创业园等技术开发平台和技术创新服务平台。进一步优化互联网金融配套，发展商贸物流、商务办公等现代服务产业，提升区域综合承载力，营造良好的创新创业环境。

另一方面，提升园区创新发展动力。通过“走出去、请进来”的办法，逐渐形成面向市场、以企业为主体、以技术中心为支撑的产学研合作机制。引导和支持科技创新要素向园区集聚，加大政府对科技创新投入力度，通过直接资助、贷款贴息、投融担保、投资入股等形式，支持高新技术企业、科技项目开发和成果转化、技术服务等，推动高新技术产业化发展。实施税收返还、科研成果奖励、专利申请资助、设立创投资金等措施，鼓励企业积极开展创新活动。注重人才引进，出台住房补贴、创业资助、职称评审绿色通道、配偶工作安置、子女教育等人才引进政策，吸引各类创新成果人才投资兴业，推动主导产业提档升级。

（二）强化农业产业提质增效

全面推进乡村振兴、加快农业农村现代化，对农业产业优化提出了新的更为迫切的需求，也为农业产业进一步发展带来了新机遇。山阳县农业农村局认真贯彻，突出抓好春季农业生产、特色产业发展、农业产业化及农业重点项目建设等工作，助推乡村振兴跑出“加速度”、迈上新台阶。

1. 优化产业结构，发展壮大特色农业产业

山阳县坚持“6+X”特色产业扬优提质，按照“四化”提质和“六个一”要求，大力推动食用菌优结构扩产能、畜牧走高端上水平、茶叶拓功能促融合，实现产业发展绿色化、集群化、链条化、高端化、品牌化。山阳县印发了《2023年农业农村工作要点》，明确了年度生产任务，将责任细化到了股室和单位、任务分解到了镇办，持续落实产业到户扶持政策，全力抓好优势特色农业产业发展。发展食用菌5600万袋、猕猴桃水肥一体化提升2000亩，新建、改

造茶园7800亩；畜禽饲养量354.7万头（只）、水产品530吨，2023年上半年全县农业总产值预计达到15.36亿元，位居全市前列。

2. 集聚生产要素，推动农业重点项目建设

山阳县坚持以项目为支撑、以集群化发展为方向，按照高质量发展的要求，突出生态、特色、绿色、效益发展，打造绿色食品产业集群。印发了包抓责任通知，建立了每个现代农业园区、重点项目都有一名局班子成员包抓、局直单位和股室指导抓落实机制，协助建设单位制订工作计划，倒排工期，组建驻点工作队，扎实推进项目建设。

3. 培育经营主体，构建现代农业经营体系

山阳县积极开展新型经营主体培育和示范社的运行监测，加强对龙头企业和市级以上示范农民专业合作社动态监测和分类指导，邀请相关领导、专家，对山阳县金川封幸化工有限责任公司等10家省级农业产业化龙头企业进行综合审核、考评，充分发挥龙头企业和合作社的示范带动能力。积极开展宣传培训工作。采取多种形式，积极开展家庭农场、农民专业合作社分批次赴省参加培训工作，进一步规范经营主体发展，提高管理水平，有力地促进了农业经营主体发展。

（三）推动第三产业持续繁荣

山阳县充分整合文旅资源优势，通过产业联动、完善服务体系、培育“旅游+”发展新业态等方式，推动全县文化和旅游业态高质量发展，精心打造康养产业强县，加快发展现代服务产业，走

出了一条文化和旅游深度融合、以第三产业联动发展促进乡村振兴的新路径。

1. 培育文旅发展新型业态

山阳县全力推进国家全域旅游示范区创建，进一步提升县域景区、景点品质内涵，完善旅游业态，强化旅游宣传，不断提升旅游基础服务设施，推动全县旅游业转型升级、提质增效。

一是积极推进天竺山 5A 级景区创建和漫川国家旅游度假区建设。挖掘漫川关、天竺山独特的旅游资源，以山地度假、运动休闲、文化体验、健康养生等为重点，进一步整合旅游资源，打造独具山水田园特色的国家级全域旅游“漫式生活”文化区。强化文化遗产保护和利用，利用天竺山道教文化、民俗文化、漫川关秦楚文化及民俗文化，打造一批文化旅游景点。完善旅游交通设施，开通景区直通车、摆渡车、旅游环线，修建旅游步道、风景绿道，打通景区和景点之间的通道。建设集游客集散、信息咨询、停车餐饮、旅游购物等功能于一体的游客服务中心，提升旅游服务能力和水平。

二是以创建高 A 级景区为目标，提升改造县域景区、景点，培育“旅游 +”业态。按照“精品景区 + 美丽乡村 + 特色小镇”的发展思路，重点推进天蓬山寨、月亮洞、法官秦岭原乡 4A 级提升，茶创小镇完成 3A 级创建，提升漫川古镇历史文化研学区、前店子乡村休闲区、袁家沟红色旅游区等主题化旅游片区服务质量，培育房车露营、户外运动、研学旅游等旅游业态，打造一批定位差异、主题鲜明、特色突出、功能互补的文旅融合聚集区，推动全县旅游业转型升级、提质增效。

三是实施全域旅游标准化建设工程。推进旅游基础设施及配套服务建设，全力补齐“吃、住、行、游、娱、购”要素短板，推进旅游服务标准化建设，全面提升旅游品质和服务质量。推进餐饮、住宿等业态集群化、多元化发展，培育精品文创、民间手工艺品、民俗演艺、影视制作等旅游文创产品研发、生产及销售，策划“朝秦暮楚、漫俗体验”“农耕原乡、问道天竺”等一批有影响力的旅游项目及活动，打造高铁、高速交通网络一体化体系，通过景区旅游小火车、观光云轨、自驾车营地建设等项目实现旅游交通网络全域覆盖。

2. 精心打造康养产业强县

山阳县深入贯彻党的二十大精神，抢抓国家支持康养产业发展重大机遇，大力推动“双50”、西商融合发展战略，坚定不移打造“中国康养之都”示范县。

一是打响“健康养生在山阳”品牌。用好“中国气候康养之都”“国家森林城市”及“天竺山森林公园国家康养基地”名片，围绕“商洛示范、陕西标杆、全国知名”目标定位，充分发挥生态优势，推动康养与医疗、养老、文旅、体育、医药、食品等深度融合发展，打造了一批康养产业园、康养基地、康养项目、康养线路，逐步形成以“医、养、游、体、药、食”六大产业协同发展的康养产业体系。

二是加快中药材种植、加工、科研体系建设。打造优质中药材药源基地和生物医药及化学原料药产业集聚区，构建中药化学原药生产、生物制剂研发、医疗器械制造和保健品生产四位一体的现代医药产业体系。策划实施一批集生态度假、森林康养、健康养生等功能于一体的康养综合体项目，构建“一个中心、两个基地、一个示范区”的大健康产业创新发展格局，培育壮大食药养生、生态康养、中医药康养等康养新业态，构建集养生、保健、康复、健身、医疗于一体的康养体系。

3. 加快发展现代服务产业

山阳县在巩固提升传统商贸流通服务业的同时，突出重点，积极发展现代新兴服务业，使现代新兴服务业成为县域经济发展新的增长点。

一是提升改造传统商贸。以激活县域经济、配套产业发展和服务居民生活为目标，提升消费体验，优化购物环境，丰富商品种类，提升商品层次，不断提升城市服务功能和服务品质，实现传统服务业提档升级。加快推进商业综合体项目建设，改造提升万城都市广场、星丰新时代等周边商业设施，优化网点布局，做大商贸规模，引进知名品牌，满足人民群众日益增加的消费需求。

二是加快发展生产性服务业。以信息咨询、金融服务、研发设计、创业孵化、技术转移、现代物流等服务业为重点，培育和引进一批竞争力强、市场占有率高的生产性服务业领军企业，以拓展服务业新业态模式与提质增效并重，加快服务业向专业化、高端化提升，向集群式、开放式发展。巩固拓展国家级电子商务进农村综合示范县成果，进一步完善城乡商贸流通体系，鼓励多站合一、服务同网，推动农村电子商务快速发展。

三是推进生活性服务业多样化发展。围绕健康、养老、文化、医疗、教育、家政服务等领域，培育和引进大型服务业企业，增加有效供给、扩大消费需求、促进规范提升，推动各类生活服务业融合互补、迭代升级，打造一批具有核心竞争力的大企业，创建一批具有重大影响力的服务品牌。大力提振住房、汽车、家电等大宗商品消费，加快发展镇村生活服务，支持建设立足乡村、贴近农民的生活消费服务综合体，加速农村消费潜力释放。培育壮大"互联网 +"消费新模式，拓展农村产品销售渠道，利用"线上经济""直播带货"新风口新机遇，引导电子商务、在线文娱、可穿戴设备、智能家居等新型消费加速成长。

四是大力发展数字经济。积极推动数字经济与实体经济相融合，以 5G 网络、大数据中心、物联网、充电桩、区块链以及卫星导航等为重点，推动互联网、大数据、人工智能等同县域各传统产业进行深度融合，构建一批各具特色、优势互补、结构合理的战略性数字经济产业增长引擎，加快培育以数字经济为核心的县域新产品、新业态、新模式，推进数字产业化，产业数字化。

四、坚持保护生态环境，绘好乡村振兴之"色"

习近平总书记强调："必须以更高站位、更宽视野、更大力度来谋划和推进新征程生态环境保护工作，谱写新时代生态文明建设新篇章。"[1]生态环境保护和经济发展是辩证统一、相辅相成的，建设

① 《谱写新时代生态文明建设新篇章》，2023 年 7 月 20 日，https://www.gov.cn/govweb/yaowen/liebiao/202307/content_6893128.htm。

生态文明、推动绿色低碳循环发展，不仅可以满足人民日益增长的优美生态环境需要，而且可以推动实现更高质量、更有效率、更加公平、更可持续、更为安全的发展。山阳县厚植绿色发展优势，推动生态环境“高颜值”与绿色发展“高质量”协同并进，走出了一条生态和经济协调发展、人与自然和谐共生之路。

（一）提高政治站位，主动扛牢环境保护职责

以习近平同志为核心的党中央始终把生态文明建设和生态环境保护放在治国理政的重要位置，在新时代坚持和发展中国特色社会主义基本方略、五大发展理念、三大攻坚战中，都更加突出生态文明建设和生态环境保护的地位作用。绿色的生态环境是山阳县域经济发展的优势，也是山阳县域经济高质量发展的基础，山阳县筑牢思想意识，不断深化政治认识、提高政治站位、扛牢政治责任、强化政治担当，压实责任落实，健全制度保障，牢牢把握住了生态环境在乡村振兴大局中的战略定位，切实履行好了以生态振兴促进乡村振兴的使命职责。

1. 筑牢思想，强化担当

山阳县认真学习贯彻习近平生态文明思想，县委常委会、县政府常务会定期研究部署生态环境保护工作，解决生态环保重大问题，以实际行动牢记“国之大者”，自觉把加强生态环境保护、当好秦岭生态卫士、坚决打赢污染防治攻坚战作为自身增强“四个意识”、坚定“四个自信”、做到“两个维护”的具体举措和实际行动，大力实施“治污碧水、降尘护蓝、生态修复、农村清洁”四大

工程，全力打好蓝天、碧水、净土“三大保卫战”，强化政治担当，守护碧水蓝天。

2. 明确任务，压实责任

山阳县委、县政府始终把生态环境保护工作摆在突出重要位置，制定印发了《2022 年全县生态环境保护工作要点》及“三大保卫战”实施方案，县委、县政府与各镇办、各部门签定了目标责任书，全面压实各级责任、明确各方任务。山阳县在干部提拔、评优创先、代表委员推选等方面实行“生态环保鉴定”。山阳县切实履行“党政同责、一岗双责”“属地管理”责任制，将生态环境保护目标任务纳入镇（办）、部门和领导干部目标责任考核，县委、县政府每年与各镇（办）、部门签订了生态环境保护目标责任书，明确了具体工作任务，把大气、水、土壤污染防治和农村面源治理等重点工作列入县级督查内容，定期开展专项督查。印发了《山阳县生态环境保护责任清单》，落实了环境保护主体责任，在干部提拔、评优创先、代表委员推选等方面实行“生态环保鉴定”。

3. 健全制度，长效保障

山阳县人大常委会坚持每年听取县政府生态环境保护工作开展情况的报告，结合汇报和调研成果形成县人大常委会关于对县政府生态环境保护工作开展情况的审议意见，指出本县生态环境保护工作存在的问题和短板，切实解决了一大批群众身边的环境问题，有力推进了山阳县生态环境保护工作。山阳县制定了《山阳县“十二五”生态环境保护规划》《山阳县“十三五”生态环境保护规划》《山阳县“十四五”生态环境保护规划》《山阳县农业农村污染治理攻坚战实施方案》等文件，细化生态环境保护责任清单，落实生态环境损害责任追究等制度，以最严格的管控坚守秦岭生态安全底线。

（二）加强生态修复，坚决当好秦岭生态卫士

习近平总书记强调：“秦岭和合南北、泽被天下，是我国的中央水塔，是中华民族的祖脉和中华文化的重要象征。保护好秦岭生态环境，对确保中华民族长盛不衰、实现‘两个一百年’奋斗目标、实现可持续发展具有十分重大而深远的意义。”[①] 山阳县力争扎实履行秦岭生态卫士职责，深化秦岭生态环境修复，力争当好秦岭生态守护卫士。

1. 注重恢复治理，改善矿山地质环境

山阳县政府编制完成《山阳县矿山地质环境综合治理实施方案》，夯实企业治理主体责任，指导辖区矿山企业加强生态修复，严格执行矿山开采利用方案，严守生态保护红线。山阳县共累计编制矿山地质环境保护与土地复垦方案 52 家，完成了山阳县同威矿业有限公司尾矿库整修、山阳秦鼎矿业有限责任公司穿心沟尾矿库整修和烟家沟小流域治理等矿山生态环境治理项目，累计完成矿山恢复治理面积 20.3 公顷。加强源头管控，禁止在各类保护区内新设立矿业权，严格执行环境影响评价制度，原则上不再审批新设小型矿山，新建矿山必须符合绿色矿山标准。对达不到最低开采规模标

---

① 《扎实做好“六稳”工作落实“六保”任务　奋力谱写陕西新时代追赶超越新篇章》，《人民日报》2020 年 4 月 24 日第 1 版。

准、资源浪费严重的生产矿山，由当地政府予以关闭退出并督促落实矿山地质环境恢复治理与土地复垦。

2. 注重植绿护绿，修复自然生态环境

山阳县以天竺山国家级森林公园、苍龙山省级森林公园、天竺山省级自然保护区、十里铺街道王坪村万亩野生红豆杉生态保护区为中心区，全面推进县域生态绿化保护和修复，大力实施重点区域绿化和古树名木保护项目。推进天然林保护、封山育林等生态工程建设，完善森林防火应急体系和林业基础设施建设体系，严厉打击毁林开垦行为，不断加大植树造林后期管护力度，显著提升森林覆盖率和质量。继续停止天然林商品性采伐，强化森林资源保护，实施分类经营，加强森林培育建设，使林地林分质量得到显著改善和提高。开展全县天然林网络智能化保护，健全生态功能区监督管理体系，保护完整的森林生态系统和珍稀濒危动植物资源安全，达到天然林管护更加全面有效，生态系统更加稳定。

3. 注重问题整改，强化环境执法监管

山阳县全力推动省生态环保督察反馈问题整改，做到源头管控、过程控制、末端治理，防范环境风险。严格落实“双查”机制，坚持常态化巡查、定期媒体曝光和有奖举报“三项制度”，对不法行为露头就打，发现苗头问题及时纠正。以自然保护地、生态保护红线为重点，依法统一开展生态环境保护执法、强化与自然资源、水利、林业等相关部门协同，完善执法信息移交、反馈机制。加强对病虫害和有害生物的监测检疫，建立有害生物防治与治理奖惩机制，持续开展自然保护地保护成效评估和开展“绿盾”自然保护地强化监督，全面完成对自然保护区典型违法违规问题的排查检查，加强山阳全县生态环境监管能力。

（三）发展绿色产业，全面夯实生态致富之路

大力推动绿色产业发展是解决资源环境生态问题的基础之策，是促进生态文明建设、构建现代化经济体系和实现高质量发展的必由之路。山阳县聚焦绿色循环挖潜能、促转型，建立健全绿色低碳循环发展经济体系，围绕产业生态化、生态产业化，大力培育中药材、核桃、茶叶、观光农业、生态旅游等绿色产业，大力推广“绿色食品＋特色农业”“绿色生产＋现代工业”“绿水青山＋旅游三产”三次产业深度融合模式，着力打通“两山”转换通道，促进县域经济社会发展全面绿色转型，走好生态赋能乡村振兴之路。

1. 发展生态农业，推进农业发展全面绿色转型

山阳县围绕“核桃、陕南生态黑猪、秦岭山地肉鸡、魔芋、九眼莲、香菇、木耳、茶叶”等特色农业八大件系列产品研发，大力发展农产品下游精深加工项目，打造绿色食品产业链，确保食品安全、绿色、健康，重点支持恒瑞、广远、家金、智源、天元隆、茶叶公司等龙头企业进一步做大做强，加快推进质量兴农、绿色富农、品牌强农，共同营造农业绿色发展的良好氛围。

2. 发展生态工业，持续提升工业强县竞争实力

山阳县坚持资源综合利用、产业集聚发展、产业高端发展方向，重点培育和发展太阳能、水能、生物质能等清洁能源产业链，严格控制“两高”行业新增产能，坚决遏制产能过剩行业盲目扩

张。拆除山阳县秦阳建材有限责任公司一条10万吨机立窑水泥生产线，依法关闭山阳县吉兴钒冶炼厂、山阳县顺发铸造厂、山阳东盛机电设备制造厂3家落后产能企业。对全县范围内砖瓦行业进行专项执法检查，共计摸排砖瓦厂26家，关闭拆除18家。按照重点行业清洁生产推行方案，严格执行省市清洁生产审核计划，在陕西五洲矿业股份有限公司、山阳县金川封幸化工有限责任公司、山阳县康立生物化工有限责任公司3家重点企业实施了清洁生产审核和技术改造，完成比例100%。以盛合镁业为龙头，以金属镁、镁合金现代材料开发为重点，延伸“金属镁—镁铝合金—汽车零部件”产业链，着力推进水电镁一体化循环产业开发，构建水电镁循环产业链。

3. 发展生态旅游，推动旅游消费行为绿色转型

山阳县精心构建全域旅游新格局，努力实现生态旅游向休闲度假、观光体验、健康养老并重转变。紧扣“两区一廊”打造。“两区”即漫川国家旅游度假区和秦岭生态旅游体验区。创建漫（川）天（竺山）5A级景区，着力打造集文化旅游、休闲度假、康体养生、温泉疗养、商贸会展等于一体的具有国际影响力的国家旅游度假区；秦岭生态旅游体验区以月亮洞、天蓬山寨、黑龙谷—海螺宫等重点景区为依托，以高坝店、户家塬、杨地、南宽坪等“特色小镇”“美丽乡村”为支撑，以袁家沟、漫川关等红色旅游为补充，加快腰坪水上乐园等项目实施，建设集峡谷探险、攀岩蹦极、低空游览、休闲体验、农业观光、田园采摘、山地运动于一体的秦岭生态旅游体验区。“一廊”即金钱河百里生态长廊建设。重点以金钱

河为纽带，以漫川古镇、翠峰峡、黑龙谷、腰坪长峡为串联，以建设法官、漫川关、南宽坪、杨地、户家塬自驾车营地、房车营地、宿营地等为节点，建成集亲水休憩、田园采摘、农耕体验、运动竞技为一体的金钱河百里生态长廊观光休闲区。

（四）注重多措并举，持续推进生态环境保护

良好生态环境是实现中华民族永续发展的内在要求，是增进民生福祉的优先领域，是建设美丽中国的重要基础。习近平总书记指出："要站在维护国家生态安全、中华民族永续发展和对人类文明负责的高度，加强生态保护和修复，为子孙后代留下山清水秀的生态空间。"[①] 山阳县深入贯彻习近平生态文明思想，以改善生态环境质量为核心，注重多措并举，以精准治污、科学治污、依法治污为工作方针，统筹污染治理、生态保护、应对气候变化，保持力度、延伸深度、拓宽广度，以更高标准打好蓝天、碧水、净土、生物保卫战。

1. 强化综合治理，保障空气质量

山阳县印发了年度蓝天保卫战工作方案和铁腕治霾保障工作方案，制定了《山阳县大气污染治理专项行动方案（2023—2027年）》，实施建筑扬尘、道路扬尘、机动车尾气防治，强化餐饮油烟、油气回收等挥发性有机物污染治理，扎实推进夏季臭氧（O_3）专项整治行动和秋冬季大气污染综合治理攻坚行动。积极落实夏季

---

① 习近平：《以美丽中国建设全面推进人与自然和谐共生的现代化》，《求是》2024年第1期。

VOCs走航和秋冬季颗粒物走航，全面开展涉挥发性有机物企业监督性监测、非道路移动机械监测、机动车尾气超标排放深度治理和工业炉窑大气污染综合治理等工作。

2. 强化水源保护，保障水环境安全

山阳县编制了集中供水水源地保护项目实施方案，完成薛家沟城区集中式饮用水源地和中村镇洛峪沟河“万人千吨”水源地规范化建设项目，7个“千人以上”集中式饮用水水源地规范化建设项目顺利推进。对农村集中供水水源地一级保护区和蓄水池周围进行防护隔离，在水源地保护区主干道设立警示牌、标志牌300多个，完成集中供水水源地规范化建设117处。县城集中式饮用水水源地和“万人千吨”饮用水水源地水质达标率100%。狠抓重点流域综合治理、禁养区内畜禽养殖等专项整治，积极实施农村污水处理和管网建设工程，提高农村生活污水的收集率和处理率。

3. 强化资源利用，保障土壤安全

山阳县印发了《山阳县2023年净土保卫战实施方案》《山阳县畜禽粪便无害化处理规范》等文件，大力开展建设用地土壤污染状况环境调查，建立了重点建设用地安全利用基础信息台账，持续加强“一住两公”地块监管，累计完成19个项目地块的土壤污染状况调查，防范建设用地土壤污染风险发生。统筹开展农村面源污染治理工作，推广使用无害化农膜、农药，建设减肥、减药、增效示范田，发展绿色高效农业，全面提升粪污资源化利用水平，全县规模以上畜禽粪污处理设施装备配套率100%，粪污资源化利用率96%以上。

4. 强化生物保护，保障生态安全

山阳县严格执行长江“十年禁渔”，全面落实生态环境损害赔偿制度。聚焦“三年强基础”目标，加大水生野生动物保护宣传力度，强化涉渔行为管理，以“零容忍”的态度，依法从严打击各类非法捕捞行为，持续巩固“四清四无”成果。

五、坚持保障改善民生，共享乡村振兴之“果”

民生是人民幸福之基、社会和谐之本。习近平总书记指出，“要统筹需要和可能，把保障和改善民生建立在经济发展和财力可持续的基础之上，不要好高骛远，吊高胃口，做兑现不了的承诺”[①]。山阳县高度重视民生改善工作，从现实条件下可以做到的事情做起，坚持全覆盖、突出保基本，集中精力加强普惠性、基础性、兜底性民生建设，以钉钉子精神，一件事情接着一件事情办、一年接着一年干，锲而不舍推进民生保障事业持续发展，力图强基固本，增进福祉，让民生答卷鼓舞人心，让乡村振兴成果惠及每一位人民群众。

（一）改善基础设施条件

乡村要振兴，基建要先行。基础设施薄弱是制约乡村经济发展、影响乡村生产生活和发展致富的难点与痛点之一，基础设施建

① 习近平:《扎实推动共同富裕》,《求是》2021 年第 20 期。

设是实施乡村振兴战略的重中之重。山阳县锚定乡村振兴目标，持续改善农村基础设施条件，补齐公共基础设施短板，建设完善的、现代化的往村覆盖、往户延伸的新型乡村公共基础设施，助力乡村振兴。

1. 补齐公共基础设施短板

山阳县坚持以民为本，按照普惠性、保基本、均等化、可持续的要求，倾心用力办好每一项民生实事，补齐乡村公共基础设施短板。一方面，继续加大了对乡村基础设施建设的支持力度。一是持续推进“四好农村路”建设，加强了农村防洪、灌溉等中小型水利工程建设；二是统筹强化县、乡、村三级物流体系建设，实施了“快递进村”工程；三是支持乡村电网建设和乡村电气化提升工程实施。另一方面，持续改善了乡村基础设施条件。首先，重点谋划建设了一批高速公路、客货共线铁路、水利、电力、通信网络等区域性和跨区域重大基础设施建设工程；其次，按照乡村建设行动统一部署，支持乡村因地制宜推进农村厕所革命、生活垃圾和污水治理、村容村貌提升等工程。

2. 加快新型基础设施建设

山阳县加快新型基础设施建设，以信息化、数字化、智能化助力县域经济发展促进乡村振兴。强化信息基础建设，实施新能源汽车充电桩、5G 网络等新基建项目，加快接入网、无线宽带网、互联网数据中心（IDC）等基础设施的升级改造，全面提升用户普及率和网络接入覆盖率；实现光纤到户、网络提速，县城中心、高铁站点附近 5G 信号全覆盖。有序推进“三网融合”，加快宽带下乡和农村光纤改造，推动城乡信息网络基础设施互联互通。构建现代公共信息服务体系，推进城市公共资源智能化配置，发展智慧交通、智慧教育、智慧医疗、智慧旅游等，实现公共信息资源跨行业共建共享。完善“三网一库”政务信息网络体系，推进“数字山阳”建设；以数字交易平台建设为主攻方向，实施“云上山阳”行动，建设服务企业的云数据中心，完善相关配套设施，为数字经济发展创造良好的生态环境，实现政府上云、企业上云、服务器托管上云。

（二）全面促进稳岗就业

就业是最基本的民生。稳就业，位居“六稳”“六保”之首，是经济运行保持在合理区间的关键支撑。山阳县坚持以全面促进稳岗就业为工作目标，多措并举，创新探索工作方法，在稳就业基础、保就业存量、扩就业增量、提就业质量上精准施策、持续发力，推动脱贫人口稳定就业有支撑、增收有保障，促进乡村振兴取得新进展。

1. 全力保主体稳岗位

山阳县全力稳住现有岗位，力争政策早落地、早见效，让市场主体第一时间感受到政府和政策的暖意。一是全面落实就业创业扶持政策，加大援企稳岗力度，落实“免减缓返补”政策，用好中小企业发展基金、中小微企业融资担保风险补偿资金，统筹用好就业补助资金和工业企业结构调整专项奖补资金，完善创业支持政策体系，鼓励和引导大众创业，深入推进返乡创业试点工作，支持中小企业“双创”示范基地先行先试。二是构建“政府补贴 + 企业自主+市场化”的劳动者职业技能培训体系，整合县内培训资源，提高劳动者职业技能、转移就业能力，做优山阳劳务品牌。三是通过大力推行“134”就业帮扶模式，深化“三分一站一平台”就业帮扶体系，细化制定“一图一表九册”，实现“有劳动力易地搬迁家庭至少有一人就业”的目标。

2. 努力拓展就业岗位

山阳县稳步发展劳动密集型产业，积极发展现代服务业，强化劳务市场打造，努力拓宽就业空间。一是加快推进实名制动态就业服务系统应用，规范城乡统一的人力资源市场和公共就业服务机构建设，完善县、镇、社区三级就业供需对接平台。二是健全常态化就业供需对接协调机制，长期开展“送岗位、送信息”服务，组织开展春风行动、民营企业招聘周等“10+N”公共就业服务专项行动，开展线上招聘、直播招聘、下沉招聘，完善对外输出、企业吸纳、产业镶嵌、能人带动、公岗安置等工作，提供高质量就业公共服务。三是强化劳务市场打造，促进外出就业稳定输出。通过优化多元服务，带动“市场化”输出；突出因势利导，拓展“季节性”输出；强化协作对接，组织“点对点”输出；打造劳务品牌，提高“组织化”输出，不断提高劳务输出组织化程度，以精准稳定更高质量就业实现持续增收。

3. 保住重点群体就业

山阳县完善重点群体就业支持体系，加强就业指导、服务和援助，统筹做好高校毕业生、退伍军人、农民工、就业困难人员等重点群体就业工作。一是开展岗前培训、转岗转业培训、技能提升培训等技能提升活动，强化技能培训赋能，促进就业质量稳固提升。通过推进培训市场化，推进技能培训便捷化，推进创业培训多元化，针对不同创业群体和创业阶段的劳动者，拓展灵活多样的培训模式。不断增强职工岗位技能水平。二是开展省市青年就业见习基地、创业示范基地创建，建设青年创业孵化基地，为青年创业就业搭建更多平台。制定退役军人优先岗位目录，完善退役军人创业优惠政策。三是利用公益岗位对就业困难人员做好托底安置，加强对残疾人、失业人员、零就业家庭等困难群体就业援助和帮扶，确保零就业家庭动态清零。

（三）解决急难愁盼问题

“急难愁盼”问题，是农民心头的“大石头”、生产生活的“拦路虎”，只有在全面推进乡村振兴中才能得到解决。山阳县顺应人民群众期盼，聚焦教育、医疗、社会保障等领域，办好人民满意教育、推进健康山阳建设、提高社会保障水平，着力推动解决问题痛点难点，集中力量抓好办成一批群众可感可及的实事，为推动乡村全面振兴注入全新活力。

1. 办好人民满意教育

习近平总书记深刻指出，实施乡村振兴战略是关系全面建设社会主义现代化国家的全局性、历史性任务。教育在乡村振兴中发挥着基础性、先导性作用，实现巩固拓展教育脱贫攻坚成果同乡村振兴有效衔接，以振兴乡村教育赋能乡村振兴，是教育的职责和使命。[①]山阳县坚持振兴乡村教育和教育振兴乡村“双轮驱动”，做好“振兴”“巩固”“拓展”“衔接”四篇文章，努力办好高质量教育，为乡村振兴赋能增效。

一是促进基础教育优质均衡发展。以创建国家义务教育优质均衡发展县为抓手，优化城乡校点布局，加快推进城区第一初级中学迁建、农村薄弱学校改造等校建工程，持续增加学位供给。全面完成省级标准化普通高中创建，实现高中教育优质化、多样化、特色化发展。加强镇级寄宿制学校建设，打造“乡村温馨校园”。持续推进学前教育普及普惠安全优质发展，加大公办幼儿园建设力度，积极扶持普惠性民办幼儿园发展，推进义务教育城乡一体化发展。深入落实特殊教育提升计划，保障特殊群体受教育权利，将进城务工人员随迁子女义务教育纳入城镇发展规划。

二是加强教师队伍建设。坚持把师德师风作为评价教师素质的第一标准，深入实施全员素质提升和骨干带动工程，加强校长、教师、班主任、教育科研人员和教育行政干部“五支队伍”建设，推进“三级三类”骨干教师培养计划，提升教师教书育人能力素质。健全教师职称、岗位和考核评价制度，加大教职工统筹配置调整力度，加快补充紧缺、薄弱学科教师。积极改善教师工作、生活条件，确保义务教育教师平均工资收入水平不低于公务员平均工资收入水平，努力提高教师政治、社会和职业地位。加强师德师风建设，强化培训培养，努力建设一支师德高尚、业务精湛、结构合

① 参见《振兴乡村教育 赋能乡村振兴》，2021 年 11 月 29 日，http://www.moe.gov.cn/jyb_xwfb/moe_2082/2021/2021_zl31/202111/t20211129_583085.html。

理、数量充足、充满活力的高素质专业化教师队伍。

三是深化教育改革创新。落实立德树人根本任务，重视青少年身体素质和心理健康教育，健全学校、家庭、社会协同育人机制，开展形式多样的特色校园文化活动和少先队活动，促进学生全面发展。建立专兼结合的教研队伍，深入落实义务教育教师“县管校聘”改革。实施《教育信息化 2.0 行动计划》，推进教育与信息技术深度融合，建成符合县域实际的“互联网 + 教育”大平台。支持和规范民办教育发展，规范校外培训机构。持续推进学校安全管理标准化创建，开展师生法治安全教育和安全主题演练，全面提升师生安全防范能力和自护自救水平，坚决守住安全底线。

2. 推进健康山阳建设

坚持健康优先战略，以满足人民群众健康需求为出发点，开展优化健康环境、构建健康社会、提升健康服务、发展健康文化和健康产业等重点领域建设，促进全社会文明、健康、和谐发展。

一是加强重点领域设施建设。结合乡村振兴战略实施规划，以城乡一体化为目标，全面推行健康山阳 17 项行动。持续巩固国家卫生县、卫生镇创建成果，加大城区绿地建设，实施城区更新行动，加快棚户区、城中村和老旧小区改造，完善社会活动场所、老年服务设施等公共服务配套设施建设，全面提升社区、小区社会化管理和精细化服务水平。加快康养乡村、旅游乡村、宜居乡村建设，优化村庄生产生活生态空间，聚焦“六清六治六无”目标，全面改善农村人居环境。

二是聚焦健康人群培育。广泛开展全民健身行动，推动全民健身与全民健康深度融合。实施“年有大赛、季有赛事、月有活动”的方针和“分级负责、上下联动、示范引领”的原则，落实各类大中小型多样的体育活动。学校按照国家课程标准，开齐体育课，落实阳光体育运动，引导中小学生增强体育兴趣。健全“健康达人”评选机制，将具有良好的健康理念，热爱健康公益事业，评选为“健康达人”“健康形象大使”，带领身边人积极践行文明健康的生活方式。

三是完善医疗卫生服务体系。加强妇幼保健疾病预防和服务能力建设，完善老年健康服务体系，建立完善残疾人医疗和康复服务体系，统筹推进残疾人精准康复服务，加强残疾预防筛查工作，降低新生儿出生缺陷。强化慢病管理措施，建立“四高共管、八病同防”医防融合慢病管理体系，使用“三色标注”，精准管理定期服务。推行紧密型县域医共体建设，深度融合“互联网＋医疗健康”远程医疗服务，实施“1+9+4”模式，建成“心电一张网”“急救一张网”“数字健康一张网”实现数据信息共享，县域医疗服务能力显著提升。

四是强化健康内涵建设。落实城区健康“体检”，开展基线调查，解决影响市民健康的突出问题。加强“争先创优”示范引领作用，建设紧贴行业属性、特点及目标人群，创新性开展建设工作，形成具有行业领域代表性的示范标杆。建立“三精管理”机制，从思想、身体、心理、环境、膳食健康五个方面发现问题，提升职工身心健康素养水平。

3. 提高社会保障水平

加强农村社会保障体系成为实现乡村振兴的重要一环。农村社会保障体系的完善，不仅可以提升农民的生活水平和幸福感，还可以推动乡村经济发展，促进社会的和谐稳定。山阳县健全和完善保险、养老、救助等社会保障工作，进一步织密社会保障安全网，为广大群众提供更可靠更充分的保障，使乡村振兴发展成果更多更公平惠及全体民众。

一是全面实施全民参保计划。完善城乡居民基本养老保险、工伤保险、失业保险制度，扩大失业保险覆盖范围。贯彻落实企业职工养老保险基金中央调剂制度，推进机关事业单位养老保险制度全面落实落地。全面落实城乡居民基本养老保险待遇确定和基础养老金正常调整机制。提高社会保险待遇，降低社会保险费率。

二是健全完善城乡社会救助体系。坚持“兜底线、织密网、建机制”基本原则，提升社会救助工作法法制化、标准化、规范化和精细化水平。完善城乡低保制度，建立低保标准动态调整机制，推进城乡低保统筹一体化，加强低保与就业救助、扶贫开发等政策衔接。全面高效落实临时救助制度，加强“救急难”工作，建立健全主动发现、部门协同、信息共享、慈善衔接机制，实现应救尽救、托底救助。健全与经济社会发展水平相适应的特困救助供养制度，加强特困人员供养服务机构建设。

三是加快多层次养老服务体系建设。健全以特困供养、互助养老为主的农村养老服务网络，促进社会力量参与养老服务业发展。积极应对人口老龄化，发展普惠型养老服务和互助性养老，大力推动完善以居家为基础、社区为依托、机构为补充的养老服务体系，鼓励以民间投资、公建民营等多种形式，全面完成“十四五”期间养老服务机构重点项目建设、城市社区养老服务中心新建和农村幸福院改造提升工程。

四是健全重点群体保障体系。加快公益慈善等事业发展，持续做好特殊群体关爱保护工作，完善服务体系，加大城乡低保对象、特困人员、残疾人等帮扶救助力度，健全老年人、残疾人关爱服务体系和设施，落实孤儿保障、农村留守儿童、妇女、老年人及困境儿童的关爱保障政策，实现全方位保障权益。全面贯彻男女平等基本国策，加强妇女技能培训，提高妇女综合素质，完善儿童早期发展服务，保障妇女儿童合法权益。健全退役军人工作体系和保障制度，统筹做好优待褒扬、权益维护、服务管理等工作。

第七章
中国式现代化山阳实践的新展望

山城丰阳，秦岭明珠。写着包容开放绿色标签的山阳县，唱响着嘹亮的凯歌，昂扬阔步地迈向第二个百年奋斗目标。在新征程上，山阳县要锚定2035年远景目标，顺势而为、乘势而上，放眼长远、驭势而进，用大视野审视比较优势，用大坐标定位绿色发展，用大格局优化营商环境，用大智慧提升治理效能，为建设富裕、文明、和谐、美丽、幸福的“五好山阳”而努力奋斗。

一、“富裕”山阳赶超跨越

习近平总书记指出：“共同富裕是社会主义的本质要求，是中国式现代化的重要特征。”[①] 实现共同富裕的道路上，山阳县绝不能掉队，必须持续向经济建设这个中心任务聚焦发力，力争全县经济实力实现新突破、产业结构优化实现新提升、县域城乡融合实现新格局。

---

① 习近平:《扎实推动共同富裕》,《求是》2021年第20期。

（一）经济实力实现新突破

目前，山阳县经济综合实力已步入商洛全市第一方阵、陕西全省第二方阵，但经济总量依然偏小，发展质量还不够高，产业结构仍待优化，推动追赶超越的任务十分艰巨。新征程上，山阳县要围绕2035年与全国全省全市同步基本实现社会主义现代化的目标任务，聚焦发展不平衡不充分问题，着眼提高发展质量效益，力争全县经济实力实现新突破。

一是全县生产总值大幅跃升。发展是解决一切问题的基础和关键，山阳发展必须坚持新发展理念，在质量效益明显提升的基础上实现经济持续健康发展，增长潜力充分发挥。生产总值是经济核算的核心指标，是衡量地区经济状况和发展水平的重要指标。现阶段，山阳县全年生产总值为179.77亿元、增长率为2.7%；“十四五”期间，山阳县的经济发展目标是全县生产总值年均增长6.5%。随着山阳县中国现代化实践不断深入推进，全县生产总值要在“十四五”目标的基础上再实现新突破，经济体量努力进入陕西全省第一方阵。

二是规模以上工业总产值大幅跃升。大型工业企业是拉动经济增长的重要产业，规上工业增加值最能看出一个区域这段时期经济的稳定性，可以说是经济的“压舱石”。山阳县要壮大县域经济，就必须着力发展规模以上工业。现阶段，山阳县规上工业总产值为250.09亿元、增长率为3.3%；“十四五”期间，山阳县的发展目标是规上工业增加值年均增长8%。随着山阳县中国现代化实践不断深入推进，山阳县规上工业总产值要在“十四五”目标的基础上再实现新突破，发挥好保证大量就业的作用、承担好拉动山阳经济增长的使命。

三是社会消费品零售总额大幅跃升。社会消费品零售总额是衡量地区经济健康状况的重要指标之一，它反映了经济健康状况、消费趋势和消费者信心。现阶段，山阳县社会消费品零售总额为30.97 亿元、增长率为 7.4%；“十四五”期间，山阳县的发展目标是社会消费品零售总额年均增长 8%。随着山阳县中国现代化实践不断深入推进，山阳县社会消费品零售总额要在“十四五”目标的基础上再实现新突破，朝向全国强县的社会消费品零售总额看齐。

四是固定资产投资大幅跃升。固定资产投资是反映固定资产投资规模、速度、比例关系和使用方向的综合性指标。现阶段，山阳县固定资产投资 166.56 亿元、增长率为 17.2%；“十四五”期间，山阳县的发展目标是固定资产投资年均增长 6%。随着山阳县中国现代化实践不断深入推进，山阳县固定资产投资要在“十四五”目标的基础上再实现新突破，持续扩大固定资产投资规模，使得固定资产投资成为山阳县域经济发展“强引擎”。

五是城乡居民人均年收入大幅跃升。城乡居民人均年收入是反映城乡经济发展状况和衡量城乡居民物质文化生活水平的综合性指标。现阶段，山阳县城乡居民人均可支配收入达到 29218 元、13655 元，分别增长 4.2% 和 7.1%。“十四五”期间，山阳县的发展目标是城乡居民人均收入年均分别增长 6% 和 7%。随着山阳县中国现代化实践不断深入推进，山阳县城乡居民人均年收入要在“十四五”目标的基础上再实现新突破，进一步推动山阳区域均衡发展，提高居民福祉。

六是地方财政收入大幅跃升。地方财政收入是衡量地区政府财力的重要指标，只有政府财政收入充裕，才能保证政府职能顺利履行。现阶段，山阳县地方财政收入 3.61 亿元，同口径增长 5.35%；“十四五”期间，山阳县的发展目标是地方财政收入年均增长 5%，随着山阳县中国现代化实践不断深入推进，山阳县地方财政收入要在“十四五”目标的基础上再实现新突破，为跻身全省地方财政收入第一梯队而努力奋斗。

七是综合实力和创新能力大幅跃升。基本实现新型工业化、信息化、城镇化和农业现代化，建成结构优化、创新驱动、效益良好、充满活力、具有山阳特色的现代化经济体系，在高质量发展的基础上，人均地区生产总值较 2020 年翻一番。紧扣县域资源、生态、产业基础优势，围绕新材料、大健康、电子信息等产业，引进、培育、壮大一批高新技术企业，构建和完善园区现代产业体系，不断提升园区产业规模、技术创新能力、市场竞争力。围绕国家高新技术产业开发区创建指标评价体系，制定出台创建工作方案，明确方向、有序推进，力争将山阳高新区创建成为国家级高新技术产业开发区。

（二）产业质量实现双提升

山阳县在深入实践中国式现代化的道路上，应当坚持经济生态化、生态经济化的发展理念，深化供给侧结构性改革，精心培育特色农业、新材料、大健康、大旅游“四大产业增长极”，加快构建特色鲜明、结构合理、链群完整、竞争力强的现代产业体系。

一是培育壮大特色农业产业增长极。按照“绿色循环、优质高效、品牌引领、三产融合”的思路，发挥好品牌效应，用好“国家农产品质量安全市”国字招牌，推进农产品多元化开发、多层次利用、多环节增值，推动菌果药畜等特色农业高质量发展。

第一，打造农业主导产业集群。坚持特色农业提质增效导向，充分发挥农业资源优势，不断调整农业产业结构，推进农业绿色化、优质化、特色化、品牌化发展，实现特色农业发展由规模扩张型向质量效益型转变。

第二，实施农业品牌点亮工程。加大新技术开发、示范、提升和新品种研发、引进、筛选工作力度，鼓励支持做大做强特色品牌。用好“秦岭药库”等亮丽名片，形成以山阳区域公用品牌为统领、企业品牌和产品品牌为主导的品牌集群，成功创建全国名特优新农产品试点市。

第三，培育壮大新型经营主体。坚持推动农民合作社、家庭农场与龙头企业、配套服务组织聚集发展，健全“公司 + 合作社 + 农民”“公司 + 村集体经济 + 农户”的利益联结机制，提高小农户组织化水平，加快推进小农户和现代农业发展有机衔接，构建以农业龙头企业为核心、合作社为主体、家庭农场和种养大户为基础的专业化分工产业组织体系。

第四，健全农业现代市场体系。加快建设优质特色农产品直销中心、交易市场，构建与特色现代农业相匹配的生产体系、营销体系。探索多元销售渠道，培育壮大农村电子商务等新业态，开设农产品线上营销平台，开展山地农产品直播带货活动，打造产销融合有机整体。

第五，推进一二三产融合发展。按照分组发展、梯次推进的发展思路，大力实施现代农业园区提升行动，做精县级园区、做大市级园区、做强省级园区，引领和推动优势特色产业发展。

二是培育壮大新材料产业增长极。充分发挥矿产资源优势，用好“国家循环经济示范市”国字招牌，精准对接上下游、产供销需求，强化重要产品和关键核心技术攻关，实施补链延链强链工程，建设新材料产业集群，提升产业聚集水平，把山阳打造成绿色循环新材料基地。

第一，转型发展“绿色矿业”。推进新材料产业基础再造和产业链提升，推动企业由初级产品、初级加工、粗放经营向高端产品、高端制造、精细管理转变，促进有色金属、冶金、建材及非金属三大新材料产业向“绿色矿业”转型。

第二，聚集发展新材料产业。统筹推进新材料产业规划、政策实施、技术转移、项目引进、龙头企业培育和前沿研究等工作，推动项目集中布局、产业集群发展、功能集合配套、排污集中处理。

第三，强化技术研发与应用。深入推进产学研用协同发展，建立新材料企业与科研机构对接合作机制，推动企业间技术创新联盟、科技研发与成果转化基地建设，加快金属和非金属材料创新应用研究。

三是培育壮大健康产业增长极。依托中药材资源和生态环境、交通区位优势，用好“中国气候康养之都”“国家森林城市”等国字招牌，实施“五个一方案”，构建生物医药、健康食品、健康养生三大产业集群，推进“药、医、健、食、游、养”融合发展，把山阳县打造成实至名归的“中国康养之都”示范县。

第一，集群化发展生物医药产业。以中药材资源综合开发利用为核心，加快中药材种植、加工、流通、科研体系建设，建设优质道地中药材药源基地和生物医药及化学原料药产业聚集区，全力打造“秦岭药谷”。

第二，品质化发展健康食品产业。聚焦菌果药畜以及水产、蔬菜等领域，建设一批规范化、绿色化、标准化的绿色食品和有机农产品优质原料基地。

第三，多元化发展健康养生产业。积极创建大健康产业发展实验区，策划一批集生态度假、森林康养、健康养生等功能于一体的康养综合体项目，研发一批医疗康养、养生保健等高附加值的健康养生产品，建设一批集观光旅游、生态养生、休闲度假于一体的生态养老度假基地，形成集养生、保健、康复、健身、医疗于一体的康养体系。

四是培育壮大旅游产业增长极。用好“源味山阳”区域公用品牌，开发“后备箱”“伴手礼”等旅游产品。以法官秦岭原乡、漫川万福、宽坪黄花岭万亩有机茶等产业基地为支撑，配合全域旅游开发、精美特色小镇和美丽休闲乡村提升建设，打造集农业产业发展、乡村休闲观光和产品展销、餐饮娱乐于一体的产业融合发展示范区，完善综合配套设施及相关服务体系，构建全产业链，打造产业链条完整、功能多样、业态丰富的三产发展新格局。

第一，构建多元融合的文旅产业体系。依托厚重的历史文化、红色文化和民俗文化内涵，大力发展影视文化、动漫创意文化、休闲旅游文化产业，开发旅游演艺、旅游体验、生态休闲、体育休闲等滞留性旅游产品，推动旅游与传统地域文化、生态农业、健康养生、户外运动、互联网、创新创意相融合。

第二，打造独具魅力的精品景区线路。全面落实全域旅游发展规划，把全域旅游融入新型城镇化和美丽宜居乡村建设的各个领域，加快构建全域旅游发展格局。

第三，建设配套完善的旅游服务设施。实施全域旅游标准化建设工程，加快聚集各类旅游要素，全面提升旅游品质和服务质量，加快建设文旅融合示范县，打造国家全域旅游示范区。

（三）城乡融合实现新格局

山阳县在深入实践中国式现代化的道路上，应当聚焦“撤县设市”目标，强化规划引领。加快县城空间骨架东进西扩、连片发展，倾力打造高铁新城，有序推进乡村振兴，大力促进产城融合。实现中心城市功能布局更优，辐射带动更强，城镇人口规模显著增加，现代化城镇体系新格局基本显现，宜居宜业、宜养宜游的山水园林城市形象日益彰显。

一是城镇化规划水平显著提升。坚持规划引领，科学编制县城控制性详细规划和城市设计，实现县城规划区控制性详细规划和重点片区修建性详细规划全覆盖，以前瞻性规划助推城市经济，拓展城市空间，彰显城市特色。要统筹考虑县城发展的产业支撑、社会发展、土地利用、基础设施及人口资源和环境等因素，系统规划建设县城产业区、商业区、经济区和休闲区，使县城区域功能相对完备、规模适度、综合品质高、效益最大化。

二是新型城镇化空间格局基本形成。紧盯撤县设市目标和山水园林城市定位，积极探索“城镇兴县”新路径，推进县城空间骨架东进西扩、连片发展，打造引领经济增长的“一核”、丹宁高速东西向和福银高速南北向的“两轴”、协同推进西照川、王阎、板岩、南宽坪、杨地、小河口、两岭等城镇片区建设，形成“一核、两轴、多区”的新型城镇化发展体系，构建以城带镇、以镇兴城、城镇兴县、城乡融合协调发展的新格局。

三是人口转移成效显著。通过体制改革和整合城乡资源，逐步消除城乡制度障碍和政策壁垒，加快农村人口向城镇转移。

第一，户籍制度改革深入推进。建立健全与统一城乡登记制度相适应的教育、卫生计生、就业、社保、住房、土地及人口统计制度。全面放开建制镇和小城市落户限制，搞好就业、社保、教育、医疗等政策衔接，消除农民市民化的体制性障碍，推动农业人口向县城和建制镇就近转移，加速农业人口市民化进程。

第二，重点镇综合改革进一步推进。推动重点镇向小城区发展，充分发挥重点镇在吸纳农村转移人口、促进城乡融合发展中的重要作用。

第三，农村产权制度改革进一步推进。以农村土地承包经营权、宅基地使用权、房屋使用权、集体建设用地使用权改革为先导，促进农村人口向城镇转移。

第四，实施更加开放的人才政策和更加灵活的落户政策。吸纳更多外来人口和农村人口落户，在建成区面积和城市人口上实现突破，加快向中等城市迈进。

三是重点城镇建设深入推进。加快县域重点城镇建设，以山水、田园、森林等生态空间为分隔，以高速公路等复合型交通廊道为轴带，推进以县城中心城区为核心载体的县域新型城镇化体系建设，构建山清水秀的生态空间、集约高效的生产空间、宜居适度的城镇生活空间。按照“城乡统筹、交通串联、辐射带动”的差异化发展战略，加快县城中心城市、国家级重点镇、高铁小镇、特色小镇等城镇体系建设，持续推进漫川关、高坝店 2 个国家级重点小镇巩固提升，加快推动十里街办、色河铺镇融入县城中心城市发展，形成以县域中心城市为核心的层级网络化城镇体系。

四是城镇管理水平显著提升。巩固扩展国家卫生县城和省级文明县城创建成果，启动国家文明县城创建。加强城镇老旧小区改造和文明社区创建工作。全力抓好城区公共卫生设施建设，完善城镇公共服务功能。加大市容市貌、交通秩序等专项整治力度，实施背街小巷综合改造，推动空中管线入地，不断提升城市管理的人文化、规范化、精细化、智慧化水平，打造干净、卫生、整洁、文明有序的城镇环境。全面推进城镇规范化、精细化管理。加大市容市貌、社区环境、交通秩序等专项整治工作力度，因地制宜出台城镇规范化管理规则和条例，着力解决城镇占道经营、流动摊点、乱堆乱放等顽疾，不断巩固和提升城市文卫创建成果。

五是实现撤县设市（县级市）目标。“撤县设市”是市县立足当前、着眼长远所提出的一件大事，对提高山阳的知名度、扩大对外开放、吸引各类人才、促进招商引资具有十分重要的战略意义，对争取上级政策、项目、资金等方面直接支持，进一步加快城乡一体化进程、打造宜居宜业美丽城乡、提高群众幸福指数具有十分重要的现实意义，必将掀起新一轮建设热潮，为山阳实现加速发展、加快转型注入强大动力和活力。

二、“文明”山阳德润人心

文明，是人类始终不懈的追求。实现高水平文明亦是全面建设社会主义现代化国家、实现中华民族伟大复兴的重要目标。习近平总书记强调：“当高楼大厦在我国大地上遍地林立时，中华民族精神的大厦也应该巍然耸立。”[①] 中国式现代化是物质文明和精神文明相协调的现代化，二者相互促进，不可偏废。建设中华民族现代文明，是习近平文化思想的重要内容，是我们党在新时代必须肩负的新的文化使命。山阳县要立足厚重的地域文化优势，坚定文化自信，坚守文化立场，紧紧围绕“文化强县”战略目标要求，坚持以文塑城、以文化人、以文促业，着力提升公共文化服务体系服务能力，不断优化高质量文化供给，持续增强山阳县文化软实力和人民群众获得感、幸福感。

① 中共中央党史和文献研究院编：《习近平关于社会主义精神文明建设论述摘编》，中央文献出版社 2022 年版，第 241 页。

（一）文化事业繁荣发展

发展文化事业是满足人民日益增长的精神文化需求的必然要求。山阳县要深入实施文化惠民工程，在创新公共文化服务供给方式、优化城乡文化资源配置、提升人民精神文化认知水平、增强人民理想信念、以文艺为载体丰富文化表现形式、保护文物和文化遗产等方面共同着力，全方位、深层次满足人民的精神文化需求。

一是加强公共文化服务体系建设。创新公共文化服务供给方式，需要建立健全公共文化服务政府购买机制，不断提高公共文化服务标准化、均等化水平，为文化事业和文化产业发展提供持久、稳定的外部保障。优化城乡文化资源配置，重点在于缩小城乡公共文化服务差距，增加农村公共文化服务总量供给，完善农村文化基础设施，不断提升农村文化场所利用率，让人们在普遍享受到社会主义文化繁荣发展的成果的同时，也激活广大农村的文化资源和文化潜力。加大公共文化投入，加快文化服务数字化和公共文化基础设施建设，推进丰阳大剧院、镇综合文体广场、村级小舞台建设，提升“三馆”和县体育中心功能。深入开展全民阅读、全民健身、全民科普和群众性法治文化活动，建立健全政府向社会力量购买公共文化服务机制，推进送戏、送书、送电影下乡进社区惠民工程，扩大和引导文化消费，丰富广大群众文化生活。

二是深入推进文化资源开发。全力打造天竺山大顶道观和铁钟坪文化景区；进一步丰富漫川古镇文化内涵，打造国家级历史文化名镇；推进文化与旅游融合发展，建设一批特色鲜明的文化产业示范基地。

三是打造文化品牌。不断增强广播电视的宣传引导力、传播力和辐射力；进一步扩大天竺山帐篷节、漫川古镇文化庙会、广场群众纳凉晚会等重大文化活动的影响力；推动文化遗产、娱乐演艺与旅游产业深度融合，打造“山水秦岭，多彩山阳”文化旅游品牌；进一步挖掘山阳的非物质文化遗产，加大文物保护力度，加强对外文化交流，不断提升山阳文化软实力。

四是全面推进广电事业的科技创新和数字化建设。加快基础设施建设，基本实现广播电视节目采编播数字化、网络化，不断扩大广播电视节目容量，提高节目质量，丰富人民群众精神文化生活。统筹有线、卫星、无线电视网络建设，切实抓好自然村通广播电视工程，完成城区数字电视整体转换，加快农村数字电视发展。

（二）文化产业蒸蒸日上

“着力推动文化事业和文化产业繁荣发展”凸显了文化建设在习近平文化思想中的重要地位，为做好新时代文化工作提供了根本遵循、指明了前进方向。山阳县要深刻理解并准确把握其思想内涵与实践要求，坚持把社会效益放在首位、实现社会效益和经济效益相统一，健全现代文化产业体系和市场体系。

一是优质文化产品供给持续扩大。加快推动文化产业高质量发展，坚持创新驱动，突出新业态发展导向，着力培育发展新动能。进一步推动文化产业活力持续迸发、文化供给丰富多元、文化辐射力不断扩大，引领文化消费新风尚，为城市发展赋能。实施文化产业数字化战略，加快发展新型文化企业、文化业态、文化消费模式，壮大数字创意、网络视听、数字出版、数字娱乐、线上演播等产业。加快提升超高清电视节目制播能力，推进电视频道高清化改造，推进沉浸式视频、云转播等应用。实施文化品牌战略，打造一批有影响力、有代表性的文化品牌。培育骨干文化企业，规范发展文化产业园区，推动区域文化产业带建设。努力打造鲜明的山阳文化标识、深耕中华文化沃土，培植新时代的文明之花。

二是文化和旅游融合发展不断推进。要切实促进文化、旅游与相关产业融合发展，培育新型文化和旅游业态，创新产品和服务供给，以期更好满足人民群众文化和旅游需求。坚持以文塑旅、以旅彰文，打造独具魅力的中华文化旅游体验。深入发展大众旅游、智慧旅游，创新旅游产品体系，改善旅游消费体验。加强区域旅游品牌和服务整合，建设一批富有文化底蕴的世界级旅游景区和度假区，打造一批文化特色鲜明的国家级旅游休闲城市和街区。推进红色旅游、文化遗产旅游、旅游演艺等创新发展，提升度假休闲、乡村旅游等服务品质，完善邮轮游艇、低空旅游等发展政策。健全旅游基础设施和集散体系，推进旅游厕所革命，强化智慧景区建设。建立旅游服务质量评价体系，规范在线旅游经营服务。

三是加强文旅产业供给侧发展。第一，发展数字文旅产业。大力推进文化传播手段与机制的创新，开展文化数字化建设。建设数字文化资源和服务区域综合性数字化一站式服务平台，集合各类服务，实现集成提供。充分利用 Wi-Fi 覆盖、支持“多屏”服务、智能化服务装备，提高图书馆、文化馆、美术馆、博物馆等机构的数字服务水平。

第二，推动文化旅游业全域化发展。强化全县文旅资源协同整合。在县级层面重视顶层设计、资源整合、差异化发展，将全县优质旅游资源串珠成链、统筹运作。不断提高旅游产业的引擎支撑力、品牌影响力和惠民带动力。探索建设旅游度假区，争取评为省级旅游度假区，朝着有美景、有美味、有故事、有民俗、有文化，项目丰富、格调高雅、特色鲜明的文旅融合的品牌度假区发展。培育文化旅游新业态。重视特色街区、养生度假村、乡村创客基地、研学旅游基地、特色小镇等融合型景区建设，拓展商务旅游、养生旅游、研学旅游、运动健身、休闲度假、情感旅游等新业态，探索“文化体验、休闲度假、运动康健、生态旅游”四位一体的文旅产业发展模式。推动乡村旅游转型升级。调动农民共同参与乡村旅游的开发与经营，将村庄风貌整治与发展乡村旅游结合，将农业产业与旅游业相融合，鼓励组织带动、企业带动、能人带动、景区带动，采用“公司 + 农户”“合作社 + 农户”等方式推动旅游与百姓共享发展。积极推进特色产业基地建设，开发各具特色的生态休闲农业旅游产品，实现一二三产业深度融合。

第三，促进体育旅游一体化发展，推进健身步道和自行车道建设。围绕山区道路、田间道路，建设健身步道和自行车道，突出道路透景设置、标识完善和文化嵌入。鼓励体旅融合发展，打造一批有影响力的体育旅游精品线路、精品赛事和示范基地。加快开发沿湖、沿山的体育休闲运动线路和体育旅游项目，形成“水”“陆”“空”立体化体育旅游产品体系。

第四，大力培育文旅市场主体。构建企业梯度培育体系。坚持市场化、精准化、精细化方向，突出企业全生命周期需求，精准匹配要素资源，为处于不同发展阶段的文旅企业提供政策扶持、金融支撑、人才赋能、专业服务等全方位服务和支持。做强做大领军型企业。注重发挥国资在政府重点工作上的引领和带动作用，推动文旅企业实现规模化、特色化、信息化发展。积极与相关市场主体开展合作。推进文化旅游资源整合，加大旅游资源整合力度，进一步做强做优旅游产业。推进小微企业爆炸式成长。开展“大众创业、万众创新”，鼓励城镇居民、农民和返乡大学生创办文旅企业。促进中小文旅企业向专业化、品牌化方向发展。

（三）社会文明更进一竿

在新征程上，山阳县要着力加强社会主义精神文明建设，培育和践行社会主义核心价值观，推动形成适应新时代要求的思想观念、精神面貌、文明风尚、行为规范。促使社会主义核心价值观深入人心，人民思想道德素质、科学文化素质和身心健康素质明显提高，公共文化服务体系和文化产业体系更加健全，人民精神文化生活日益丰富。

一是理想信念教育常态化制度化。深入开展习近平新时代中国特色社会主义思想学习教育和中国梦宣传教育，全面推进社会主义核心价值观“六进两融入”，加强党史、新中国史、改革开放史、社会主义发展史“四史”教育。深入开展文明单位创建活动，坚持开展“山阳好人”评选活动，积极参与“商洛好人”评选，充分发挥先进典型示范引领作用。强化传统文化在校园中的育人作用，加强家庭、家教、家风建设。健全志愿服务体系，广泛开展志愿服务活动。推进新时代文明实践中心和县融媒体中心建设，加强阵地建设和管理，强化正确舆论导向。

二是公民文明素养持续提升。推进公民道德建设，大力开展社会公德、职业道德、家庭美德、个人品德建设。开展国家勋章、国家荣誉称号获得者和时代楷模、道德模范、最美人物、身边好人的宣传学习。实施文明创建工程，拓展新时代文明实践中心建设，科学规范做好文明城市、文明村镇、文明单位、文明校园、文明家庭评选表彰，深化未成年人思想道德建设。完善市民公约、乡规民约、学生守则、团体章程等社会规范，建立惩戒失德行为机制。弘扬诚信文化，建设诚信社会。广泛开展志愿服务关爱行动。提倡艰苦奋斗、勤俭节约，开展以劳动创造幸福为主题的宣传教育。加强网络文明建设，发展积极健康的网络文化。

三、“和谐”山阳安定有序

社会主义和谐社会的构建，是党从中国特色社会主义事业总体布局出发，所提出的重大战略任务。这一任务，顺应了我国改革发展进入关键时期的客观形势，体现了建设富强民主文明和谐美丽的社会主义现代化国家的内在要求，同时也满足了全党全国各族人民的共同期望。新征程上，山阳县要认真学习贯彻习近平总书记关于构建和谐社会的重要论述，着力夯实山阳县构建和谐社会的坚实基础，努力推进和谐山阳的全面建设。

（一）法治建设再上新台阶

加强法治建设是确保全面依法治国各项部署要求落地落实的关键，是推进基层治理体系和治理能力现代化的重要保障。山阳县要力争在“十四五”期间，实现党领导法治建设的制度和工作机制更加完善，政府行为全面纳入法治轨道，执法司法公信力进一步提升，群众法治素养和基层社会治理法治化水平显著提升，全社会尊法学法守法用法的浓厚氛围进一步形成。

一是执法体制机制更趋完善。要持续推进综合行政执法体制改革，推进县“局队合一”体制改革，乡镇逐步实现“一支队伍管执法”。积极稳妥、因地制宜、科学合理地将基层治理迫切需要且能够有效承接的行政执法事项依法下放给乡镇。依法委托或授予乡镇行政执法权的同时，在编制、人员、资金、技术等方面同步予以配套保障，确保权力放得下、接得住、管得好、有监督。进一步明确综合行政执法部门与业务主管部门职责范围，完善审批、监管、处罚等衔接机制。推动具备条件的地区探索跨部门跨领域综合执法。强化乡镇在执法中统一指挥和统筹协调职责，赋予其在工作考核、人员管理等方面更大权限。加强行政执法协调监督，通过行政执法主体和人员资格管理、执法案卷评查、受理投诉举报、行政执法考核评议等方式，整治执法不严格不规范不公正不文明等突出问题。

二是司法公平深入推进。严格落实立案登记制度，对依法应当受理的案件，做到有案必立、有诉必理，从源头保障当事人诉权。

深化司法公开，积极推进县人民法院庭审直播、人民检察院公开听证工作。严格规范推进公开裁判文书工作，进一步规范县人民法院、人民检察院司法文书制作。健全适应基层特点的有序放权与依法监督相结合的监督管理机制，完善法官、检察官办案责任清单，健全案件评查、司法责任认定和追究机制。加强人民法庭建设，探索符合人民法庭审判工作特点的审判团队组建和运行模式。加强县人民法院执行工作，健全执行工作部门协作联动机制，强化督导考核和监督检查，确保执行联动责任落实落地、执行案件应执尽执、执行案款应发尽发。深化诉讼收费制度改革。深入推进跨行政区划检察工作，完善跨行政区划司法管辖制度。充分发挥检察一体化制度优势，完善统一调用检察人员办理案件机制。加强县人民检察院监督能力建设，深入推进看守所、监狱巡回检察试点工作，健全完善侦查监督与协作配合机制。县社区矫正委员会要依法统筹协调和指导本行政区域的社区矫正工作。有序扩大民事、行政法律援助范围，推进刑事案件律师辩护、值班律师法律帮助全覆盖。

三是全民法治观念有效增强。将学习宣传习近平法治思想作为基层普法工作首要任务，推动习近平法治思想深入人心。持续深入开展宪法宣传教育活动，深入开展《中华人民共和国民法典》《中华人民共和国乡村振兴促进法》等与群众生产生活密切相关法律法规普及工作，大力弘扬社会主义法治精神。广泛开展群众性法治文化活动，实现每个村至少有一个法治文化阵地，发挥好各类基层普法阵地作用，让法治文化有形呈现、生动表达。创新普法形式和载体，依托大数据等信息技术加强对群众法治需求分析，开展对象化、分众化普法宣传，推动普法工作由“大水漫灌”向“精准滴灌”转变。深化法治乡村建设，加强和规范村法律顾问工作，实施农村学法用法示范户培育、乡村“法律明白人”培养工程，建设更高水平的“民主法治示范村”。深化基层依法治理，按照合法合规、贴近基层、发扬民主、便于执行的原则，乡镇指导村进一步规范村规民约、居民公约，推行村级重大事项“四议两公开”，完善基层群众诉求表达和利益协调机制。建立“两代表一委员”定期联系社区制度。群众法治素养和基层社会治理法治化水平显著提升，全社会尊法学法守法用法的浓厚氛围进一步形成。

（二）公共安全得到新保障

公共安全一头连着经济社会发展，一头连着千家万户。党的二十大报告明确指出，“国家安全是民族复兴的根基，社会稳定是国家强盛的前提。必须坚定不移贯彻总体国家安全观，把维护国家安全贯穿党和国家工作各方面全过程，确保国家安全和社会稳定”[①]。山阳县要自觉把维护公共安全放在维护最广大人民根本利益中来认识，放在贯彻落实总体国家安全观中来思考，放在推进国家治理体系和治理能力现代化中来把握，不断增强人民群众安全感，建设更高水平的“平安山阳”。

一是城市安全源头治理防控体系更趋完善。充分发挥党和政府

① 习近平:《高举中国特色社会主义伟大旗帜　为全面建设社会主义现代化国家而团结奋斗：在中国共产党第二十次全国代表大会上的报告（2022 年 10 月 16 日）》，人民出版社 2022 年版，第 58 页。

社会动员能力强的传统优势，建立完善党委和政府主导、单位和社区及社会组织协同、广大群众积极投入的新型社会动员机制。建立以社会参与为核心的多元合作治理机制，既要立足职能部门的职责，又要跳出部门本位立场，以部门工作联动为重点，形成信息互通、资源共享、优势互补、协同执法、合力治理的工作格局，将各部门职能进行无缝隙衔接，形成城市安全科学高效源头治理的机制。

二是安全事件防范管理更趋成熟。要深入贯彻落实源头治理的战略思想，将工作重心放在防范与管理上。积极排查化解涉及弱势群体的各种社会矛盾纠纷和不稳定因素；教育和引导社会公众理性面对、正确解决问题；加强居委会、社区服务组织等社会机构建设，充分发挥其在调解家庭成员矛盾、化解邻里纠纷、消除社区安全隐患等方面的作用；避免因小矛盾、小问题无法得到妥善解决而不断激化，进而成为危及公共安全的刑事案件；加强对特殊人群的心理疏导和应急心理干预，帮助陷入困境的社会成员重塑生活信心，走出心理困境，避免因绝望走上报复社会的犯罪道路。

三是深入开展研判预警。在党委、政府统一领导下，建立健全基于警情常量分析的分级预警、治安警戒线等常态化管理制度，针对劳资纠纷、征地拆迁等重点领域及重点问题、重点对象，进行全面、彻底、细致滚动排查，努力获取预警性信息，全面收集、掌握不稳定因素，实现对危害公共安全事件的有效预警；对已发生的纠纷或排查出的隐患列出清单，以台账、统计表、信息、阶段性的情况分析报告等形式，向党政部门汇报；加强对矛盾纠纷情况的综合研究，定期召开矛盾纠纷排查联络员会议，加强已出现矛盾纠纷的研究分析并预测可能出现的情况，早作预防；坚持滚动排查各类治安高危人口，积极探索积分预警、风险评估和动态管控措施，加强日常管控，逐人落实管控措施，严防个别极端事件发生。

四是重点公共场所安全得到切实保障。重点公共场所的安全是城市安全管理工作的核心，要着力提升重点目标和场所的防范能力，建立全覆盖的社会面治安管控体系。加大对中小学校、幼儿园、养老院、青少年活动中心以及医院等重点场所的安全保卫，以及对车站、码头、机场、地铁、广场等人员密集场所的巡防安检。在强化专业力量公共场所反恐防暴的同时，要调动基层组织、社会力量联合协同防范。积极开展群防群治工作，组织城管、清洁工等队伍，组建壮大志愿者队伍，利用政府和社会力量相结合的方式，组建一张强大的全面监督防范公共安全问题的防护网，并强化防护器材配备，加强培训，提高防范技能。

五是帮扶弱势群体机制更趋健全。建立健全心理干预机制，积极开展心理疏导。实施心理矫正，有效预防违法犯罪和个人极端事件发生，特别是对辍学、无业、流浪乞讨、服刑人员未成年子女等青少年群体，要落实教育关怀管理措施，加强对失范失足青少年的教育挽救，构建青少年违法犯罪预防教育和改造体系；对精神疾患人员、吸毒人员等重点人群有针对性地落实教育管理措施，加强服务救助；逐步建立犯罪被害人补偿制度，完善社会援助机制，促进被害人的心理恢复与正常生活回归；加大对无业、失业、刑满释放、重病、染毒、艾患等弱势群体的职业培训力度，解决就业难、生活困难等实际问题；探索建立弱势群体危困专项救济救助基金，对家庭经济条件窘迫、生活困难，身处危难，置身矛盾纠纷可能引发其他不稳定事端的弱势群体，给予必要救济补助；稳步开展精神病人管控工作，减少、杜绝因精神病人肇事肇祸引发的刑案。

六是治安重点区域管理进一步完善。进一步完善滚动排查、挂牌整治、督查督办、明察暗访等工作机制，着力解决一些区域和行业突出治安问题和安全隐患。开展辖区治安复杂区域和治安突出问题的专项整治工作，净化治安环境；集中清理整治治安高危人口易于落脚的工地、窝棚、烂尾楼等地点，加强车站、码头、集贸市场等场所以及搬运、收旧、营运、娱乐服务等行业的治安管理；对安全隐患突出、消防问题严重、违法犯罪高发的区域，要定期进行排查，及时开展专项整治；对食品安全、制假售假、非法传销、网吧、娱乐场所等进行滚动式日常巡查，推行网格化、精细化管理，消除安全隐患；在重点时段要加大对车站、码头、文化广场、城郊接合部内街小巷等重点部位，以及酒吧、KTV 等重点场所的巡逻和防控力度，提高见警率和管事率，增强巡防震慑效应。

七是维稳工作主动性进一步增强。注重与群众的沟通交流，定期与居民业主代表开会，收集群众意见，并向广大居民通报社区治安情况，解释相关政策，化解群众疑虑，积极解决群众关心的热点问题；畅通群众诉求渠道，搭建沟通平台，认真收集整理和分析研判人民群众反映强烈的难点问题；深入开展社会治安排查整治工作，及时掌握影响社会治安形势的问题和隐患，认真汇总梳理和登记造册，切实做到底数清、情况明，早发现、早控制、早解决；抓好劳动监察日常巡视检查、群众举报专查、专项执法检查工作，排查争议隐患，重点监察劳资纠纷多发的建筑、饮食和劳动密集型企业，根据其违法违规程度的不同，分别实施教育、口头警告、责令限期整改等措施，敦促企业依法用工，减少违法成本；加强劳动纠纷应急处理能力建设，加强劳动保障监察网络化应急服务平台建设，强化值班制度，加强预警预测、信息处理与监控，关注企业的工资发放和生产、生活环境，及时发现各种矛盾纠纷苗头和不稳定因素，做到早发现、早报告、早控制、早解决，一旦发生企业因增加待遇等诉求停工事件的，主动介入协调，全力疏导矛盾，避免事态扩大。

八是危险品和违禁品管理进一步加强。健全危险品和违禁品的立法及管理工作机制，加强对易燃、易爆、剧毒等危险品以及枪支弹药、管制刀具等违禁品管理，建立权责清晰的危险品安全监控制度；增加对危险品仓库建设的投入；对于易燃易爆物品及其他具有危险性的普通物品，严格实行实名购买登记制度；严格落实买卖、生产、运输、储存、使用等各环节的审批备案制度，并定期开展隐患排查。

（三）基层治理实现新发展

基层治理是国家治理的基石，统筹推进乡镇和城乡社区治理，是实现国家治理体系和治理能力现代化的基础工程。新征程上，山阳县要学习贯彻习近平总书记对基层治理作出的系列重要指示批示，以及提出的系列新理念新思想新要求，切实提升基层治理，实现基层治理新发展。

一是社会治理体系进一步完善。落实党的全面领导制度，构建党委领导、政府负责、民主协商、社会协同、公众参与、法治保障、科技支撑的社会治理格局，健全居民自治治理机制，完善基层民主协商制度，提升基层组织力，建设职责明晰、统分结合、简约高效、共建共治共享的基层社会治理共同体。积极发挥群团组织和社会组织在社会治理中的作用，畅通和规范市场主体、新社会阶层、社会工作者和志愿者等参与社会治理的途径，完善党组织领导的政治、自治、法治、德治、智治相结合的城乡基层治理新体系。

二是基层社会治理现代化加快推进。全域实施网格化管理和服务，推行“镇街吹哨、部门报到”等经验做法，以基层组织建设为引领，推进县、镇、村综治中心规范化建设、实体化运行，推动服务管理入“网”、服务管理责任到“格”，实现“网格化＋信息化”全覆盖。推动社会治理和服务重心向村下移，资源、服务、管理向社区延伸，构建简约高效的基层治理体制，推动镇把工作重心转移到社会治理和公共服务上来，减轻基层特别是村级组织负担。发挥科技支撑作用，加强城乡社区工作者队伍建设，激发社会组织活力，提升社会治理现代化水平。

三是基层组织建设进一步加强。优化镇办区划设置和村级建制，优化街道管理体制，健全村治理体系，落实“四议两公开”制度，建立健全村党组织主导的议事决策机制，推行村级“小微权力”清单制度，健全基层群众自治机制，不断提高基层群众自治能力。探索建立社区工作与物业管理融合发展机制，提高社区治理效能。加强城乡社区治理基础设施和社区服务供给体系建设，完善便民利民服务网络。加强基层社会治理队伍建设，强化城乡社区工作者、网格管理员职业保障，探索创新心理健康、专业社会工作等领域专门人才培养选用机制。

四是基层安全稳定进一步保障。坚持和发展新时代“枫桥经验”，发挥公证、人民调解、法律顾问、特邀调解等制度机制作用，强化社会治理法律风险预警防范，在市县法治工作布局和力量调配上更多向引导和疏导端用力。依法建立健全基层调解组织网络，整合社区工作者、网格员、群防群治力量，发挥人民调解在化解基层矛盾纠纷中的主渠道作用，深化矛盾纠纷排查预警工作，主动开展心理疏导和干预。强化诉源治理，把非诉讼纠纷解决机制挺在前面，加快推进人民法院调解平台进乡村、进社区、进网格，推动将民事、行政案件万人起诉率纳入地方平安建设工作考核，依靠基层、发动群众实现矛盾纠纷就地发现，就地调处，就地化解。做好和解、调解、信访、仲裁、行政裁决、行政复议、诉讼有机衔接的多元纠纷化解工作。依法严厉打击危及社会公共安全和扰乱市场秩序的违法犯罪行为，常态化开展扫黑除恶斗争。依法加强基层禁毒工作。加强网络综合治理，网上网下一体排查调解矛盾纠纷，防范化解打击网络犯罪，营造清朗网络空间。

四、“和美”山阳县生机盎然

习近平总书记指出：“今后 5 年是美丽中国建设的重要时期，要深入贯彻新时代中国特色社会主义生态文明思想，坚持以人民为中心，牢固树立和践行绿水青山就是金山银山的理念，把建设美丽中国摆在强国建设、民族复兴的突出位置，推动城乡人居环境明显改善、美丽中国建设取得显著成效，以高品质生态环境支撑高质量发展。”[①] 中国式现代化是人与自然和谐共生的现代化，山阳县要时刻牢记习近平总书记殷殷嘱托，坚持节约优先、保护优先、自然恢复为主的方针，不断推动秦岭生态环境质量持续好转，全面推进美丽山阳建设。

（一）生态文明体制更趋健全

围绕创建国家生态文明建设示范县的工作任务，以提供更多优质生态产品满足人民日益增长的优美生态环境需要为主线，健全生态文明体制机制，为打通“绿水青山”与“金山银山”双向转化通道提供坚实保障。

一是创建国家生态文明建设示范县。坚持“生态立县”战略不动摇，遵循创新、协调、绿色、开放、共享新发展理念，围绕生态空间、生态经济、生态环境、生态生活、生态制度、生态文化等核心指标，统筹完成优化国土空间开发格局、全面促进资源节约、加大自然生态系统和环境保护力度、加强生态文明制度建设等重点任务，以促进形成绿色发展方式和绿色生活方式、改善生态环境质量为导向，扎实开展国家生态文明建设示范县创建工作。

二是生态文明制度体系更加完善。加快出台耕地保护、土地节

① 习近平：《以美丽中国建设全面推进人与自然和谐共生的现代化》，《求是》2014 年第 1 期。

约集约利用等生态文明建设相关文件、规定和制度，建立管用实用的生态文明制度体系，以制度建设促进生态文明建设。探索落实生态产品产权体系，加强碳排放权、排污权交易等生态产品落地。完善市场化、多元化生态补偿机制，用好国家南水北调水源地支持政策，加大水源涵养地、森林等生态补偿力度。积极探索政府主导、企业和社会各界参与、市场化运作、可持续发展的生态产品价值实现路径，积极打造生态产品价值实现机制样板示范。

三是生态文明长效机制更加健全。强化各级领导干部生态文明建设责任制，巩固山水林田湖系统化、网格化管理机制，加大资源节约、环境保护、生态效益指标在经济社会发展评价中的权重。建立和完善生态文明绩效评价与考核制度，将生态创建工作纳入镇办、部门年度综合考评。加强对制度执行的监督，把监督检查、目标考核、责任追究等有机结合，加强各种监督的联调联动，不断增强监督合力，确保生态环境保护每一项制度落到实处。

（二）污染防治效能大幅提高

聚焦生态环保重点领域，持续推进大气、水、土壤等环境治理，提升环境保护信息化、智能化、精细化水平，营造绿水、蓝天、青山、净土的优美生态环境，全面提升县域生态环境质量，持续厚植生态优势，释放生态潜力。

一是大气污染防治成效显著。优化调整产业、能源、运输、用地等四大结构，削减大气污染物排放总量。健全大气污染联防联控联席会议制度，完善大气污染督察、督办、通报机制。编制大气污染源清单，重点排查企业挥发性有机物监测，开展大气环境质量监测及分析研判。继续对“散乱污”企业开展排查，实现清单式管理，持续推进工业污染源全面达标排放，有序推动工业项目“退城入园”。强化扬尘、煤烟、餐饮油烟等面源污染治理，加大燃气锅炉改造力度，提高城市清洁能源比例和能源利用效率。加大高排放老旧机动车的淘汰力度，持续增加节能型和新能源汽车使用比例。完善大气污染防控预警平台系统功能和网格化管理制度，强化智慧化和精细化管理。在“十四五”期间，PM2.5 浓度等空气质量指标保持在全市排名位居前列。

二是水体管控成效显著。坚决落实“水十条”“河长制”，完善水污染防治工作机制，实施水污染防治专项行动计划。抓好重点流域水污染防治，加快推进全域垃圾污水处理 PPP 项目，加快污水收集处理和再生水利用设施建设。加快工业污染源废水治理，推进工业聚集区排污企业在线监测、污水集中处理设施及配套管网建设，规范治污设施建设和运行监管，提高中水回用率。推进排污口专项整治，建立问题清单，实现规模以上入河排污口监测全覆盖。加快农村地区小微水体整治，治理畜禽养殖场粪污。履行好南水北调中线工程水源地保护责任，强化河流水系整治和水源地保护，加强集中式饮用水水源地环境问题整治，持续开展地表水断面水质监测。在“十四五”期间，确保银花河、谢家河、金钱河三大河流出境断面水质稳定达到国家Ⅱ类标准，全县集中式饮用水源地水质达标率100%。

三是土壤污染防治成效显著。全面落实土壤污染防治行动计划，制定土壤污染防治工作分解任务清单，健全土壤污染防治考核和评估工作机制。加强工业固体废物综合整治，推进医疗废物集中无害化处置，严厉打击固体（危险）废物非法转移和倾倒行为。建立城乡生活垃圾分类制度，实施全域生活垃圾分类处置，推进生活垃圾减量化、资源化、无害化进程。加强历史遗留矿山污染治理、有色金属工业污染治理和生态修复，实施污染防治、土壤修复、污染土地综合治理措施。严格建设用地准入管理，落实土壤调查评估制度，建立被污染土壤风险管控名录，对土壤环境重点监管企业开展监督性监测，建立污染地块名录及开发利用负面清单，强化治理与修复项目过程监管。统筹开展农村面源污染治理工作，推广使用无害化农膜、农药，建设减肥、减药、增效示范田，发展绿色高效农业。健全土壤管理信息沟通机制，实现土壤污染防治联动监管，推动大气、水、土壤污染协同监控、预测预警和协同治理，探索水、气、土综合治理技术模式。

四是绿色生态屏障卓有成效。严格落实生态保护红线，强化自然保护地管理，持续推进天然林保护、退耕还林等工程，加大低产低效林改造、改配力度，切实加强森林资源保护。全面加快重点区域绿化和困难立地条件下造林，不断强化森林培育措施，不间断加强公益生态林带建设，大幅提升全县森林覆盖率。以外围大环境绿化为依托，全力保护自然地貌、植被、水系、山体等生态环境，加强对镇村周边、农户庭院、道路两侧直观坡面、水系两岸等区域绿化，着力抓好高速出口附近、翠屏山公园、高速沿线等重点区域造林绿化，积极推进社区公园、街心公园、口袋公园等建设和改造，加强滨水生态廊道、城市绿道体系建设。大力开展义务植树活动，增强全民增绿、护绿、爱绿的共同意识。

（三）自然生态质量趋优向好

时刻牢记习近平总书记殷殷嘱托，统筹山水林田湖草系统治理，持之以恒筑牢国家生态安全屏障，推动生态保护系统化、环境治理精细化、生产方式绿色化，确保秦岭的美景永驻、青山常在、绿水长流。

一是森林生态系统建设得以强化。严格落实“林长制”，扎实开展国土绿化行动，加强“两岸三线四区”重点区域增绿工作，实施人工造林、退耕还林、封山育林、森林抚育等措施，确保秦岭天然林得到全面有效保护。不断提高造林成活率和保存率，营造工业原料林、珍稀树种和大径材等优质高效多功能森林，逐步建设国家储备林。扎实推进乡村绿化美化行动，创新义务植树尽责形式。加强森林防灭火监测预警、应急、扑救、指挥、保障体系建设。

二是水土流失治理和重要湿地修复成效显著。坚持预防为主、保护优先、综合治理，依法划定并公告水土流失重点预防区和重点治理区，严格控制生产建设活动。以封育保护和自然恢复为主，实施水土流失综合防治工程，在水土流失重点治理区开展以小流域为单元的山水田林路村综合治理，加强坡面、河沟道及村庄等重点治理区的水土流失防治。建立健全水土流失预防监督体系和水土流失监测网络。加强对重要湿地的保护，对自然湿地和具有重要生态价值的人工湿地实行优先保护与修复，对生态地位重要或遭受严重破坏的自然湿地实施抢救性保护，逐步改善湿地生态状况。依法依规完成秦岭区域小水电专项整治。

三是生物多样性得到有效保护。实施生物多样性保护重大工程，推进生物物种与遗传资源保护和管理，加强生物安全监管，有效保护秦岭生态系统多样性、物种多样性、遗传基因多样性，切实维护生态平衡。加强珍稀野生动植物监测和应急救援工作，建立以国家公园、自然保护区、自然公园、野生动物栖息地为重点的自然保护地体系，重点对林麝等珍稀野生动植物实施抢救保护。恢复野生动物栖息地和遗传交流廊道，保障和强化野生动植物生存空间。严禁乱采乱挖、乱砍滥伐、乱捕乱猎，严厉打击整治破坏野生动植物资源的违法犯罪行为。探索建立野生动植物保护研究会，积极开展珍稀濒危野生动物驯养、植物繁育和研究工作。

四是矿山治理修复成效显著。禁止在秦岭核心保护区、重点保护区勘探、开发矿产资源和开山采石，已取得矿业权的企业和现有采石企业由县级以上人民政府依法组织限期退出。在秦岭一般保护区新建、扩建、改建矿产资源开采项目和秦岭主梁以南的一般保护区开山采石，必须符合《陕西省秦岭生态环境保护条例》和省、市秦岭生态环境保护规划及秦岭矿产资源开发专项规划等要求。全面落实矿产资源开发企业主体责任，加快推进重点矿区矿山地质环境恢复治理。新建矿山必须按照“绿色矿山”标准进行建设。

（四）绿色循环发展步伐加快

以创建国家生态文明建设示范县为契机，大力推进“产业生态化，生态产业化”，加快绿色循环发展，积极探索节能新技术，推广新能源开发与利用，持续推动低碳经济绿色发展，倡导绿色生活方式，创建资源节约型社会。

一是绿色循环发展持续推进。按照低碳循环经济发展要求，加快推动绿色产业发展，实现循环产业延链补链。加强山阳高新区循环化改造，严把项目落地关，优化调整产业空间布局，构建内部关联度较高的循环经济产业链，全面推进清洁生产，提升园区能源资源利用效能，实现低消耗、低排放、高效率的循环发展模式。加大尾矿资源综合利用，谋划布局一批尾矿、粉煤灰、建筑垃圾再利用产业，打造全市尾矿资源综合利用示范基地。发展绿色低碳建筑，推进建筑垃圾和装修垃圾分类处置和资源化综合利用，构建线上线下融合的废旧资源回收和循环利用体系。

二是资源集约利用成效显著。落实节约集约利用资源行动计划，推广实行最严格的能源总量管理、耕地保护、水资源管理和保基本、促节约的居民用水、用气等阶梯价格制度。促进工业、交通、建筑、煤炭、燃气、电力等重点行业节能环保化改造，淘汰污染严重企业和落后产能、工艺、设备与产品。科学推进水能、风能、太阳能、生物质能、地热能等清洁能源综合利用。建立能源耗用和碳排放数据监控平台，加强重点耗能行业和单位监察力度，强化企业无组织排放管控及治理，大幅减少生产和流通过程中的能源资源消耗和污染物排放。对标国际先进水平，提升重点产品资源产出率和能效水平。严格控制产能过剩和高耗能行业新建项目，提高事前事中事后的综合监管服务效能。

三是绿色生活方式普遍践行。践行绿色发展理念，通过宣传教育、制度约束与激励等方式，在全社会形成绿色消费文化和绿色生活方式。鼓励绿色生产、消费、居住、出行，积极开展节约型机关、绿色社区、绿色学校、绿色建筑、绿色矿山以及垃圾分类管理示范单位创建活动。推广环保认证产品，推进新版“限塑令”，落实公交优先战略，创新垃圾分类管理，引领生活方式向绿色化转变。加强绿色生活信息发布，为公众践行绿色生活提供必要的服务。创新开展全民生态文明宣传教育活动，发挥民间环保组织作用，鼓励志愿者行动，形成环境保护全民参与的浓厚氛围。

五、“幸福”山阳润泽民生

让人民生活幸福是中国共产党人心中的“国之大者”。党的十八大以来，以习近平同志为核心的党中央坚持把教育作为国之大计、党之大计，作出加快教育现代化、建设教育强国的重大决策，推动新时代教育事业取得历史性成就、发生格局性变化。新征程上，山阳县要坚持以人民为中心的发展理念，把实现好、维护好、发展好最广大人民根本利益作为发展的出发点和落脚点，实现更高质量就业，推进教育现代化建设，完善健康医疗服务体系，提升公共文化服务水平，健全多层次社会保障体系，促进民生福祉新跨越。

（一）就业创业扶持力度前所未有

就业是最基本的民生。党的二十大报告提出“促进高质量充分就业”的目标要求，这是党中央牢牢把握我国发展的阶段性特征对就业工作作出的重大战略部署。山阳县要深刻认识促进高质量充分就业在推进中国式现代化进程中的重大意义，持续加大就业创业扶持力度。

一是政策支撑体系更趋完善。全面落实就业创业扶持政策，加大援企稳岗力度，落实“免减缓返补”政策，用好中小企业发展基金、中小微企业融资担保风险补偿资金，统筹用好就业补助资金和工业企业结构调整专项奖补资金，完善创业支持政策体系，鼓励和引导大众创业，深入推进返乡创业试点工作，支持中小企业“双创”示范基地先行先试。加快构建“政府补贴 + 企业自主 + 市场化”的劳动者职业技能培训体系，整合县内培训资源，提高劳动者职业技能、转移就业能力，做优山阳劳务品牌。

二是就业公共服务做优做实。稳步发展劳动密集型产业，积极发展现代服务业，拓宽就业空间。加快推进实名制动态就业服务系统应用，规范城乡统一的人力资源市场和公共就业服务机构建设，完善县、镇、社区三级就业供需对接平台。健全常态化就业供需对接协调机制，长期开展“送岗位、送信息”服务，组织开展春风行动、民营企业招聘周等“10+N”公共就业服务专项行动，开展线上招聘、直播招聘、下沉招聘，完善对外输出、企业吸纳、产业镶嵌、能人带动、公岗安置等工作，提供高质量就业公共服务。

三是重点群体就业帮扶卓有成效。完善重点群体就业支持体系，加强就业指导、服务和援助，统筹做好高校毕业生、退伍军人、农民工、就业困难人员等重点群体就业工作，开展岗前培训、转岗转业培训、技能提升培训等技能提升活动，不断提升职工岗位技能水平。积极开展省市青年就业见习基地、创业示范基地创建，建设青年创业孵化基地，为青年创业就业搭建更多平台。制定退役军人优先岗位目录，完善退役军人创业优惠政策。利用公益岗位对就业困难人员做好托底安置，加强对残疾人、失业人员、零就业家庭等困难群体就业援助和帮扶，确保零就业家庭动态清零。

（二）提升教育教学质量成果丰硕

习近平总书记指出："以教育之力厚植人民幸福之本，以教育之强夯实国家富强之基，为全面推进中华民族伟大复兴提供有力支撑。"① 山阳县要深入领会和把握这一重要论述，对于全面贯彻党的教育方针，坚持以人民为中心发展教育，办好人民满意的教育。

一是基础教育优质均衡发展。以创建国家义务教育优质均衡发展县为抓手，优化城乡校点布局，加快推进城区第一初级中学迁建、农村薄弱学校改造等校建工程，持续增加学位供给。全面完成省级标准化普通高中创建，实现高中教育优质化、多样化、特色化发展。加强镇级寄宿制学校建设，打造"乡村温馨校园"。持续推进学前教育普及普惠安全优质发展，加大公办幼儿园建设力度，积

① 《加快建设教育强国　为中华民族伟大复兴提供有力支撑》，《人民日报》2023 年 5 月 30 日第 1 版。

极扶持普惠性民办幼儿园发展，推进义务教育城乡一体化发展。深入落实特殊教育提升计划，保障特殊群体受教育权利，将进城务工人员随迁子女义务教育纳入城镇发展规划。探索落实“名校+”工程，积极融入市域教育协同发展机制。

二是职业教育创新融合发展。实施中高职培养、培训“双轮驱动”战略，加大职业教育投入，完善德技并修、工学结合的育人机制，落实普通高中和中等职业学校招生规模大体相当要求。按照中高职贯通人才培养要求和市场需求，打造国家级示范重点专业至少1个、省级示范重点专业至少4个。推进校企、校校深度合作，推行现代学徒制和“1+X”证书制度，建成国家级实训基地至少3个，提升职业教育适应性和社会服务能力。在“十四五”期间，县职教中心创建为陕西省高水平示范性中等职业学校。

三是教师队伍素质显著提升。坚持把师德师风作为评价教师素质的第一标准，深入实施全员素质提升和骨干带动工程，加强校长、教师、班主任、教育科研人员和教育行政干部“五支队伍”建设，推进“三级三类”骨干教师培养计划，提升教师教书育人能力素质。健全教师职称、岗位和考核评价制度，加大教职工统筹配置调整力度，加快补充紧缺、薄弱学科教师。积极改善教师工作、生活条件，确保义务教育教师平均工资收入水平不低于公务员平均工资收入水平，努力提高教师政治、社会和职业地位。加强师德师风建设，强化培训培养，努力建设一支师德高尚、业务精湛、结构合理、数量充足、充满活力的高素质专业化教师队伍。

四是教育改革创新迈出更大步伐。落实立德树人根本任务，重视青少年身体素质和心理健康教育，健全学校、家庭、社会协同育人机制，开展形式多样的特色校园文化活动和少先队活动，促进学生全面发展。建立专兼结合的教研队伍，深入落实义务教育教师“县管校聘”改革。实施《教育信息化2.0行动计划》，推进教育与信息技术深度融合，建成符合县域实际的“互联网+教育”大平台。支持和规范民办教育发展，规范校外培训机构。持续推进学校安全管理标准化创建，开展师生法治安全教育和安全主题演练，全面提升师生安全防范能力和自护自救水平，坚决守住安全底线。

（三）健康医疗服务体系更趋完善

健康医疗服务保障着人民健康和生命安全，关乎国家安全、经济发展、社会文明、人类福祉。山阳县要持续完善健康医疗服务体系，不断提升健康医疗服务水平。

一是医疗卫生保障体系建设成效显著。严格落实县域“提能力”、基层“筑网底”要求，优化区域医疗资源配置，构建县镇村一体化的医疗卫生服务体系。加强中医类别专科建设，推广中医药适宜技术，持续提升中医药服务能力，巩固全国中医药示范县创建成果。实行医疗机构镇村一体化管理专项行动，提升基层医疗卫生综合服务能力，进一步提升社区卫生服务站（村卫生室）基层医疗服务能力。

二是健康服务能力持续提升。深化医药卫生体制改革，完善分级诊疗制度，落实《“健康商洛2030”行动计划》，推进紧密型县域医共体建设，在“十四五”期间，建立2个紧密型县域医共体。完善健康优先的政策体系，构建以基本医疗保险为主体、大病保险为延伸、医疗救助为托底、商业健康保险为补充的多层次医疗保障体系。完善老年健康服务体系，加强康复、老年病、长期护理等接续性医疗机构建设。落实慢性病综合防控措施，建立健全慢病综合防控机制，完成省级慢性病综合防控示范区创建工作，创新四高共管八病同防慢病医防融合三色管理模式，提高慢性病患者和高危人群健康服务水平。建成职业病健康体检中心。持续优化“数字健康一张网”系统功能，大力推进“互联网+医疗健康”，实现全县就医“一张卡”、一生服务“一张卡”。继续实施“城乡医院对口支援工程”，加强以全科医生为重点的基层医疗卫生人才队伍建设，实施农村订单定向大专医学生免费培养三年计划，稳定村医队伍，提高村医水平。深入开展爱国卫生运动，促进城乡居民养成文明健康生活方式。在“十四五”期间，全县居民健康素养水平达到市定19%标准。

三是公共卫生服务体系更加完善。持续完善重大疾病预防控制体系，建立健全重大疫情救治体系。加强疾病预防控制机构基础设施建设，完成县疾控中心PCR实验室标准化升级改造工程。完善突发公共卫生事件监测预警处置机制，建立集中统一高效的应急指挥体系，完善应急物资保障体系、组织指挥体系和突发公共卫生事件监测预警处置机制，提高监测预警和应急响应能力，完成省级应急规范县创建工作。加强综合监督执法体系建设，加快卫生监督队伍专业化建设步伐，加大设施设备投入，推进综合监督法制建设，全面落实综合监督执法责任制，力争列入全省首批综合监督标准化建设单位，在“十四五”期间完成建设任务，率先步入全省综合监督建设先进县行列。

（四）增强社会保障水平彰显成效

社会保障体系是人民生活的安全网和社会运行的稳定器，社会保障体系是否完善已经成为社会文明进步的重要标志之一。党的十八大以来，以习近平同志为核心的党中央把社会保障体系建设摆在更加突出的位置，推动我国社会保障体系建设进入快车道。山阳县要明确中国式现代化对社会保障提出的新的更高要求，持续加大社会保障力度。

一是全民参保计划顺利完成。完善城乡居民基本养老保险、工伤保险、失业保险制度，扩大失业保险覆盖范围。贯彻落实企业职工养老保险基金中央调剂制度，推进机关事业单位养老保险制度全面落实落地。全面落实城乡居民基本养老保险待遇确定和基础养老金正常调整机制。提高社会保险待遇，降低社会保险费率。

二是城乡社会救助体系更加完善。坚持“兜底线、织密网、建机制”基本原则，提升社会救助工作法治化、标准化、规范化和精细化水平。完善城乡低保制度，建立低保标准动态调整机制，推进城乡低保统筹一体化，加强低保与就业救助、扶贫开发等政策衔接。全面高效落实临时救助制度，加强“救急难”工作，建立健全主动发现、部门协同、信息共享、慈善衔接机制，实现应救尽救、托底救助。健全与经济社会发展水平相适应的特困救助供养制度，加强特困人员供养服务机构建设，在“十四五”期间，力争实现生活不能自理特困人员集中供养率达到50%以上。

三是多层次养老服务体系建设成效显著。健全以特困供养、互助养老为主的农村养老服务网络，促进社会力量参与养老服务业发展。积极应对人口老龄化，发展普惠型养老服务和互助性养老，大力推动以完善居家为基础、社区为依托、机构为补充的养老服务体系，鼓励以民间投资、公建民营等多种形式，全面完成“十四五”期间养老服务机构重点项目建设、城市社区养老服务中心新建和农村幸福院改造提升工程。

四是重点群体保障体系更加健全。加快公益慈善等事业发展，持续做好特殊群体关爱保护工作。完善服务体系，加大城乡低保对象、特困人员、残疾人等帮扶救助力度。健全老年人、残疾人关爱服务体系和设施，落实孤儿保障、农村留守儿童、妇女、老年人及困境儿童的关爱保障政策，实现全方位保障权益。全面贯彻男女平等基本国策，加强妇女技能培训，提高妇女综合素质，完善儿童早期发展服务，保障妇女儿童合法权益。健全退役军人工作体系和保障制度，统筹做好优待褒扬、权益维护、服务管理等工作。

（五）城乡居民收入水平稳步提升

共同富裕是中国特色社会主义的本质要求，中国式现代化是全体人民共同富裕的现代化。推进共同富裕，就要不断增加居民收入。习近平总书记强调：“到‘十四五’末，全体人民共同富裕迈出坚实步伐，居民收入和实际消费水平差距逐步缩小。”[①] 山阳县要贯彻落实习近平总书记重要讲话和党的二十大精神，多措并举增加居民收入，扎实推进全体人民共同富裕

一是城乡居民收入显著提高。制定落实城乡居民收入增长计划，着力提高低收入群体收入，不断扩大中等收入群体规模，确保居民收入增长与经济增长保持同步。常态化开展根治拖欠农民工工资专项行动。健全各类生产要素由市场决定报酬的机制，发展家庭、新个体经济、网商、夜间经济、小店经济等新业态，稳步提高居民经营性收入。探索通过土地、资本等要素使用权、收益权，拓宽农民增收渠道，增加中低收入群体要素收入。拓展城乡居民租金、利息、股息、红利等财产性收入增收渠道。

二是收入分配差距显著缩小。完善再分配机制，加大税收、社保、转移支付等调节力度和精准性，合理调节过高收入，取缔非法收入，保护合法收入，规范隐性收入，努力缩小城乡、区域、行业和社会群体之间收入分配差距。落实好工资水平决定、正常增长、支付保障机制，完善最低工资标准调整机制，适时提高最低工资标准。优化机关事业单位工资收入分配。发挥第三次分配作用，大力发展公益事业和慈善事业，改善收入分配和财产分配格局，让城乡居民获得感、幸福感持续提升。

---

① 《习近平著作选读》第二卷，人民出版社 2023 年版，第 501 页。

（六）文化体育服务功能更趋丰富

在新的“赶考”路上，山阳县深刻认识中国式现代化的丰富内涵，明确中国式现代化是物质文明与精神文明相协调的现代化，将体育强国建设融入中国式现代化的进程，为建设文化强国、体育强国贡献山阳力量。

一是公共文化服务供给显著增强。稳步推进“文化惠民”，实施公共文化设施提升工程，推进农村（社区）文化场馆、基层综合性文化服务中心等场所建设，推动公共文化服务资源整合和联动发展。推进公共文化服务数字化，建设智慧广电媒体、网络，推进“村村通”升级，优化农村数字电影放映、农家书屋等文化惠民服务方式。鼓励社会力量参与农村文化建设，构建城市“10分钟文化圈”、乡村“10里文化圈”。广泛开展“文化进万家”系列活动，打通公共文化服务“最后一公里”。

二是公共文化服务品牌创新丰富。推动优秀文化传承发展，形成具有鲜明特色和社会影响力的山阳公共文化服务项目。实施红色基因传承工程，继承和发扬漫川关、袁家沟等红色文化，打造袁家沟红色教育基地；挖掘开发漫川大调、汉剧等非物质文化遗产，实施优秀传统文化传承发展工程，完成漫川民俗博物馆建设；传承发展农村地区优秀戏曲曲艺、民间文化等民俗文化资源，推动文化保护传承与创造性发展，建设文化强县。

三是体育事业发展日新月异。实施“体育惠民”工程，积极构建全民健身服务体系。加大体育基础设施建设力度，在“十四五”

期间，完成市定建成 2—3 条高标准健身步道和 1—2 个全民健身示范工程任务。鼓励和支持社会力量参与体育产业，推进公共体育设施免费或低收费开放，提高场馆使用效率，提升公共体育服务水平。积极承办协办国省市体育赛事，举办县级各类体育竞赛，加强体育后备人才培养，切实提高竞技体育水平。广泛开展全民健身活动，实现国民体质监测点和村级健身设施全覆盖，全民体质测试合格以上人数占比达到市定 91% 以上标准。

附　录
陕西山阳县发展县域经济促进乡村振兴的典型案例

农业农村现代化是实施乡村振兴战略的总目标。2022 年 12 月 23 日至 24 日，习近平总书记在中央农村工作会议上再次强调，“未来 5 年‘三农’工作要全面推进乡村振兴，到 2035 年基本实现农业现代化，到本世纪中叶建成农业强国”[①]。党的二十大报告指出，坚持农业农村优先发展，巩固拓展脱贫攻坚成果，加快建设农业强国。稳步推进乡村产业人才文化，生态组织各方面共同振兴。2023 年 12 月 20 日，习近平总书记在中央农村工作会议上的讲话中明确指出：“推进中国式现代化，必须坚持不懈夯实农业基础，推进乡村全面振兴。”[②] 山阳县委、县政府紧紧按照乡村振兴战略二十字方针，积极围绕党建引领各方面工作成果，巩固脱贫攻坚成果，实施乡村产业发展、创新，基层社会治理，为民为企办事服务等重点领域扎

① 习近平：《加快建设农业强国　推进农业农村现代化》，《求是》2023 年第 6 期。

② 《中央农村工作会议在京召开　习近平对“三农”工作作出重要指示》，《人民日报》2023 年 12 月 21 日第 1 版。

实开展工作，加快建设彰显山阳县地域特色的宜居宜业和美乡村。

一、丰东新区社区："四个聚力"打造幸福移民社区

为完成脱贫攻坚难关，党中央、国务院作出易地扶贫搬迁的重大战略举措。一方水土养一方人，易地搬迁也是实现贫困群众跨越式发展的一项根本途径，也是中国共产党人打赢脱贫攻坚战的重要途径。易地搬迁工程的持续推进，使越来越多住在偏远山区的群众搬迁到新的环境，更加优美的城镇新社区。居民的居住空间得到了极大改善，改变了以往绝对贫困的状态，但是在搬迁之后也应该清晰地认识到易地搬迁户对于新的生活方式、就业环境以及如何融入新的社会环境等方面发生变化后，他们能否适应的问题。不仅要搬得出，还要留得住，山阳县通过社会保障、社区环境、经济创收这三个方面打造了幸福移民社区。在深入学习贯彻习近平总书记来陕考察重要讲话及指示精神后，山阳县围绕加强易地移民搬迁社区后续扶持提出了一条党建引领易地搬迁社区治理服务的新路径，即致聚力于"抓组织、抓治理、抓服务、抓就业"四个方面。

（一）实事求是，因地制宜制定移民搬迁安置做法

习近平总书记指出："要坚持发展为了人民、发展成果由人民共享，努力在推动高质量发展过程中办好各项民生事业、补齐民生领

域短板。要更加聚焦人民群众普遍关心关注的民生问题。”[①]由当地县乡村振兴局、农业农村局、扶贫开发局共同商定，将就地集中安置工作搞得比较好的乡村，优先列入乡村振兴示范村名单，通过这些典型的案例总结经验，全面推进，将乡村振兴基础设施与生产设施、生活设施、消防设施相结合，进行规划建设，给村民打造良好的生产生活条件。丰东新区社区共4727户18970人，共划分4个片区。由于社区为村改居发展而来，现有居民3320户中的2445户为“十三五”期间易地扶贫搬迁的群众，部分群众文化程度较低，普通话覆盖范围小。目前居民中，中青年人口占大多数，尚未出现人口老龄化问题。

具体问题具体分析，坚持一把钥匙开一把锁。[②]根据当地实际，移民搬迁居民分为两部分：①避灾生态搬迁，指在“十二五”期间的移民搬迁；②易地扶贫搬迁。居民搬迁后，对原有土地复垦，开设集体经济，搬迁群众对于复垦土地有优先承包权，发展后原有家庭人口增加导致住房紧张的可以回原居住地申请建房居住。采用“人盯人+基层社会治理”，对于居民按户划分为101个网格，设立网格员，通过分管网格员摸排搜集、上传下达信息，收集民众意见，及时反映民众诉求，以“传帮带”的形式来促进村民学习、使用普通话。

---

① 《习近平谈治国理政》第四卷，外文出版社2022年版，第60页。

② 参见本报记者杜尚泽《一把钥匙开一把锁》，《人民日报》2023年3月6日第2版。

（二）坚定不移推动地域产业发展，推动经济文化重建协同发展

习近平总书记指出："农业农村现代化是实施乡村振兴战略的总目标，坚持农业农村优先发展是总方针。"[①]产业发展布局摆在乡村振兴的首位，是易地扶贫搬迁安置区发展中最重要的一环，一方面要稳住易地搬迁群众现有的就业岗位，另一方面加大安置区社区的工厂招商引资的力度，吸引外地企业入驻在搬迁区内进行发展为搬迁的群众就业提供更多的岗位。同时，还鼓励山阳县的在外成功人士返乡进行创业，带动当地的搬迁群众就近就业，提高居民的收入水平。同时，采取多种措施，切实提升居民对于迁入地的归属感，利用现代媒体对大众的宣传导向作用和一些媒介平台，利用传媒手段树立起一些公平的理念，使人们从心底上消除对于移民这个事情的隔阂。同时，一些企业可以根据生产需要考虑让移民进场就业承担相应部分的社会责任援助居民也应用包容友好，以及平等的一些心态去对待迁入的移民。在移民搬迁过程中，要倡导移民，积极参与移民相关工作，了解他们内心真正的需求。丰东新区社区聚焦搬迁群众子女教育、医疗保障等生产生活需求，建立健全社区公共服务设施，规划建设 2 个社区卫生室和 2 个文化娱乐广场，配套建设幼儿园和小学，设置学位 2360 个，让搬迁群众上学、就医"零距离"。实实在在帮助解决了工厂上班的家长带孩子难的问题。

---

① 中共中央党史和文献研究院编：《习近平关于"三农"工作论述摘编》，中央文献出版社 2019 年版，第 20—21 页。

（三）聚焦组织建设，筑牢易地搬迁桥头堡

“社会总是在解决矛盾中不断前进的。”[①] 丰东新区社区立足宏祥移民小区搬迁群众居住集中人口规模大服务需求多的实际情况，将组织振兴作为提领工程。健全社区的党支部，居委会等基层组织。设立网格员构建党员联系服务群众的网格，把基层党组织建设成为推动乡村振兴的主心骨。实行街道党工委委员与社区干部结对帮扶制度，开展政策业务培训，提升组织生活的政治性和吸引力。社区建立“一楼一册”台账，实行“一栋一群”管理，建立信息员、宣传员、调解员、监督员等管理服务队伍，实现每个楼栋“有人管”，每户群众“有人帮”，解决搬迁群众后顾之忧，提升生活品质，增强幸福感。坚持党组织领导，各类群团组织、搬迁群众积极参与的安置社区管理体系，深入推进标准化社区管理模式落实落地落细，推进安置社区精细化管理，不断提升为搬迁群众服务的质量和水平，让搬迁群众满意。社区应组织开展文化活动和技能培训，增强群众的参与感和融入感，提升文化素养和个人素质，提高生活的幸福感。

二、打造乡村治理创新区：基层社会治理“365”工作法

习近平总书记在全国公安工作会议上指出：“要坚持打防结合、整体防控，专群结合、群防群治，把‘枫桥经验’坚持好、发

① 习近平：《之江新语》，浙江人民出版社2007年版，第236页。

展好，把党的群众路线坚持好、贯彻好，充分发动群众、组织群众、依靠群众，推进基层社会治理创新，努力建设更高水平的平安中国。”毛泽东同志在中华人民共和国成立初期就指出了关于正确处理人民内部矛盾的问题，正确处理人民内部矛盾对于创新基层社会治理综合能力，优化社会风气具有重要作用。《中共中央 国务院关于实施乡村振兴战略的意见》明确指出，“探索以网格化管理为抓手、以现代信息技术为支撑，实现基层服务和管理精细化精准化”[①]，到2035年，乡村治理体系更加完善。

（一）“365”工作法产生的背景

习近平曾深刻指出：“毛泽东同志在《关于正确处理人民内部矛盾的问题》中提出过一个重要论断：‘用民主方法解决人民内部矛盾。’这一重要论断对于我们今天考察基层民主与社会和谐的关系仍然具有重要的指导意义。”[②]多年以来，山阳县在县、镇办、村（社区）建立三级综治中心，本着坚持问题导向，底线思维能力的出发点，积极在工作中发现问题，研究问题，解决问题，从社会治理出发，从群众需求着眼，树立起良好的人民情怀，本着对“不上前就要兜底”的清醒认识。主动在群众中开展矛盾纠纷排查，积极化解群众之间的矛盾和问题，对于矛盾纠纷风险隐患建立健全风险评估机制，协同职能部门做好源头管理。“365”意指一年365

① 《中共中央 国务院关于实施乡村振兴战略的意见》，《人民日报》2018年2月5日第1版。

② 习近平：《之江新语》，浙江人民出版社2007年版，第236页。

天内，天天为人民群众服务。推进“问题联治、矛盾联调”，确保“矛盾不上交”。山阳县被授予2021年度全省平安县称号，评为2021年度全市平安建设和维护稳定工作考核优秀县。

（二）“365”工作法的载体及运行机制

党的二十大报告就强调，要坚持和发展新时代的“枫桥经验”，完善正确处理人民内部矛盾的机制体制，“及时把矛盾纠纷化解在基层、化解在萌芽状态”[①]。根据统筹发展和安全的出发点，山阳县在县级各部门单位实行常态化落实风险防范化解制度。主要通过搭建信息研判预警平台，构筑覆盖权限的信息网络，开展平安稳定信息研判25次。调处矛盾纠纷407件，化解重点信访事项58个。强化分析和研判。县级各部门，各镇办确定每周四为“研事日”，主要是对排查矛盾纠纷分类归档，深度分析，查找根源，及时制定预防化解实施方案，各负其责，各级负责上下联动的矛盾纠纷分析研判格局。在村（社区）层面推进“居民说事”制度。创新源头治理方式方法，运用说、理、商、办、查、评“六步工作法”搭建平台化解基层矛盾，实现小事不出村，大事不出镇，矛盾不上交，先后召开议事会730场，面对面及时解决涉及群众切身利益问题556件；坚持因地制宜，实行网格化管理制度，构建以片区（网格）为单元，以片长（网格员）为基础，以群众为主体，以大数据平台为

① 习近平：《高举中国特色社会主义伟大旗帜　为全面建设社会主义现代化国家而团结奋斗：在中国共产党第二十次全国代表大会上的报告（2022年10月16日）》，人民出版社2022年版，第54页。

支撑的网格化管理体系。全面提升基层社会治理全域化，智能化，精细化水平。

“365”工作法的核心内容是指，一是围绕“三不”目标，织密基层治理网络。围绕基层社会治理体制现代化要求，聚焦“矛盾不上交、平安不出事、服务不缺位”“三不”目标，着力构建党委领导、政府负责、民主协商、社会协同、公众参与、法治保障、科技支撑的基层治理体系。二是落实“六项”制度，夯实基层治理根基。围绕基层社会治理布局现代化要求，在全县建立风险防范、平安稳定信息研判“3+N”、逢四研事、遇事解事、居民说事、网格化管理六项制度，织密织牢县、镇（街道）、村（社区）、组、片（网格）五级治理网络。三是坚持“五治”融合，提升基层治理效能。围绕基层社会治理方式现代化要求，坚持政治引领聚合力、法治保障提水平、德治教化树风尚、自治强基促和谐、智治支撑提效能“五治”有机融合，凝聚党的领导、民主管理、依法办事治理活力。

（三）“365”工作法取得的成效

2020年12月，习近平总书记在中央农村工作会议上指出：“要用好现代信息技术，创新乡村治理方式，提高乡村善治水平。”[1]2021年，山阳县荣获“全国‘七五’普法先进单位”称号，十里铺司法所荣获“全国模范司法所”称号。高一社区荣获“全国

① 习近平：《坚持把解决好“三农”问题作为全党工作重中之重　举全党全社会之力推动乡村振兴》，《求是》2022年第7期。

民主法治示范社区”称号。在全县244个村（社区）设立新时代文明实践站，大力开展道德模范建议，勇为好人好事评选活动，扎实开展移风易俗“1423”专项行动，弘扬社会正能量，树立新时代社会风尚。厚植基层社会治理的道德底蕴，高质量完成村民委员会，村务监督委员会，村民小组长等换届工作，同步健全红白理事会，互助合作社等其他社会组织，充分发挥群众在基层社会治理中的主体作用。引导规范村规民约等村民自治制度，推动民事民议，民事民办，民事民管。将大数据融入基层治理各个方面，加快推进5G建设光纤入户数字化进程，持续提高“雪亮工程”平安乡村视频探头覆盖面，实现线下网格化管理，线上信息化支撑的管理体系。

（四）创新基层社会组织治理新模式

习近平总书记指出，要“更加重视运用人工智能、互联网、大数据等现代信息技术手段提升治理能力和治理现代化水平”[①]，一是矛盾纠纷排查化解，全面摸排群众间的矛盾纠纷小事，及时化解大事，联合司法行政部门法律顾问介入处置，促进社会文明和谐。二是信访案件集中处置，实行专业人员包案化解，依法解决群众合理需求，最大限度地把信访案件化解在萌芽和当地，维护社会秩序稳定。三是民意民情收集办理，定期做好入户走访，听取民情民意，做好党工委与人民群众的连心桥，尽最大努力解民忧、纾民怨、暖民心，营造民主自治氛围。四是群众思想政治教育引导广泛宣传党

① 《关于〈中共中央关于坚持和完善中国特色社会主义制度推进国家治理体系和治理能力现代化若干重大问题的决定〉的说明》,《人民日报》2019年11月6日第1版。

的路线方针政策，法规文化知识，加强正能量的宣传推广，及时发现和制止各种不文明的行为，共建共享文明新风。

社会治理现代化建设的过程中不仅体现在敢突破、善创新上，更体现在可复制性和可推广性上。山阳县创新升级“365”工作法，为其他基层组织治理提供了可执行的行动指南。接下来，山阳县将不断完善规程内涵，特别是推动工作内容项目化，服务规范化，程序标准化，不断提高规程应用的实践性、实效性和指导性，使基层社会治理体系更加完善，治理能力更加显著增强，服务功能有效强化，居民生活品质明显提高，进一步推进基层社会治理体系和治理能力现代化，成为展示商洛市基层社会治理“重要窗口”的最亮丽的景观。

三、两岭镇：因地制宜兴产业，显露振兴新气象

2018 年 4 月，习近平在湖北考察时强调，“乡村振兴不是坐享其成，等不来、也送不来，要靠广大农民奋斗”；“把政府主导和农民主体有机统一起来，充分尊重农民意愿，激发农民内在活力，教育引导广大农民用自己的辛勤劳动实现乡村振兴”。[①] 山阳县两岭镇位于秦岭山脉流岭流域，属于乡村振兴重点帮扶村。近年来，两岭镇为了组织统筹产业振兴，成立了乡村振兴战略领导小组；组织编制、印发、出台了大量指导性文件……让基层党组织引领产业发

① 《坚持新发展理念打好“三大攻坚战” 奋力谱写新时代湖北发展新篇章》，《人民日报》2018 年 4 月 29 日第 1 版。

展，让党员冲在产业一线、群众富在产业链上。

坚持产业兴旺是乡村振兴的重要基础，该镇以农业农村资源为依托，坚持因地制宜、突出特色的原则，立足发展实际情况，加快培育中药材、食用菌等全产业链产业，做优做强茶叶、中蜂、旅游等“X”产业，农业产业发展“4+X”发展模式初步形成，为了解决产业繁杂无聚焦、贫困户发展困难、经济模式单一固定等问题，两岭站加快产业升级转型，积极调整产业结构，发展香菇天麻种植等主导产业、鼓励企业联农带农、创新发展庭院经济，以产业发展带动振兴“活”起来。

（一）香菇产业激活振兴新动能

1. 释放产业聚集效应

近年来，两岭镇结合镇情实际，以产业结构调整为主线，以增加农民收入为目标，始终坚持把发展香菇产业作为强村富民的主导产业之一来抓，把小小的香菇袋子变成当地农民发家致富的钱袋子。以陕西豫西云伟农业发展有限公司为依托，提供产销服务，把大棚免费出租，将菌袋借给贫困户，全程提供技术指导服务，贫困户自主经营。使香菇产业规模由小到大，种菇农户由少到多。

针对产业园区企业发展中的“急难愁盼”“短板弱项”，联合产业园与各村成立联合党支部，出台《两岭镇优化营商环境行动方案》，推出“一站式”服务平台，为企业营造更舒畅、更健康的发展环境。

2. 产业链激活发展新动能

近年来，两岭镇坚持“产业延伸到哪里、党组织就建到哪里”，在专业合作社、产业基地等建立产业链党小组 12 个，划分党员责任区，健全产业发展责任链。将资源聚在“产业链”上，促进提升产业化、规模化、标准化、品牌化水平，解决了农户单家独户干、市场风险高等问题。

两岭镇去年整合产业发展资金 680 万元，扶持发展特色产业，已发展连翘、天麻等中药材种植 1.9 万亩，中蜂养殖 2200 箱，散养鸡 2 万羽，发展香菇、吊袋黑木耳等食用菌 200 万袋。同时，还成立了 8 个就业服务保障工作站，对外搜集工作岗位建立“两岭镇就业信息群”，对内分片包抓开展就业技能和创业培训 1.1 万人次，组织动员农村劳动力转移就业 0.76 万人。

3. 先锋户带动打通村民增收路

近年来，两岭镇建立科技人员直接到户、良种良法直接到田、技术要领直接到人服务模式，组建 2 支农业技术服务小分队，建立乡土人才库 80 余名，开展“点对点”“结对子”活动，帮助破解各类生产难题 3000 余个；组织种植养殖大户、致富能手、土专家等资源，开展农民技术培训 2 万余人次，200 余名致富带头人带动群众发展多形式产业增加收入。

经过几年发展，两岭镇的天麻种植面积已达到 800 亩，产量 800 吨，带动了 2000 余户群众增收，大片的天麻地成了当地群众的“金疙瘩”。

（二）猪苓产业筑牢振兴致富路

2018 年，习近平在山东考察时指出，“农业农村工作，说一千、道一万，增加农民收入是关键。要加快构建促进农民持续较快增收的长效政策机制，让广大农民都尽快富裕起来”①。看似普通的“懒产业”，一头连着脱贫增收、乡村振兴，一头连着人民群众的美好生活。两岭镇的先锋户带领当地群众成立了家兴中药材专业合作社，免费给大家教技术。不仅如此，该镇还用产业联农带农，对农户分层分类、精准施策，采取自主发展、基地务工、土地流转等方式促进群众增收，培养党员先锋成为懂技术、会营销的“土专家”。

截至目前，该镇已带动全村 280 户群众种植中药材 1000 亩，实现户均年增收 1.2 万元。种植猪苓 178 亩，吸收本村劳动力 300 余人次来基地务工，带动脱贫户 35 户，户均增收 6200 元以上……下一步，两岭镇将立足中药材资源，强龙头、补链条、兴业态、树品牌，扶持产业大户和专业合作社产业升级，增强市场竞争力和可持续发展能力。

（三）庭院经济创造振兴新优势

乡村振兴的源头活水，来自因地制宜的经济模式发展。自 2022 年起，镇上针对有条件、有意愿的农户精准帮扶，支持发展庭院经济，对高军、汪德荣等务工患病的农户进行帮助，创新经济发展新

① 《谱写农业农村改革发展新的华彩乐章——习近平总书记关于“三农”工作重要论述综述》，《人民日报》2021 年 9 月 23 日第 1 版。

模式，激活困难农户的生产活力。解放两岭镇支持发展庭院经济以来，农产品产量明显增多，为解决农户发展后顾之忧，镇上成立了农产品销售工作组，采取线上与线下结合的方式帮助农户销售。目前，两岭镇发展庭院经济项目452个，农产品年销售额340万元。

四、漫川关镇：经济文化双赛道，彰显振兴新风貌

漫川关镇，昔疆秦楚、今界陕鄂，是秦楚文化交汇之地，这里既有北国风光，更具南国风情。在历史的长河中，铸就了“水码头百艇联樯，旱码头千蹄接踵”的辉煌。

2021年，漫川关镇被列入全省100个省级乡村振兴示范镇之一，该镇紧盯目标、抢抓机遇，牢牢扭住项目建设不放松，精心编制高铁新城、省级乡村振兴示范镇、3个县级乡村振兴示范村建设规划，谋划重点项目4大类55个。2022年，年度投资1.203亿元，15个重点项目全面竣工，完成投资1.21万元，超额完成年度投资任务，努力以高质量项目建设加快乡村振兴示范镇建设步伐。

如今，漫川关镇牢牢抓住文化优势，以历史文脉为振兴底色、借以文化人行乡风建设、凭文旅相融固振兴成效，从“有什么”到“做什么”再到“望什么”，一步步增强漫川关镇发展的底色、特色、亮色。

（一）文化底蕴：秦风楚韵擦亮振兴底色

2018年3月，习近平在参加十三届全国人民代表大会一次会

议山东代表团审议时指出，“要推动乡村生态振兴，坚持绿色发展，加强农村突出环境问题综合治理，扎实实施农村人居环境整治三年行动计划，推进农村‘厕所革命’，完善农村生活设施，打造农民安居乐业的美丽家园，让良好生态成为乡村振兴支撑点”①。

漫川关是6000年前的新石器时代仰韶文化的发源地之一，是秦楚文化荟萃之地。可谓“历代骄子征战地，自古秦楚第一关”。明清遗存的联璧式“鸳鸯戏楼”全国独一无二，与骡帮会馆建筑群一并被列为国家文保单位。“五教”俱全，是漫川关在历史长河中经济繁荣的力证；仰韶文化、秦楚文化、商贸文化、曲艺文化等多元性文化在这里根植交错、相互碰撞成为鲜明特色……

漫川关镇的各村相较之前都有了明显变化：白墙黛瓦、山川如画，座座茶山郁郁葱葱，通村道路干净整洁……像这样美丽宜居的人居环境只是漫川关镇乡村面貌的一个缩影。近年来，该镇聚焦靳家河、金钱河、万福河三大流域治理，以“两边一补齐”“两拆一提升”为抓手，扎实开展环境整治、厕所改造、民居提升、道路绿化等工作，续建垃圾填埋场、配备环保设施，不断加强环保能力建设，全面提升人居环境品质，致力打造生态美、产业兴、有特色的秦岭山水乡村。

九十年前，在这里打赢了一场生死攸关的郧岭阻击战，九十年后，在这里打赢了脱贫攻坚战、打响了乡村振兴战，让人不禁感叹“秦风楚韵惹人醉，乡村振兴面貌新”。

---

① 中共中央党史和文献研究院编:《习近平关于“三农”工作论述摘编》，中央文献出版社2019年版，第115页。

（二）文化实践：文明乡风铸就振兴之魂

习近平指出，乡村振兴要“坚持人与自然和谐共生”[①]。在乡间田地，有脍炙人口的村规民约“三字经”；在村头道路，有乡村振兴“五美庭院”评选文化墙；在村口公示栏，有村民们最为关心的“红黑榜”……这些是除文化底蕴外漫川关镇的又一特色。

近年来，漫川关镇以镇村新时代文明实践站所为阵地，深度挖掘漫川地域特色文化，完善“一约四会”，创新学、和、乐、美、爱、兴“六在我家”志愿服务项目，这一有效做法被作为优秀案例在全国推广学习。村规民约“十要十不要”、“五美庭院”评选活动以及节俭操办家庭婚丧嫁娶等等，都是文化建设的具体举措，旨在移风易俗，让文明乡风、良好家风、淳朴民风吹进千家万户。

在未来，漫川关镇将坚持共同缔造理念，立足示范镇发展定位，厚植优势资源、深耕文旅发展，做好项目、产业、生态、文化“文章”，夯实乡村振兴基础，探索“文旅 +”“农旅 +”“茶旅 +”发展模式，致力打造“文旅康养到漫川”金字招牌。

（三）文旅结合：文旅康养注入振兴动能

习近平指出，“农村生态环境好了，土地上就会长出金元宝，生态就会变成摇钱树”[②]。漫川关是千年古镇、商贸重镇、边陲古镇、旅游名镇。这里“四山环抱，三水绕流”，长江上游、汉江水系的

① 《论坚持全面深化改革》，中央文献出版社 2018 年版，第 403 页。

② 中共中央党史和文献研究院编：《习近平关于“三农”工作论述摘编》，中央文献出版社 2019 年版，第 112 页。

重要支流金钱河，在漫川迂回曲流，形成了山阳八景之一的“太极环流”，曾有“水码头百艇联樯，号子连天，旱码头千蹄接踵，货积如山”的辉煌，与天竺山、月亮洞和金钱河百里生态长廊构成山阳旅游“三景一带”，是陕南生态旅游环线的一个重要节点，是镶嵌在秦楚文化交界之地的一个重要文化坐标，成为方圆千里最热的“网红打卡地”。

近年来，漫川关镇立足区位和资源优势，大力实施生态立镇、产业兴镇、城建靓镇、商贸活镇、旅游强镇、文化赋镇“六大战略”，按照构建“传统形态、多元文态、宜居生态、旅游业态”的总体要求，全力打造国家历史文化名镇、国家5A级旅游景区、国家旅游休闲度假区、省级乡村振兴示范镇，先后荣获全国“百县千乡”示范镇、国家卫生镇、全国美丽宜居示范小镇、国家AAAA级景区、中国美丽休闲乡村、中国特色小镇、全国“扫黄打非”进基层示范点；被省政府表彰为小城镇建设先进镇、公布为第一批“陕西省历史文化名镇”和“陕西省第三批历史文化街区”、全省31个文化旅游名镇建设连续4年考核位居前两名、被授予“陕西十大旅游名镇”、陕西万福村被中央文明委评为“全国文明村镇”；前店子村被评为“全国改善农村人居环境示范村”“陕西乡村旅游示范村”“陕西十大魅力乡村”。

依托独特文化、旅游等优势资源，漫川关镇全力做好融合发展“新篇章”，坚持规划引领、提质扩容、产业融合，以漫川独特的秦楚文化、饮食文化、地方文化和红色文化为底蕴，以漫川古镇、漫川人家4A级景区、小河口3A级景区为支撑，以莲花农黄花岭茶创小镇、汉华现代农业示范园、万福贺家岭高山茶叶示范园、纸房沟茶叶采摘体验园4大茶旅综合发展园区为抓手，努力做实康养基础、做美康养城镇、做大康养产业、做强康养品牌。

五、中药产业:“西部药乡”名牌响，政府支持振兴强

从社会主义本质要求来看，乡村振兴战略观强调“巩固拓展脱贫攻坚成果，增强脱贫地区和脱贫群众内生发展动力”[①]。山阳县得天独厚的环境为中药材种植提供了优质的自然条件，同时政府规划及政策引导给予了陕南中药产业良好的发展前景。加快陕南中药材基地建设，充分发挥陕南中药材资源和生态环境优势做大做强陕西中药产业，并实现可持续发展，对于振兴陕南经济，推动全省经济发展等方面具有重要意义。产业发展要结合当地实际情况，近年来，山阳县立足中药材资源禀赋，以建设国家现代中药材产业基地为抓手，通过政府推动，企业带动，市场拉动走大企业引领大项目，支持大产业集群之路，持续擦亮“西部药乡”的亮丽名片。

（一）内外兼备，在政策支持上发力

山阳县位于秦岭南麓，是中药材最佳适生区，中药材资源富集，素有天然药库和西部药箱的美誉。境内现有野生中草药材1000

① 习近平:《高举中国特色社会主义伟大旗帜 为全面建设社会主义现代化国家而团结奋斗：在中国共产党第二十次全国代表大会上的报告（2022年10月16日）》，人民出版社2022年版，第54页。

多种，已开发利用和挂牌收购的498种。人工种植和野生加管中药材45万亩。中药产业的发展既要苦练“内功”，也要善借“外力”。近年来，山阳县多项发力推动中药材产业融合发展，催生中药材产业全新发展，释放新活力。主要体现在优质种苗产出上发力种子是农业的芯片，是农业现代化的基础。山阳县不断探索着中药材种质“密码”。在多地形成规模化繁育基地，加大研发力度，与高校签订院（校）地合作协议，培育出新的中药材优良作物。文化和校企院企合作是提升研发能力，提高产品质量的关键，在这一点上，山阳县与西北农林科技大学、烟台大学、陕西中药研究所组建研发团队，研发中药食品、保健品，化妆品、有机化工等相关产品33个系列400多个品种，天之润生物科技有限公司自主研发的《连续逆流与阶段逆流相结合提取丹参酮2A》新工艺，先后荣获国家创新专利六项，金川风信等中药加工企业被授予“陕西省科技创新型企业”“农业产业化省级重点龙头企业”“商洛市循环经济示范企业”等称号。

习近平总书记在中央农村工作会议上指出，“要舍得下气力、增投入，注重创新机制、激发活力，着重解决好科研和生产‘两张皮’问题，真正让农业插上科技的翅膀”①。如漫川关镇，以壮大村集体经济为突破口，将中药材作为特色优势产业来抓，以“党支部+合作社+基地+农户”的模式，发挥示范引领作用，村集体带头引导干、党员大户带头干，引进培育优质种苗。同时，每年都

① 《谱写农业农村改革发展新的华彩乐章——习近平总书记关于“三农”工作重要论述综述》，《人民日报》2021年9月23日第1版。

邀请技术人员就中药栽培、病虫害防治、田间管理等进行技术指导，并建立中药材初加工厂，让药材增值保效提价，种植的中药材达一千多亩。

（二）保障品质，拓宽销售渠道上持续发力

药材好，药才好。品质是品牌的基础，一直以来，山阳县立足特色，精准发力，把优势资源转化为优势产业，通过优中选优，重点培育的方式。打造了地道中药材品牌。中药材种植业要长足发展，不能缺少科技力量的支撑。药材产量质量上去了，山阳县又从如何让中药材真正进入“流通环节”着手，在培育市场上开足马力。山阳县利用中国网库、一亩田、慧农网等平台建立中药材电商销售平台，培育引进药材营销企业和合作组织，与省内外十余家企业达成了长期合作协议，推行“公司 + 基地 + 农户”的发展模式，发展订单药业 6.2 万亩，培育经营大户 300 多户，形成与县内各制药企业、药材公司、药材购销点、个体药贩互补的中药商贸流通体系，多形式扩大中药材销售渠道，有效带动药农增收和产业发展。围绕主导产品开发方向，重点支持一批具有中间体提取和中药药品生产能力的企业做大做强，发挥对中药材种植和深加工链条延伸的龙头带动作用。加大宣传、帮扶力度。利用各贸易洽谈会的时机，宣传陕南中药产业发展规划，将推动陕南中药产业战略转型列为主题，为中医药企业搭建交流与合作的国内国际商贸平台，加快陕西省中药产业的发展。赴外进行中医药产业的宣传推介活动的同时邀请国内外知名企业赴山阳县投资。通过中药材贸易展销、中药现代

化论坛、中药产业推介、项目洽谈招商、重点项目投资洽谈等多种形式，积极宣传陕西省中医药产业，打造“秦巴药业”品牌，积极引进龙头企业，为企业实现资源优势互补牵线搭桥，推进了陕西省中药现代化进程。

（三）以市场需求为导向，在农文旅融合上发力

习近平指出：“我国乡村振兴道路怎么走，只能靠我们自己去探索。”[①] 发展一个产业能够带富一方百姓。如漫川关镇康家坪村为了进一步拓宽村民增收的渠道，通过流转土地收租金、入股经营分股金、基地务工挣薪金等方式，将 120 多户 230 多群众纳入中药材产业链上，该村实现了户户有产业、家家有增收的景象。并且种植吊瓜篓子，利用临夏的富余空间进行育苗，同时通过林下种植粮食套种，引进同仁堂药业，大力发展中药材产业，不断延链补链强链，助推产业发展与巩固衔接，打造一个集赏药品、采药材、学药理、想要养于一体的美丽康养乡村。站在新起点，山阳县乘势而上，以中药材产业为原点，整合各乡镇的中药材产业资源和红色旅游资源。将要打造集中药产业，中医文化，养生保健和红色休闲旅游，深度融合，旅游观光、体验于一体的康养城市，奋力开启乡村振兴新征程。

农文旅融合发展的新模式将会加速全县中药材一二三产业的提质增效，提升农民收入，助力乡村振兴。中药新药研发是一个系

---

① 习近平：《论“三农”工作》，人民出版社 2022 年版，第 279 页。

统工程，要以市场需求变化为导向，以充分利用陕西省资源为目标，正确引导、遏制恶性仿制与重复研究。中药新药研究是一个高投入、高风险、高回报的链条，资金是这一链条的起点，政府应在资金方面予以扶持（政府可设立专项基金或风险投资基金）。中药新药研究是一个多技术的联合，由政府牵头，有效整合陕西省研究资源。实施新药研发的早期介入，对发展前景较好的项目由政府组织、协调、指导，联合攻关，提高效率、保证质量。对中药新药建立有效注册绿色通道，从受理、现场考核、资料寄送等方面提供最快速的通道。对国家标准未收载的地方使用的中药材品种加快地方药材标准的制定和审批，为新的中药复方研究提供基础。

六、法官庙村：联农带农“生态 +”，解锁振兴新密码

昔日贫困村，如今蜕变明星村。走进法官庙村，群山环抱、绿水环绕、梯田交错，民居、农家乐、民宿错落有致，别致的自然人文景观吸引着省内外游客前来参观，乡村旅游在带动群众增收方面进一步显现。

近年来，依托优美的生态资源，法官庙村建成了梯田有机茶园、荷塘观光园、农事体验园、稻田农耕园 5 大特色园区，打造了民俗文化体验区、特色民宿街区、月亮湾水上休闲区三大街区。成立了村级股份经济合作社、旅游开发有限公司等经营实体，将全村农户牢牢镶嵌在产业链上，集体经济年收入 177023.11 元，2020 年实现农户分红 156741 元。

（一）“生态＋乡村”美丽乡村入画来

县、镇、村按照“景镇一体、文旅融合、农旅融合”发展思路，高规格编制《法官秦岭原乡规划》《山阳县法官庙村乡村旅游提升思路》等一系列立足当下、着眼长远的科学规划。围绕打造秦岭山水乡村，聚焦“六清”、实施“六治”、实现“六无”，网格化包抓夯实责任，提升民居106家，改造地下管道2.8公里、公共卫生间6间，建成日处理600立方米污水处理厂1座，基础设施、公共服务设施不断完善。以“六净六无一习惯”村庄清洁行动为抓手，创新设立家庭卫生评比“红黑榜”，广泛开展“五美庭院”、十星级文明户评选，用身边事教育身边人，不断提升群众素养，村容村貌焕然一新。

同时，村上还依托秦岭原乡3A级景区优势，围绕秦岭山水乡村建设重点任务，推行“净面、塑形、铸魂、增颜”四步工作法，实施“两边一补齐”“两拆一提升”，实现了从“全域整治”向“全域美丽”的华丽蜕变，为群众建成了宜居宜业的美丽幸福家园。近期文化和旅游部会同国家发展和改革委公布了第三批199个全国乡村旅游重点村，法官庙村就位列其中。

（二）“生态＋农业”特色品牌促发展

县、镇、村紧盯靳家河流域，狠抓产业示范带建设，立足当地生态资源，大力发展茶叶、药果、旅游“3+N”产业集群，培育龙头企业3家，采取“公司＋基地＋农户”模式，动员群众广泛参与。因地制宜建成梯田有机茶园、药果等农业特色产业，通过农产品初加工，推出高山有机茶、红薯粉条、小磨香油、富硒水稻等一批特色农产品。积极发展生态养殖，建设"莲藕+小龙虾"生态套养基地350亩。

"四方双结对，共建示范村"工作开展以来，法官庙村围绕建设"秦岭原乡·田园法官"目标，整合土地、房产、人文景观、田园风光等要素，探索实施"党支部+'三变'改革+村集体经济+农户"模式，推进资源、资产、资金入股，促进农民获得财产性、经营性、工资性、转移性收入；建设有机茶园、艾草基地、水产养殖基地，通过农产品初加工，推出高山有机茶、红薯粉条、小磨香油、富硒水稻等一批特色农产品，开发了一批农家乐和农家民宿，村集体经济年收入超过30万元，2021年人均纯收入12530元；围绕"千名人才创新创业"，重点培养有从事农业生产意愿、有相应文化素质的务农青年、返乡农民工、种养能手等"土专家"53名；开办新农民大课堂7期、专业技术培训10期，建成鑫鼎农业合作社实训基地，引进返乡创业人员徐文根投资建设艾草加工厂，带动100多人稳定就业，户均增收3000元。

（三）"生态+产业"转型升级助共赢

产业兴旺，是法官庙振兴的支撑。结合自然禀赋和乡村建设行动，法官庙规划出以法延路沿线和靳家河流域为主的一条产业带，以现代农业旅游、农副产品加工等为主的产业发展中心和以旅游度假为主的产业发展副中心规划了"一带两心六片区"产业发展布局。

1. 产业谋划：农民有业可从就业有钱可赚

今年以来，该镇政府以聚焦“一园带四业”规划布局，按照“山上山下、长短结合”的思路，在高速路和黄漫路沿线山地宜茶种茶，山下种植油菜，低处坡地逐步栽种核桃，林下新套种中药材，整流域基本农田、房前屋后空闲地，引导群众种植水稻、玉米、大豆、花生等短平快产业项目。

在产业到户实施中，法官镇按照县上要求，对全镇所有劳动力实行人员年龄分段、劳动力分类、适合人群分岗，在 6 个村社和荷花园移民搬迁点设立就业服务保障站 7 个，并依托贫困劳动力就业台账系统，实行跨部门联动、多力量整合，探索建立就业务工大数据平台和就业供给、需求、培训 3 个数据库，推动零散务工向有组织的稳定就业转变，今年已实现转移就业 6411 人，其中脱贫人口和监测对象就业 2359 人。

该镇重点围绕优化群众收入结构、提高经营收入占比，坚持一户一策，落实网格员包抓责任，促进有产业户持续做大、可发展产业户积极发展短平快产业、无劳动能力户通过经营主体带动，确保所有农户在产业发展中实现增收。

2. 企业带动：降低农户风险实现合作共赢

法官镇党委书记规划该镇经营主体联农带农，极大降低了农户风险，实现了多方共赢。例如山源农业科技有限公司引导农户特别是无劳动能力脱贫户，通过土地流转、租赁等方式获得财产性收入。项目用地惠及群众 145 户，其中脱贫户 57 户，户均增收 800

元；通过农副产品深加工，进一步提高了农产品附加值，带动农民增加种植小麦、玉米、水稻等农作物来获得经营性收入；项目全部建成后，直接解决脱贫人口就业100人，辐射带动当地餐饮、民宿等第三产业，可带动姚湾社区、法官庙村发展餐饮等产业，解决就业岗位50个。该公司一共规划建设了6条农副产品生产线，建大卖场300平方米、电子商务服务中心400平方米、实验室200平方米，还将要建1000平方米的育苗温控室。

目前，全镇现有企业17家、合作社33个、家庭农场27个、村集体合作组织6个，累计带动农户2100户5600人。

3. 农旅融合：产业转型升级收入更加稳固

随着商洛市“康养之都”建设进程的加快，该镇艾草产业园区流转农户土地1000亩，带动45户农户通过土地流转得租金，户均增收1200元。带动本村100人就近就地转移就业，人均年增收3000元以上。鼓励农户利用闲置土地发展种植业，实行订单收购，亩均增收2000元。

对于法官镇乡村振兴的未来前景，雷丹萌充满了信心。在未来，该镇将以“科技+”模式，依托美丽乡村、田园风光背景，鼓励群众走农旅融合发展之路，积极培育新业态，示范引领发展一批农产品深加工体验地和精品民宿，多维度打造城市消费需求热点，构建娱乐休闲、体验实践、旅游观光一体化的美丽乡村新格局，努力把法官镇打造成大秦岭的封面。

七、户家塬镇：党建引领助发展，谱写振兴新篇章

“坚持大抓基层的鲜明导向，抓党建促乡村振兴。”[①] 户家塬镇位于金钱河畔，气候湿润，土地肥沃。近年来，户家塬镇坚持“支部引领、产业先行、党员带头、群众共富”的思路，充分发挥党组织的引领作用，整合各方力量，让基层党组织引领产业发展，让党员冲在产业一线、群众富在产业链上。

户家塬镇坚持中国共产党的领导，根据气候适宜条件发展产业，大力推进农村人居环境整治、农村基础设施、红色教育基地、就业创业与乡村人才振兴工程、乡村特色产业发展 5 大类 12 个项目建设，统筹乡村振兴战略布局，从致富发展到和谐文明再到未来规划，全镇呈现出一派产业兴旺、幸福宜居、生态优美的美好景象。

（一）党建兴产业，打好振兴“发展牌”

“中国共产党农村基层组织，按照中国共产党章程和有关规定发挥全面领导作用。”[②] 走进山阳县户家塬镇，映入眼帘的是党建引领产业发展、结出丰硕成果的生动场景。近年来，该镇抢抓机遇，依托中央专项彩票公益金支持欠发达革命老区乡村振兴示范区建设项目，大

① 习近平：《高举中国特色社会主义伟大旗帜　为全面建设社会主义现代化国家而团结奋斗：在中国共产党第二十次全国代表大会上的报告（2022 年 10 月 16 日）》，人民出版社 2022 年版，第 58 页。

② 《中华人民共和国乡村促进法》，《农民日报》2021 年 4 月 30 日第 2 版。

力实施低产茶园改造项目。目前，户家塬镇已建设了5000亩红茶、黄茶、白茶等高端茶园。

今年以来，山阳县户家塬镇以“三个年”活动为抓手，牢固树立“项目为王”理念，充分发挥基层党组织“主心骨”作用，围绕“补链、延链、强链”下足功夫，加快打造具有本地特色的现代化产业体系，在振兴大道上走出让党旗增辉、振兴添彩、产业增值、民众增收的稳健步调。

户家塬镇大力推进“产业强镇”步伐，积极引导农户将土地流转交由企业生产经营，进一步提高农业产业化效益。大力发展茶产业并进行改良种植，陕西秦岭清雅茶业有限公司与村集体企业合作，共同参与茶叶种植。企业按年度兑付农户“租金”，并在茶叶基地实施大豆套种，达到“双收益”效果。采取“企业 + 基地 + 村集体 + 农户”模式，用活联农带农机制，将全镇3105户10763人镶嵌在产业链上，实现户均年增收3500元以上。

在未来，户家塬镇将加快高端茶叶建园力度，通过3年至5年的努力在全镇建成高端茶园1万亩，打造中国秦岭高端黄茶种植示范基地。

（二）党建强治理，打好振兴“和谐牌”

办好农村的事情，实现新时代乡村振兴，关键在党，关键在党建引领。

近年来，山阳县户家源镇坚持把党建引领作为乡村振兴的“动力源泉”，找准基层党建与乡村振兴工作的切入点和突破口，大力实施“党建+”工程，推动党建工作与特色产业发展、人居环境整治、基层社会治理等工作互融共促，不断提升基层党组织引领力，跑出乡村振兴“加速度”，把乡村振兴绘制的美丽蓝图变成新时代和美乡村建设的现实图景。

户家塬镇党委坚持把党建引领基层治理贯穿于经济社会发展各领域，对准群众需求，细化服务举措，不断优化共建共治共享的治理格局。村上在全镇大力开展党员联心服务工作，以桃园村为示范点，在各村科学合理设置单元网格，选派有能力履职的党员担任网格员，围绕政策宣传、民意收集、产业发展、村容整治、矛盾调处、隐患排查等方面，全面推广“党群联心卡”，发放网格员工作纪实手册，对入户走访过程中，群众反映的困难问题和意见建议详细记录，及时反馈给村党支部予以反馈有效打通党员联心服务群众“最后1米”。严格落实平安稳定“3+N”工作机制和“逢四研事·遇事解事”“村民说事”工作制度，健全科级领导坐班接访和领导包案工作机制，切实将信访稳定工作做在日常，抓在平常。

今年以来，共处理矛盾纠纷56起，累计收取群众关于村级发展意见建议27条，为群众解决各类急难愁盼问题82件。

（三）党建强改革，打好振兴“统筹牌”

习近平总书记指出：无论乡村如何变化，基层党组织领导地位不能变，要毫不动摇发挥战斗堡垒作用。[①] 今年以来，山阳县户家

① 参见中共中央文献研究室编《十八大以来重要文献选编》（上），中央文献出版社2014年版，第684页。

塬镇结合金钱河流域乡村振兴示范带建设，不断深化改革创新实施“533”工作法，推动“两改两转三促进”工作取得显著成效。

1. 聚焦“五个重点”，抓“两改”

聚力实施农房改造。按照“功能现代、风貌乡土、成本经济、结构安全、绿色环保”的原则，采取政府统改和农户自改相结合的方式，紧扣业态转型和乡村旅游发展，完成民居改造提升1300户，土坯（石板）房改造318户。

聚力推进户厕改造。按照“宜水则水、宜旱则旱、成本适中、简单实用、维护方便”的原则，大力推进农村“厕所革命”，新建、改建或扩建旅游厕所6个、公共厕所11个、农户厕所659个。

聚力改善基础设施。实施桃园至康家岭通村道路“白改黑”9.8公里，拓宽硬化西沟至关上通村道路8.2公里，户塬、赛鹤岭、九湾等村社通组道路8处18.5公里。为全镇19个村（社区）100余户农户更换饮水管道2500米，新修农户庭院水池700个。

聚力提升公共服务。完成村卫生室“私改公”12个，安装太阳能路灯500盏，在桃园村、户家塬社区建成高标准“口袋公园”3个，新建文化广场2个，农贸市场1个。新修垃圾台50个、柴棚700个。

聚力美化人居环境。在金钱河沿线10村（社区）实施院落提升改造3060平方米，清理农户房屋乱搭乱建820处，河道沟渠杂物315处。购置四分法垃圾箱100个、3吨垃圾压缩车2辆、5吨洒水车2辆、道路清扫车2辆。引进安徽高迪科技有限公司“光伏微循环”水质净化利用系统，以桃园村为示范点向全镇重点村社推广，彻底解决农村“苍蝇乱飞、污水横流”问题。

2. 围绕“三产融合”，促“两转”

打牢产业基础促融合。按照“一个产业都有一个龙头企业带动”的思路，持续做大做强“茶果菌畜药”五大主导产业，招商引进陕西秦岭清雅茶业有限公司发展高端茶叶产业、商洛富乐康顺农业发展公司发展食用菌产业，培育天蓬农牧有限公司发展猕猴桃产业，依托本土返乡人才创办陕西德润康科技发展有限公司发展中药材产业、陕西意发生态农牧发展有限公司发展肉牛养殖产业。

延长产业链条促融合。建设茶叶加工厂初制及精制车间、猕猴桃果品分选及生产加工生产线、肉牛屠宰及有机肥加工车间、黑木耳精加工及包装车间、中药材中间体提取集群加工厂房。开发“红茶、黄茶、白茶”、岭南牛肉、黑木耳、猕猴桃酒系列农副产品，全产业链发展高端茶叶、食用菌、猕猴桃、中药材种植以及肉牛养殖产业。

业态转型促融合。依托产业园区和基地，成立新业态发展公司，深度挖掘乡村多元价值，在桃园村麻地湾规划建设农家乐集群（高端民宿）15 家，在户塬社区东塬发展高端民宿 13 处，天蓬山寨景区发展农家乐 30 家，全镇新增民宿床位 80 个，出租农户闲置房 30 套，吸引西安周边等地更多游客来户家塬镇住农家屋、吃农家饭、赏农家景。

3. 开展“三大行动”，实现“三促进”

开展农民收入“抱团致富”行动。采取“村村联建、村企联建、以强带弱、抱团发展”等形式，健全完善联农带农机制，将清雅公司、德润康、意发等5个龙头企业和19个村社捆绑在一起，带动4000户农户通过园区基地务工、土地流转、自主发展产业等方式实现户均增收1.2万元。

开展集体经济“削零培强”行动。通过村级股份经济合作社、苏陕协作资金入股企业分红实现“外部输血”，15个村集体发展高端茶叶产业实现“自我造血”，推动集体经济不断发展壮大。全镇13个村集体经济收入达到10万元以上，其中20万元以上4个，40万元以上1个。

开展乡村建设“提质增颜”行动。实施户塬主街道改造1.4公里，拓宽改造户塬茶叶产业路5公里，新建茶叶加工厂3000平方米，技能培训中心1000平方米，铺设茶叶滴灌2000亩。配合县发改局、粮食局在桃园村建设占地40亩的国家级粮食储备库1个，县水利局新修金钱河河堤6公里，治理河道10公里。

八、特色茶叶产业：念好“山”字经，做活“茶”文章

近年来，山阳县践行“绿水青山就是金山银山”的理念，大力发展生态茶产业。山阳县茶叶产业起源于20世纪70年代初，商洛“南茶北引”取得成功。山阳县属北亚热带向暖温带过渡的季风性半湿润山地气候，境内“八山一水一分田”，茶园大多分布在中高山区，属于典型的“靠天吃饭”种植模式，“三山夹两川”的地貌

格局显著，是国家南水北调中线工程重要水源涵养区。[①]

（一）选取优势产业，突出品牌特色

“民族要复兴，乡村必振兴。”[②]随着茶叶产业的健康发展，县上越来越重视品牌建设工作。依托山阳县天竺系列名优绿茶具有的色泽翠绿，锋毫显露、汤色绿亮、回味悠长等特点，山阳县加大品牌整合力度，逐步形成“天竺翠峰”“天竺红茶”区域公共品牌。同时，山阳县狠抓农产品品牌认证工作，目前注册茶叶商标 21 个，省级龙头企业 1 家，市级龙头企业 2 家，绿茶产品获有机食品认证 5 个，绿色食品认证 1 个，另有 15 个绿茶产品获得无公害认证，在促进循环农业发展、提高农产品质量安全水平、增加农民收入以及提高农民的组织化程度等方面发挥了重要作用。山阳福青山、山阳金桥等 2 家茶企获中国良好农业规范（GAP）认证，拥有百亩以上茶园的企业 50 家。市县有关部门积极组织山阳茶企参加中国国际农产品交易会、中国国际茶叶博览会、中国西安茶叶博览会等大型展会。县茶叶产业协会积极组织并成功举办了山阳县首届以“天竺翠峰·春天的味道”为主题的茶叶推介会；在西安参加了“非遗路·县域行——山阳县文化旅游精品资源推介会”；组织参加第十八届沈阳国际农业博览会，积极宣传推介山阳茶叶。2018 年 11

① 参见孔敏婕、李同昇、杨华等《乡村振兴背景下秦巴山区农村居民点整理潜力与分区研究——以陕西省山阳县为例》，《西北大学学报（自然科学版）》2019 年第 5 期。

②《中共中央 国务院关于全面推进乡村振兴加快农业农村现代化的意见》，人民出版社 2021 年版，第 35 页。

月，哈萨克斯坦共和国玛德琳餐饮集团与山阳县金桥茶业有限公司在山阳县签订了《中国陕西金桥茶业有限公司与哈萨克斯坦共和国餐饮集团购销茶叶协议》，每年直销哈萨克斯坦玛德琳餐饮集团 40 吨成品茶叶，开启了山阳茶叶走向国际的新篇章。通过多种形式的广泛宣传，山阳茶叶品牌优势显著提高，知名度大幅提升。“竺仙”牌秦岭泉茗、“莲花翠茗”、“江祝”、“天竺山仙茗”多次荣获省部级茶叶展销金奖、银奖。“竺仙”牌秦岭泉茗荣获中国茶叶学会第四届“国饮杯”全国茶叶评比优质茶奖和陕西省优质茶叶评选金奖，在省内外享有一定声誉。

（二）实施产业融合，壮大产业规模

近年来，陕西省山阳县高度重视农业高质量发展工作，《山阳县国民经济和社会发展第十二个五年规划纲要》指出：按照“注重特色，做大基地，做强龙头，打响品牌”的发展思路，以核桃、畜牧、药业、蔬菜、茶叶为重点，坚持因地制宜、发挥优势、板块发展、高产高效的原则，在做大规模、做精产品、做优质量、做强品牌上下功夫。在全市率先开展省级农产品质量安全县创建，制定推广无公害生产技术规程，建立生产储运档案，实行产品质量源头追溯制度，确保农产品质量安全。[①]

通过近几年的发展，山阳县茶叶已逐步走向规模化、集约化，传统落后的思想观念及管理技术已难以适应当前高质量发展的要

---

① 参见《山阳县国民经济和社会发展第十二个五年规划纲要》，2020 年 4 月 30 日，山阳县人民政府网（http://wenku.baidu.com/view/e33734e29b89680203d825b6.html）。

求。标准化生产就是要对茶叶生产过程中决定茶叶品质特色的关键因素进行控制，防止产品品质特色丧失。[①] 乡村振兴战略提出“产业兴旺、生态宜居、乡风文明、治理有效、生活富裕”20字总要求，产业兴旺被放在首位，表明乡村振兴离不开产业的发展。[②] 山阳县自然环境优美，生态旅游资源丰富，茶旅产业融合具有较好的基础。

（三）发展多种运营模式，实现行业监管与质量鉴定并举

一方面，国家要尽快出台茶企标准化生产、茶叶品控等相关规范性文件，既要严格把控茶叶生产环境、种植品种及加工设备，又要优化存储及技术检验，严格把控污染源，确保从种植到销售、运输全过程的标准化、规范化，同时要支持消费者对茶叶产品的全方位追溯，使之能够扫码了解茶叶产地、品种、物流信息等，提高客户对茶企的信任度；另一方面，茶企要通过网络与实体相结合的方式，鼓励网购消费者来店亲自感受茶叶的品质、评定茶叶的价值，并组织专家团免费为消费者提供茶叶价格测定与质量检测服务，若产品合格将发放权威鉴定单，同时要引入行业监管，对于消费者难以现场体验，无法确认产品来源、品质及等级的，可由第三方权威机构提供质量检测、等级监管与消费者维权服务，通过完善的信用

① 参见鲁成银《茶叶标准化生产与品牌建设》，《中国茶叶》2014年第6期。

② 参见许咏梅、芦炜杰《乡村振兴视角下，中国茶叶出口、茶产业发展与县域经济增长的实证研究——基于7省27县的实证研究》，《茶叶》2019年第4期。

体系免除消费者的后顾之忧。①

茶产业是精准扶贫脱贫、助农增收、乡村振兴的重要产业和农业现代化建设的一张亮丽名片。随着“互联网 +”时代的悄然而至，茶叶“线下销售 + 线上电商营销”在茶叶市场销售中所发挥的作用愈加突出，并呈量价齐升的发展态势，马太效应日趋凸显。

九、陆家湾村：人才驱动奋进振兴新作为

山阳县色河铺镇陆家湾村位于山阳县城西南 18 公里处，距镇政府 2.5 公里，全村辖 8 个村民小组 604 户 2506 人，脱贫户 140 户 500 人，重点监测户 8 户 29 人。全村由六个湾组成，群山环绕、绿水穿流形成一个宛如太极图的独特地貌景观。近年以来，陕西省商洛市山阳县色河铺镇党委政府高度重视人才振兴工作，紧紧围绕“人才振兴”战略，贯彻落实“三百四千”工程奋力赶超行动，不断创新发展措施、拓宽发展路子，实现村域经济高质量发展。

所谓乡村振兴人才，就是无论是脱贫攻坚还是乡村振兴，关键在干，关键在人。农村要发展好，离不开好班子和好带头人，必须发挥头雁作用。

实施乡村振兴战略就是要强化党建引领，加强人才培育，推动产业发展，不断激活乡村振兴的新引擎、新动力，不断发挥党总领全局、协调各方的作用。

---

① 参见华国振《国内茶叶电商市场发展机遇、问题及茶企应对策略》，《福建茶叶》2019 年第 2 期。

不仅如此，还加强与党外人士、社会阶层、乡贤等人士联系，引导激励乡贤力量在项目招引、促农增收、环境治理、文化培育等方面发挥积极作用，助力乡村振兴。

（一）敢为人先：头雁领飞显担当

商洛市植保植检站站长文家富1994年从西北农业大学毕业来到陆家湾村，一干就是27年。他每年夏季都会带领党员志愿者服务队走进田间地头查看玉米长势情况，指导种植户做好病虫害预防工作；手机保持24小时畅通，随时为群众答惑解疑，同时组织开展害虫生物学观测、诱集监测及防控试验研究，引进防控药械30多种，确保及时有效控制了草地贪夜蛾危害，有效地保障了粮食安全和重要农产品供给。工作27年来，他主持完成省级农业科研专项20多项，获省部级科技成果10项、市级科技成果7项，申报专利3项（授权1项），累计推广应用面积1300多万亩，挽回产值9.3亿元，经济、社会和生态效益显著，先后被评为陕西省最美科技工作者、陕西省“三五人才”、享受国务院特殊津贴等荣誉。

文家富只是众多“头雁”中的一个缩影。陆家湾村始终扭住抓班子带队伍这个关键，充分发挥头雁领飞示范作用，按照“定岗锻炼、动态调整、备用结合”工作思路，从致富带头人中调优充实班子成员2名，筛选培养后备干部8人，村班子带头包抓“水上乐园”“垂钓园”“户外亲子美学营地”等项目建设，带头发展九眼莲300亩，藕田养鱼100亩，稻油轮作300亩，温棚蔬菜150亩，黄桃、甜柿子采摘园200亩，实现就近就业220人（其中脱贫户96

人），户均增收3000元，村集体经济收入15万元，初步实现农业强、农村美、农民富。

（二）率先垂范：党员驻村促振兴

习近平总书记还要求，“必须建设一支政治过硬、本领过硬、作风过硬的乡村振兴干部队伍”[①]。山阳县农业农村局驻村工作队以“建好一个党组织，振兴一个好产业，致富一方老百姓”思路，围绕“一心两带五大产业集群八大功能区”布局规划，持续规范“三会一课”制度，认真学习乡村振兴有关政策精神，引导党员群众动起来，干起来，自主发展生猪养殖1000头、笼养蛋鸡20000只、药果套种5000亩；持续开展“六清六治六无”，清理“五堆”30余吨，拆除危旧厕所78个、废旧猪圈45个；多方争取项目资金，补齐基础设施短板，启动实施2760米渠道修复、6000米通组路硬化、1500米产业道路、入户路26条11000平方米，为巩固脱贫攻坚成果、推动乡村振兴奠定坚实基础。

坚持做到思想认识、责任落实、推进措施、为民服务“四到位”，学深悟透习总书记和省市关于巩固脱贫攻坚成果、推进乡村振兴决策部署和县委、县政府工作要求，提高思想认识，打牢履职根基。

近年来，陆家湾村党员干部遍访全村400余户农户、141户脱贫户和6户监测户，帮助群众解决“急难愁盼”问题10余件；争

① 习近平：《坚持把解决好“三农”问题作为全党工作重中之重 举全党全社会之力推动乡村振兴》，《求是》2022年第7期。

取水泥物资300余吨硬化场面116户9800平方米、硬化入户路22条3400平方米；截至目前，驻村工作队争取各类资金650万元帮扶村级发展，其中争取产业帮扶资金345万元，争取稻油轮作村集体经济建设项目300亩，帮扶资金50万元。

围绕加强基层党组织建设、推进产业发展、加快山水乡村建设、补齐基础设施短板“四项重点”，发挥基层党组织的引领示范作用，进一步做实主导产业、做强经营主体。

围绕“一心两带五大产业集群八大功能区”布局规划，带动520户群众（脱贫户110户）流转土地1000亩，户均获得土地租金财产型收入1500元；就近就业220人（脱贫户86人），年人均获得工资型收入3000元以上；深入实施农村人居环境整治提升五年行动，全力开展“六清六治六无”活动，拆除废旧圈厕43个、土坯房11处28间，持续推进“厕所革命”，建设卫生厕所133个，争取污水管网改造2000米，着力整治脏乱差污突出问题，全力打造生态宜居的陆湾村；多方争取项目资金580万元，加快水毁河堤修复2800米、修复拦砂坝360立方米，争取通组路硬化1.2公里、产业道路拓宽改造1000米，为巩固脱贫攻坚成果、推动乡村振兴奠定坚实基础。

突出抓好脱贫户、重点监测户、乡土人才培养、内生动力提升“四大帮扶”，针对全村脱贫户实际，因户制宜，分类施策，建立健全产业发展、外出务工、技能培训等常态化帮扶工作机制。

持续落实“四支队伍”及帮扶部门30名党员包联脱贫户、重点监测户帮扶机制，深入开展“六查六问”，精准制定帮扶措施，及时解决困难，坚决防止返贫致贫；大力实施“田秀才”“土专家”乡土人才培育，积极开展高素质农民培训、“十百千”产业带头人培训、外出山东等地产业基地培训300余人次，32名乡土人才脱颖而出，培养一批懂技术、会经营、善管理的新型职业农民，以人才振兴助推乡村振兴。深入开展“晒成绩、夺红旗、争红星、固成果、促振兴”党建主题，评选表彰108户十星级文明户，提升农村精神文明建设，激发群众内生动力，提高群众自我发展能力，为有序推进乡村振兴、建设“秀美陆湾”持续加力。

（三）踔厉奋发：人才聚集巧兴农

习近平指出“农业农村现代化关键在科技、在人才”[①]。近年以来，山阳县色河铺镇陆家湾村以“三百四千”工程为抓手，制订切实方案，细化工作任务，组建工作专班，狠抓落实，推动各项工作高质量发展。

陆家湾村组建以“四支队伍”为成员的招商小分队，深入开展“迎老乡、回故乡、建家乡”等招商活动。陆家湾村实施“归雁计划”，挖掘区域人才资源，把乡土人才“聚”起来。陆家湾村开展人才培训、定向帮扶指导等工作，全村共开展农业培训4场次，邀请专家、教授培训高素质农民300多人次。积极发挥村支部书记等12名“头雁”作用，深入开展“两边一补齐”行动，发展壮大村级集体经济，带领群众发展产业、持续增收。

---

① 《以立德树人为根本 以强农兴农为己任》，《人民日报》2019年9月7日第1版。

目前，陆家湾村流转土地1000多亩，建成蔬菜大棚、山阳九眼莲、藕田养鱼、黄桃采摘园、稻油轮作“千亩产业带”，生猪年出栏1000头，种植药果1.5万亩，村集体经济不断壮大，群众收入稳定增加，实现了村集体、经营主体、群众多方共赢的效果。

十、王阎镇：“田间课堂”推动万亩连翘提质增效，全力打造连翘小镇

连翘为中国传统中药，它来源于木犀科植物，连翘是这种植物的干燥果实，在每年秋天成熟时采收，采收以后去掉杂质风干即可入药。它药用价值十分广泛，具有解表退热、抗菌抗病毒、保护肝脏、抗肿瘤等功效，可部分替代抗生素，莲花清瘟、双黄连口服液、小儿感冒颗粒等药物主要成分就是连翘，同时它还广泛用于治疗新冠肺炎。

为全力打造“秦岭连翘、药乡王阎”品牌，提升当地连翘的知名度和影响力，王阎镇积极推行“公司＋村集体＋订单收购”联农带农机制，联合北京同仁堂、山阳香本堂中药材公司及13个药材收购商，以“合同＋保护价”的形式与800余户农户签订收购合同，有效调动企业、村集体、农户三方的积极性，真正把连翘产业发展起来。

（一）因地制宜，挖掘本地连翘种植优势

一是资源禀赋好。王阎镇这里属亚热带季风气候，四季分明，

年平均气温12℃—14℃，与连翘喜温、喜光、耐寒、耐旱等生长特性相吻合，当地的野生连翘面积大、分布广，漫山遍野全都是连翘，自然资源十分丰富。

二是发展成本低。王阎镇当地的野生连翘资源十分丰富，群众都是从山坡上就地取材，不需要购置种苗。同时，连翘的适应性强、根系发达，栽植后成活率高，很少做病虫害防治，不用大面积补植。连翘的管护也比较粗放，只需在秋冬季节进行一次剪枝，平时在里面套种粮食，同步开展除草施肥，不用花过多人工用于科学管理。

三是市场前景好。连翘浑身是宝，花开可赏景，叶子能制茶，枝可做牲畜饲料，果实可入药，多种常用药品的主要成分都有连翘，具有较高的经济价值。尤其在新冠疫情后，市场的需求量十分巨大，发展前景非常广阔。

四是群众积极性高。王阎镇当地的野生连翘，成色好，有效药田成分非常高，今年的青翘价格最高达36元，很多群众仅连翘的收入就能达到上万余元，群众积极性非常高，都自发扩大种植规模，加强日常科管，不需要政府过多干预。

近年来，西照川镇努力把生态环境优势转化为生态经济优势，将龙山片区划定为连翘产业发展的核心区，作为“一村一品”主导产业和巩固脱贫成果与乡村振兴有效衔接的支柱性产业打造，按照“扩量、提质、增效”的思路，坚持每年投入资金用于连翘春季、冬季各科管一次，还通过免费提供树苗、选派技术人员、激发群众种植积极性的办法，加速连翘产业发展，目前已在全镇6个村栽植连翘3200余亩。每到丰收时节，全国各地药材商纷纷前来收购。

为了促进连翘产业发展，王阎镇深入开展“组织联建，促功能提升”“人才联动，促产业提升”“服务联抓，促治理提升”的“三联三促”活动。在双河村社区工厂成立王阎镇万亩连翘党总支，建立党政主要领导分片包村，科级领导包抓示范基地，“四支队伍”成员、党员干部包抓责任地块，党员群众日常管护的连翘产业发展责任制。如今，全镇已形成以村集体、合作社为引领，能人大户带动，脱贫群众受益的连翘产业发展模式。

2019年以来，吕家坪村坚持“一村一品”发展思路，经过多次考察调研充分发挥本地道地中药材优势，选定了市场前景广阔且适合当地种植特点的连翘产业，正式开始发展连翘种植，累计发展连翘560亩，建设了吕家坪组标准化种植基地1个180亩。为了有效利用土地资源，增加收入，在不影响连翘生长的情况下，又套种了300余亩的玉米、大豆等粮食作物，将220余户农户镶嵌在连翘产业链上，实现年产值180余万元，促进了农民增收、土地增效。当地借助连翘产业发展的良好势头，乡村产业振兴正在阔步前进。今年全镇又新种植苍术1000亩、金银花200亩、白芨900亩、猪苓6000窝，力促中药材种植面积达9000亩的年度目标，不断拓宽群众增收渠道，夯实乡村振兴产业基础。

（二）打好“四保”组合拳，稳粮增收保安全

近年来，王阎镇紧盯粮食安全目标任务，落实党政同责，突出“稳”字当头，落实“四保”工作举措，守牢粮食安全底线。

一是规划整合保面积。广泛动员、提早规划，针对镇内常住人员少的现状，采取土地流转等方式，盘活一切可利用种植的土地资源，避免土地撂荒闲置。紧抓春耕夏播生产，采取净作、间作、套种多种模式，在连翘、核桃等经果林间，配套种植大豆，以短养长扩面积，提高群众种粮收益。全镇粮食播种面积 1.5 万亩，其中大豆玉米带状复合种植 1270 亩，大豆 2580 亩。

二是抗灾减损保产量。全力做好夏收夏播夏管工作，教育引导群众自觉抵制铲苗毁粮、小麦青贮现象。落实助农保险 1222 户，增强农业生产抗风险能力，指导开展抗旱保收和灾后恢复生产，灌溉农田 820 余亩，排灌沟渠清淤 10.8 公里，扶正青苗余 500 亩，积极抓好农作物病虫害防控工作，集中喷洒农药 2 次，确保夏粮颗粒归仓。

三是优种良技保品质。坚持“用良种、配良技、保粮安”，向群众推广、配发高档优质玉米、大豆品种，粮食良种覆盖率保持在 98% 以上。积极开展套种技术培训，严格套种的标准，推广使用畜禽粪便沤肥及商品有机肥，引导农户合理施肥、绿色防控、科学种粮，着力提升粮食种植技术水平。

四是政策兜底保收益。认真落实耕地地力保护、大豆种植补贴政策，发放地力补贴 100.4 万元，大豆种植奖补 40.1 万元，保护群众种粮积极性。投保助农保险 1222 户，降低群众种粮风险，认真落实粮食收购政策，加强粮食收购服务，解决农民“卖粮难”问题，助力全年粮食丰产丰收。

后 记

强国必先强农，农强方能国强。2024年中央一号文件指出："推进中国式现代化，必须坚持不懈夯实农业基础，推进乡村全面振兴。"习近平总书记强调："没有农业农村现代化，社会主义现代化就是不全面的。"党的十八大以来，以习近平同志为核心的党中央高度重视发展县域经济对推进乡村全面振兴、推进中国式现代化的重要作用，强调要"大力发展县域经济，形成新的增长点"，并在主持召开新时代推动西部大开发座谈会时要求："发展各具特色的县域经济，培育一批农业强县、工业大县、旅游名县。"发展壮大县域经济是推进乡村全面振兴的关键支撑，是推动中国式现代化的内在要求。

为此，农业农村部中国乡村振兴发展中心指导课题组编写了《中国式现代化的山阳实践》一书，旨在通过深入调研山阳县发展县域经济推动乡村振兴的部署安排、特色做法和典型案例，全面总结呈现山阳县发展县域经济推动乡村振兴的生动实践、显著成就与宝贵经验，力求从"县域"这一切口入手，不断深化中国式现代化的案例研究，以期为有关地区提供启示借鉴，为发展壮大县域经济、全面推进乡村振兴提供案例支撑和决策参考，为展现中国式现代化的生动实践提供县域样本。

本书在农业农村部中国乡村振兴发展中心的指导下，由西安交通大学马克思主义学院院长燕连福教授主持编写，负责全书总体思路、研究内容的设计把关和组织撰写工作。何佳琪、杨珂、杜若旗、张明宇、赵可、张宇、徐乐、赵子仪、高静、牛刚刚、任艳桃、张皓凝、梅子钰等参与本书的具体写作工作与资料收集整理工作。

在本书的撰写、出版过程中，农业农村部中国乡村振兴发展中心精心指导。黄承伟、谢中武、王晓杨等同志做了大量指导、协调工作；山阳县委、县政府高度重视本书的撰写和出版，谢晓军、李凌云等同志安排有关部门提供了丰富素材、图片，成立专班审核书稿、提出修改意见，确保了本书的高质量出版。在此，一并表示衷心感谢！由于编写者水平有限，书中难免存在疏漏和不足之处，欢迎各位专家学者和广大读者批评指正。

本书编写组

2024 年 5 月